O PODER DA BRUXA

A Terra, a Lua e o Caminho Mágico Feminino

LAURIE CABOT
com TOM COWAN

O PODER DA BRUXA

A Terra, a Lua e o Caminho Mágico Feminino

Tradução
Claudiney Prieto

© 1989 Laurie Cabot/ Tom Cowan
POWER OF THE WITCH: The Earth, the Moon, and The Magical Path to Enlightenment

Copyright © 1989 by The Avalon Foundation of Olde Salem Village, Limited and Tom Cowan.
This edition arranged with Kaplan/DeFiore Rights through Agencia Literaria Riff Ltda.
Publicado em 2022 no Brasil pela Editora Alfabeto

Supervisão geral: Edmilson Duran
Consultor editorial: Claudiney Prieto
Fotografia de capa: Jean Renard
Capa: Alex Picoli
Revisão: Luciana Papale
Diagramação: Ana Laura Padovan

DADOS INTERNACIONAIS DE CATALOGAÇÃO NA PUBLICAÇÃO

Cabot, Laurie; Cowan, Tom

O Poder da Bruxa: a Terra, a Lua e o Caminho Mágico Feminino / Laurie Cabot, Tom Cowan; tradução de Claudiney Prieto. Editora Alfabeto, 1ª edição, São Paulo, 2022

288 p.

ISBN 978-65-87905-35-8

Título original: Power of the Witch: The Earth, the Moon, and the Magical Path to Enlightenment

l. Wicca 2. Esoterismo 3. Bruxaria 4 Magia I. Título.

Todos os direitos reservados, proibida a reprodução total ou parcial por qualquer meio, inclusive internet, sem a expressa autorização por escrito da Editora. Tradução autorizada do inglês. Direitos de edição para todos os países de Língua Portuguesa cedido à Editora Alfabeto.

A violação dos direitos autorais é crime estabelecido na Lei n. 9.610/98 e punido pelo artigo 184 do Código Penal.

EDITORA ALFABETO
Rua Protocolo, 394 | CEP: 04254-030 | São Paulo/SP
Tel: (11) 2351-4168 | editorial@editoraalfabeto.com.br
Loja Virtual: www.editoraalfabeto.com.br

AGRADECIMENTOS

Gostaria de manifestar minha gratidão à silenciosa sabedoria das milhares de Bruxas que, sob repressão, não puderam tornar públicos seus conhecimentos. Sua silenciosa força e o poder da Deusa Ísis insuflaram-me coragem e inspiração para expressar minhas próprias ideias e viver completamente como Bruxa.

Agradeço a Lady Sybil Leek que, corajosamente, disse o que pensava e abriu os portais. E a todas as Bruxas Anciãs que me apoiaram nos objetivos de minha vida.

Escrevo este livro para dar meu testemunho de amor e homenagem a minhas filhas, Jody e Penny, ao constante apoio de Alice Keegan, ao meu Coven, às Pombas Negras de Ísis e ao Conselho da Comunidade Ísis.

Agradecimentos especiais a Lady Zara, Lord Azaradel, Lord Theodore Mills, Marlene McKinley, Ph.D., Tina Sciola, Ralph Turcott, Yoko Ono e John Lennon.

Também gostaríamos de agradecer a Jody Rein, nossa editora, e a Susan Lee Cohen, nossa agente, por seu constante apoio e incentivo.

Para uma obra deste âmbito, foi necessário consultar fontes em muitas áreas. Somos especialmente devedores às seguintes obras, que recomendamos aos nossos leitores para estudos mais detalhados:

Adler, Margot, *Drawing Down the Moon: Witches, Druids, Goddess-worshippers, and Other Pagans in America.* Today, Beacon Press, Boston, 1979.

Alexander, Harthey Burr, *The World's Rim: Great Mysteries of the North American Indians*, University of Nebraska Press, Lincoln, 1953.

Bentov, Itzhak, *Stalking the Wild Pendulum*, E. P. Dutton, New York, 1977.

Bradley, Marion Zimmer, *As Brumas de Avalon*, (4 volumes), Ed. Imago, Rio de Janeiro, 1985.

Campbell, Joseph, *The Way of the Animal Powers*, Harper & Row, San Francisco, 1983.

Capra, Fritjof, *O Tao da Física*, Ed. Cultrix, São Paulo.

Cowan, Thomas, *How to Tap into Your Own Genius*, Simon & Schuster, New York, 1984.

Davis, Elizabeth Gould, *The First Sex*, Penguin Books, New York, 1971.

Evans, Arthur, *The God of Ecstasy: Sex Roles and the Madness of Dionysos*, St. Martin's Press, New York, 1988.

The Kybalion: Hermetic Philosophy by Three Initiates, The Yogi Publication Society, Chicago, 1912.

Martello, Leo Louis, *Witchcraft: The Old Religion*, Citadel Press, Secaucus, New Jersey, 1973.

Murray, Margaret A., *The God of the Witches*, Oxford University Press, Londres, 1970.

Peat, F. David, *Synchronicity: The Bridge between Matter and MM*, Bantam Books, New York, 1987.

Starhawk, *Dreaming the Dark: Magic, Sex and Politics*, Beacon Press, Boston, 1932.

Sjöö, Monica e Barbara Mor, *The Great Cosmic Mother. Rediscovering the Religion of the Earíh*, Harper & Row, San Francisco, 1987.

Stone, Merlin, *When God Was a Woman*, Harcourt Brace Jovanovich, New York, 1976.

Thompkins, Peter e Christopher Bird, *The Secret Life of Plants*, Harper & Row, San Francisco, 1973.

Walker, Barbara, *The Woman's Encyclopedia of Myths and Secrets*, Harper & Row, San Francisco, 1983.

SUMÁRIO

Introdução 15

1. O Antigo Poder da Magia 23
    Infâncias Mágicas 25
    Magia de uma Bruxa 26

2. A Antiga Religião 31
    A Nossa Mãe-Terra 31
    A Tríplice Deusa Lua 36
    A Donzela 36
    A Mãe 37
    A Anciã 41
    As Culturas da Deusa 42
    Os Celtas 48
    A Revolta dos Deuses Celestes 52

3. O Que eles dizem acerca das Bruxas 59
    A Era das Fogueiras 62
    Os Julgamentos de Salem 78
    As Bruxas Hoje 81
    A Liga das Bruxas para Esclarecimento Público 84
    As diferenças entre Bruxaria e Satanismo 88

4. A Arte dos Sábios 91
    Pentáculos: o Sinal da Arte Mágica 92
    Tornar-se Bruxa 95
    Os Covens 98
    Bruxas Solitárias 106
    O Círculo Mágico 108

A Roda do Ano 111
Samhain 114
Yule 116
Imbolc 116
O Equinócio da Primavera 117
Beltane 118
Noite do Solstício de Verão 119
Lammas 119
Equinócio do Outono 120
Altares 121
Cristais, Pedras e Metais 125
Círculos de Pedra e outros Sítios Sagrados 127
Magia Herbácea 128
Adivinhação 129

5. A Ciência da Bruxaria 135
Luz 136
As Leis da Bruxaria 140

6. Alfa 157
Alfa: o Estado Alterado de Consciência 162
Os Poderes da Cor e do Número 166
A Contagem Regressiva de Cristal 170
A Meditação da Maçã 174
Viagem Mental 176
A Meditação do Sol Egípcio 177
Alfa Instantâneo 178
A Meditação da Estrela Cor-de-Rosa 180
Encontro com a sua/seu Anima/Animus 181
Um Lembrete 183
Coda: a Ciência como Esteio de todas as Práticas Religiosas 184

7. **A Vida de uma Bruxa: Magia Cotidiana** 187
　Princípios Básicos 187
　Instalação de um Altar 187
　Carregando Instrumentos 191
　O Círculo de Sal Marinho 192
　Carregando Ervas 194
　Lançando um Círculo 195
　Escrevendo Feitiços 196
　O Tempo Correto 198
　Notas sobre alguns Ingredientes 199
　Poção de Proteção 201
　　　Lembretes Importantes 201
　Feitiços de Proteção 204
　　　Neutralização de Danos 205
　　　O Feitiço da Garrafa 206
　　　Feitiço de Polaridade 207
　　　O Escudo Protetor 207
　　　Amuletos e Talismãs 209
　　　Protegendo o seu Lar 210
　　　Ataque Psíquico 212
　Riqueza e Prosperidade 213
　　　Uma Lista de Desejos Mágicos 217
　　　A lista da Lua de Cristal 217
　　　Feitiços de Prosperidade com Ervas 218
　　　Feitiço de Erva e do Cristal 218
　　　Um Perfume Chama-Dinheiro 219
　　　Um Filtro para Dinheiro 220
　　　Cores para a Prosperidade 221
　　　Feitiço da Vela para Dinheiro 221
　　　Magia e Jogos de Azar 221
　Amor 222
　　　Exercício do Espelho Mágico 224

- Um filtro de Amor 225
- Magia da Beleza 226
- Vestuário Mágico 227
- Aromas Mágicos 228
- O Feitiço de Amor da Estrela Dourada 229
- Feitiço de Amor do Cristal 230
- Festins de Amor 230
- Almas Gêmeas 232
- Arte de Curar 233
- Diagnóstico Psíquico 234
  - Primeira Etapa 235
  - Segunda Etapa 235
  - Terceira Etapa 236
  - Quarta Etapa 238
  - Quinta Etapa 238
  - Sexta Etapa 238
- Cura Absente 239
- Imposição das Mãos 240
  - Primeira Etapa 241
  - Segunda Etapa 241
  - Terceira Etapa 241
  - Quarta Etapa 242
- Magia Simpática 242
  - Primeira Etapa 242
  - Segunda Etapa 242

8. A Vida de uma Bruxa: as datas marcantes 245
- Handfasting 245
- Fim de uma Relação 247
- Feitiço para Aliviar um Coração Partido 248
- Filhos de Bruxa 249
- Gerando um Filho 250
- Cerimônia de Unção 251

A Arte no Quarto das Crianças.. 252
    "A" de *Alfa*.. 253
    Sonhos.. 255
    Feitiços de Proteção para Crianças... 257
Morte e Sepultamento... 258

9. O Futuro da Bruxaria.. 263
    Epílogo... 279
        Apêndices de Recursos & Tabela de Correspondências................... 281

INTRODUÇÃO

Quando me veem nas ruas de Salem sabem que sou uma Bruxa. Visto-me como uma. Algumas pessoas protegem os olhos ao passar por mim, porque ensinaram a elas que não se deve olhar uma Bruxa diretamente nos olhos. Acreditam que algo terrível possa acontecer. Outras, dirigem-se a mim a fim de observar o Pentáculo que uso ao redor do pescoço, ou os anéis em meus dedos, ou para tocar minha túnica negra, porque ouviram dizer que uma Bruxa tem poderes de cura e algo maravilhoso acontecerá aos que nela tocam.

Existem outras Bruxas além de mim em Salem, assim como há Bruxas em todas as partes do mundo e sempre houve. A maioria delas não veste hoje os trajes e as joias tradicionais de uma Bruxa, por razões bastante óbvias – as autoridades religiosas e políticas que ainda interpretam mal as nossas crenças e práticas, continuam nos importunando. Uma Bruxa amiga minha foi recentemente demitida do seu emprego como cabeleireira, porque usava seu Pentáculo numa corrente em torno do pescoço. A outro grande amigo meu não foi consentido o direito de escrever "Wicca" no formulário de admissão num hospital local, quando lhe foi solicitado que declarasse sua religião; o funcionário se recusou a datilografar a palavra e deixou a linha em branco. Esses Bruxos foram explícitos sobre o que eram. Muitos, porém, não o são. Não se pode apontar a maioria das Bruxas ou Bruxos pela maneira como se vestem ou por suas joias, as quais estão frequentemente escondidas sob as roupas. Pode-se reconhecê-los pela magia.

Como uma menina que cresceu na Califórnia, eu não sabia que era Bruxa. Na realidade, ignorava o que a palavra queria dizer ou o que era ser uma Bruxa. Nem mesmo me dei conta de que os meus talentos eram diferentes dos de outras pessoas. Hoje, diria que não eram diferentes. Simplesmente retive esses talentos e os desenvolvi, ao passo que outras crianças os perderam.

A primeira "Bruxa da mídia" que vi foi no filme da Walt Disney, Branca de Neve e os Sete Anões. Mesmo eu ainda sendo uma criança pequena, pressenti não ser esse um retrato verdadeiro de uma Bruxa. Creio ter admitido o fato de que uma rainha perversa que dispunha de poderes mágicos podia se converter numa velha e hedionda megera, mas eu sabia por instinto que as coisas não eram assim tão simples. Sabia que esses poderes também podiam ser usados para o bem. O beijo do príncipe que despertou Branca de Neve não era também mágico? Resisti à noção de que a magia era obra de demônios e de seres malvados. Sabia que um beijo mágico podia desfazer o mal.

As aulas de Bíblia eram confusas para mim. Aprendemos que "não se deve tolerar que uma Bruxa viva", mas também nos ensinaram que não se tem o direito de matar. Fiquei tão apreensiva com essa "ordem" que pensei realmente existir algum dever moral em caçar e matar Bruxas. Lembro-me de ter perguntado à minha mãe se não era minha responsabilidade pessoal matar todas as velhotas excêntricas em nosso bairro. Ela e meu pai responderam-me que não devemos fazer mal a ninguém.

Com o tempo, comecei a me perguntar por que a Bíblia disse que não se deve permitir às Bruxas que vivam. Eram elas o inimigo? O que se presumia que tínhamos que recear delas? Os seus poderes ou o que elas faziam com esses poderes? Também me perguntava por que sempre se falava de Bruxas e nunca se aludia aos Bruxos. Lê-se na Bíblia que Moisés recorreu à magia para impressionar o faraó e para alimentar os israelitas no deserto, e aprendemos que Jesus realizou milagres. Fiquei fascinada com a ideia de que existe certa espécie de poder espiritual acessível a homens e mulheres, capaz de transformar as vidas das pessoas: curar os doentes, fornecer alimento, ressuscitar os mortos, caminhar sobre a água, encontrar sabedoria e grandes verdades em simples objetos cotidianos, como ovelhas, lírios, vinhedos e figueiras.

Maria, a mãe de Jesus, também me fascinou. Maravilhava-me como ela podia ter dado à luz alguém que era divino, sem que fosse ela mesma divina. Perguntava-me se Maria teria sido alguma espécie de Deusa, a fonte da vida. Sacerdotes e freiras disseram-nos que ela não era divina, mas realmente nunca acreditei nisso. Ela tinha poder demais.

A nossa igreja tinha uma magnífica estátua de Maria, em pé, sobre uma crescente, com uma serpente enroscada a seus pés e a Terra embaixo. Pensei que uma mulher que podia ficar de pé sobre a Terra, a Lua e uma serpente estava longe de ser uma simples mortal. Mais tarde, quando aprendi mais a respeito das lendas das Deusas do mundo inteiro, descobri que a serpente nem sempre foi considerada o símbolo do mal, conforme a história do Antigo Testamento a respeito do Paraíso nos apresenta. Em outras culturas, a serpente é o símbolo da sabedoria terrena e do renascer, porque pode viver na terra, nas árvores e na água e pode desprender a pele e renovar sua vida repetidas vezes. Quando aprofundei meus estudos, fiquei sabendo que a energia se movimenta em espirais à semelhança de uma serpente, que as moléculas de DNA também são espirais e que a energia eletromagnética corre ao longo das linhas da Terra de um modo semelhante. Roscas, espirais, ondas. Isso era ciência. Mas tão sinuosa, tão serpentiforme e misteriosa quanto a vida oculta das serpentes.

Durante toda a minha infância, suspeitei de que havia mais informação e conhecimento do que as pessoas estavam me fornecendo e, graças a uma aptidão que na época ainda não entendia, eu era capaz de captar, por vezes, essa informação negada. Por exemplo, quando tinha quatro anos eu entreouvi os amigos de meu pai discutindo questões de engenharia e arquitetura. Aproximei-me discretamente de onde eles estavam e entrei na conversa com perguntas inocentes. No começo, condescenderam em me dar respostas em tom infantil, mas logo eu estava lhes fazendo perguntas um tanto quanto intensas demais. Ficaram espantados, perguntando-se até onde chegavam os meus conhecimentos num assunto que certamente era novo para uma criança da minha idade. Eles estavam atônitos. Muito mais tarde, dei-me conta de como podia sustentar minhas próprias opiniões em conversas com adultos. Eu estava extraindo informações dos que viviam à minha volta e, possivelmente, de uma fonte maior.

Certa vez, numa reunião de família, quando eu tinha cinco anos, ouvi meu tio falar sobre um valioso modelo antigo de automóvel que era propriedade conjunta dele e de seus irmãos e irmãs. Ele estava de pé, com um drinque na mão, e contava-lhes que o carro tinha sido roubado da garagem. Enquanto escutava sua longa e pormenorizada história, pude também "ouvi-lo" dizendo algo muito diferente, como se estivesse murmurando secretamente para si mesmo – que tinha vendido o carro e pretendia ficar com todo o dinheiro! Sendo muito jovem, eu não podia distinguir entre vozes mentais e palavras faladas, e assim, sendo também ingênua, disse: "Mas, titio, eu ouvi o senhor dizer que vendeu o carro."

A sala emudeceu. Minha delicada mãe se enervou e me repreendeu suavemente: "Laurie, não se deve dizer essas coisas!" Eu podia dizer pelo próprio nervosismo de meu tio e pelo que estava passando por seu ardiloso espírito, que eu o flagrara numa mentira. Mas quem daria ouvidos a uma garota de cinco anos?

Penso que, o que manteve viva a minha alma de Bruxa foi o fato de eu saber que tinha um "centro de ouro" onde meu espírito habitava. Em algum lugar, no mais profundo de meu íntimo, havia um local que ninguém poderia tocar. De noite, era frequente ter a visão pessoal de uma Mulher Azul vinda do Céu e que me protegia. Ignorava se era a Virgem Maria ou a Fada Azul do Pinóquio da Walt Disney. Era um pouco de ambas, mas eu era demasiado jovem para realizar tão sutis distinções. Tudo o que sabia é que, noite após noite, na cama, eu sentia sua mão macia – maior do que o natural –, sob o meu corpo, e eu adormecia aconchegada na palma de sua mão protetora. Hoje, eu diria que a Fada Azul era a Deusa, aparecendo-me na forma que, na época, podia fazer com que eu me sentisse confortável.

As fadas faziam parte da minha infância. Eu sabia onde viviam no jardim e deixava comida para elas, sobretudo em noites de plenilúnio, pois tinha ouvido histórias de que as fadas saem para dançar quando a Lua está cheia e brilhante. Nas noites frias, eu preparava pequenas mantas de flanela para mantê-las aquecidas. Minha mãe acabou ficando preocupada comigo por causa disso e me proibiu de sair de noite para vê-las. Ela me disse que eu tinha visto filmes demais da Disney! "A vida não é assim", advertiu-me. Mas Olívia, a minha babá mexicana, estava mais informada. Ela me ajudava a sair escondida para o jardim, depois que meus pais já haviam se recolhido, e a colocar meus pratinhos de bonecas cheios de comida sob as flores dos canteiros. Pela manhã, toda a comida tinha desaparecido.

Ironicamente, uma das minhas primeiras experiências com estados alterados de consciência ocorreu durante uma missa católica. Para os sentidos dos meus seis anos, a igreja e sua liturgia romana eram uma aventura encantada. O bruxulear das velas e o aroma do incenso; o teto alto e arqueado, com pinturas coloridas de santos e anjos; o ritmo embalador do órgão e o hipnótico canto em latim me envolviam num estado profundo, semelhante ao de um transe. Eu me sentia eufórica enquanto fazia minhas orações. Comecei a ficar na expectativa das idas à igreja com meu pai, apenas para ter a experiência desses estados espontaneamente alterados.

Quando hoje relembro a minha infância, posso reconhecer muitos incidentes nos quais descobri e usei essas técnicas não ortodoxas de poder e conhecimento. A maioria das pessoas pode fazer o mesmo. Então por que a maior parte das pessoas as esquece ou reprime? A resposta é bastante simples: quando crianças, ouvimos os pais, os professores e outros adultos reprovarem a magia. Em nosso desejo de agradá-los, aceitamos sua visão de mundo, segundo a qual os poderes mágicos são errados, perigosos ou simplesmente inexistentes. Com o passar dos anos, esses talentos foram "condicionados" em nós. Algumas crianças afortunadas, entretanto, escapam a esse condicionamento, pois nasceram em famílias onde as aptidões psíquicas são entendidas, aceitas ou até encorajadas. Quando elas têm experiências "estranhas", seus pais as tranquilizam, assegurando-lhes que nada há de errado nelas. Essas crianças aprendem que o mundo, como o feiticeiro yaqui disse ao antropólogo Carlos Castaneda, "é estupendo, terrível, misterioso, insondável", e que "devem assumir a responsabilidade por estar aqui, neste mundo maravilhoso... neste maravilhoso tempo." Essas crianças aprendem a esperar o inesperado e a não limitar seus conhecimentos ao que lhes é passado através dos cinco sentidos.

Desejaria que alguém tivesse me falado a respeito da precognição no ano em que o velho Sr. Bancroft faleceu. Um dia, Kenny, o rapaz da casa vizinha a nossa, veio correndo para me dizer que o homem que vivia na velha casa amarela vitoriana, que sempre me atraíra quando passava por ela a caminho da escola, tinha morrido de um ataque cardíaco. Imediatamente contei à minha mãe o que Kenny me dissera e ela respondeu: "O quê? O Sr. Bancroft não morreu." E olhou para mim de um jeito esquisito. Mas minha mãe estava certa. O Sr. Bancroft continuava vivo. Senti-me confusa e não voltei a dizer palavra a tal respeito.

Uma semana depois o Sr. Bancroft morreu de um ataque cardíaco. Esperei por Kenny depois da escola e perguntei como ele sabia há um mês que o Sr. Bancroft morreria de um ataque do coração. Kenny também me olhou de um modo intrigado: "Não sei do que é que você está falando", disse ele. "Nunca lhe falei semelhante coisa." Anos depois, compreendi que ou Kenny tivera uma experiência precognitiva, falara-me a respeito dela e depois a reprimira, ou era eu quem tivera a experiência cognitiva – ou ambos a tivemos. Mas não havia ninguém para nos explicar essas coisas. Sem dúvida, podia ter sido uma coincidência, mas como eu nunca tinha visto o Sr. Bancroft e nem sabia de ninguém que tivesse tido um ataque cardíaco, uma explicação extrassensorial é, no meu entender, muito menos improvável do que tão estranha coincidência.

Muitos outros incidentes parecidos com esse foram ocorrendo à medida que eu crescia. Quando ingressei no ginásio, decidi averiguar o que estava realmente acontecendo. Perguntei aos professores o que essas experiências poderiam significar e estudei os livros que me deram. Com o tempo, acabei entendendo o que todas essas estranhas ocorrências queriam dizer. Elas significavam que eu era uma Bruxa.

As experiências mágicas na infância e na adolescência que me confundiram e me excitaram, repartiram-se em quatro categorias: recebimento de conhecimentos não acessíveis às outras pessoas através dos canais normais de informação; cura de outras pessoas com ervas, fórmulas mágicas e toques; estados alterados de consciência e, por fim, comunicação com espíritos. Enquanto estudava e lia, aprendi serem esses os poderes tradicionais atribuídos às Bruxas, aos Feiticeiros, aos Xamãs, aos Pajés dos povos primitivos e a muitas espécies de indivíduos capazes de curar por meios naturais. Os Magos e as Magas de todas as culturas antigas possuíam esses poderes. Algumas autoridades sugeriram até que todos aqueles chamados de "povos primitivos" também tinham esses poderes em maior ou menor grau. Quando falei sobre esses assuntos com amigos e professores, a maioria se mostrou chocada com o fato de eu levar essas noções tão a sério. Não podiam entender como uma pessoa inteligente era capaz de acreditar no que, para eles, parecia tapeação, impostura. Chamavam de sobrenatural. Mas não importa o que dissessem, eu sabia que era natural para mim. Jamais compartilhei do choque sentido por eles. No mais recôndito do meu íntimo, essas coisas faziam sentido. No mais recôndito do meu íntimo, eu estava excitada.

O antigo poder de magia é espiritual e científico. Em anos recentes, encontrei muitas pessoas da Nova Era que ignoram a necessidade de se apoiar em bases científicas. Ser uma Bruxa atuante e competente requer mais do que uma racionalização do desejo. Passei a chamar muitas dessas pessoas de "geradoras de luz branca", porque tudo o que querem fazer é praticar suas devoções e ser espirituais. Nada tenho contra o culto e os trabalhos espirituais. Muitas pessoas esquecem, porém, que os trabalhos espirituais nos impõem a responsabilidade de saber como funciona a nossa magia. Cumpre-nos conhecer os princípios físicos e metafísicos subentendidos em todo o trabalho mágico e espiritual, a fim de podermos usar os nossos poderes corretamente e para o bem de todos.

Não se deve esquecer que as Bruxas ainda são seres humanos. Não somos seres desencarnados, compostos unicamente de luz branca, nem vivemos num estado etéreo de bem-aventurança astral. Rimos, sangramos, choramos. Temos que saber viver no mundo, não apenas "entre os mundos". Espero que o saber e a prudência que vierem a ser colhidos neste livro estabeleçam firmemente quantos o lerem em ambos os mundos e sirvam para despertar sua responsabilidade para com ambos os mundos. Somente como seres humanos responsáveis poderemos ser Bruxas responsáveis. E só as Bruxas responsáveis sobreviverão.

1
O ANTIGO PODER DA MAGIA

Certas coisas são duradouras. A magia é uma delas. A palavra deriva das raízes persas e gregas *magus* e *magos*, que significam "sábio". A palavra inglesa *magi*, significando "magos" ou "homens" que praticam as ciências ocultas, provém delas. As Bruxas estão entre os sábios que participam na obra da Criação a fim de alimentar as pessoas e proteger a Terra. A magia não pertence a nenhuma cultura, sociedade ou tribo – ela é parte da sabedoria universal. Os produtores de magia em todos os séculos e em todas as culturas desempenharam papéis semelhantes e compartilharam de características similares. Quer fossem chamados de Bruxas, Xamãs, Sacerdotes, Sacerdotisas, Sábios, Feiticeiros, Curandeiros ou Místicos, eles sabiam como curar os doentes, reunir os rebanhos, fazer crescer as plantações, assistir aos partos, rastrear a influência das estrelas e dos planetas, construir templos e colinas sagradas. Conheciam os segredos da Terra, os poderes da Lua, os anseios do coração humano. Inventaram a linguagem, a escrita, a metalurgia, a lei, a agricultura e as artes. Seus rituais e cerimônias, seus feitiços e sortilégios, suas orações e sacrifícios, eram expressões de sua unicidade com a fonte de toda a vida, a Grande Mãe de todas as coisas viventes.

Em primeiro lugar, e sobretudo, aqueles que faziam magia eram curandeiros que podiam diagnosticar doenças e prescrever o remédio e o ritual corretos para curar pacientes. Sempre realizada num contexto social que incluía a família e os parentes, a magia do antigo curandeiro funcionava porque era holística, apoiando-se no poder de cura do próprio paciente e trabalhando com os elementos e os espíritos do meio circundante do paciente. Ele lidava com as causas físicas e espirituais da doença – a invasão de espíritos prejudiciais ou substâncias nocivas, e os efeitos debilitantes da perda da alma. Os antigos curandeiros eram capazes de expulsar do corpo objetos maléficos e de recuperar almas perdidas.

Os antigos Magos também eram conselheiros e líderes espirituais que oficiavam importantes ritos de passagem. Celebravam casamentos, santificavam nascimentos, ungiam o recém-nascido, presidiam às cerimônias rituais de iniciação dos jovens na idade adulta e conduziam as almas dos moribundos para o Outromundo. Como se situavam "entre os mundos" do espírito e da matéria, podiam servir como pontes e mediadores entre o humano e o divino. As pessoas os procuravam com seus sonhos e visões. Por vezes, só eles podiam ajudar um indivíduo a descobrir seus espíritos guardiões e nomes sagrados.

Como videntes, profetas e visionários convincentes, eles respondiam a perguntas sobre o passado e o futuro. Interpretavam augúrios e presságios e aconselhavam sobre as épocas auspiciosas para plantar, casar, viajar e obedecer ao que a visão ordenava que se fizesse. Alguns deles tinham o poder de levantar tempestades, provocar chuvas e acalmar os mares.

Eram os Mestres dos Animais, que entendiam a nossa relação com todas as criaturas. Conheciam as mentes e os corações dos animais e estavam à vontade com as coisas selvagens e bravias. Podiam se comunicar com animais e plantas e rondar os lugares sagrados. Conheciam a linguagem arcana com a qual a Criação fala a si mesma. Sabiam como ouvir.

Os sábios eram os magistrais contadores de histórias que conheciam os antigos mitos – pois até mesmo os povos antigos tinham mitos ancestrais que continham sua memória popular coletiva. Como guardiões da lenda e do costume, recitavam poemas e entoavam canções durante horas ou dias a fio, magnetizando seus ouvintes com a magia de suas vozes. Foram os bardos originais.

Quando pensamos sobre os dons e talentos desses antigos criadores de magia, algo reluz em nosso íntimo. Somos sua ressonância, porque sabemos que também possuímos esses dons e talentos. Em algum nível de consciência sabemos que essas aptidões não são sobrenaturais, mas naturais, e que as usamos na memória, na imaginação, numa outra vida, em nossos sonhos. Compreendemos as verdades profundas que a Bruxa, o Xamã e o Místico possuem em si. Verdades tão antigas que o mundo nunca se livrará delas. Embora muitas pessoas modernas não o admitam, a visão de mundo da Bruxa ainda faz sentido. Ainda pressentimos a existência de uma conexão com a natureza que não foi totalmente perdida. Sabemos por instinto que toda a Criação contém uma vitalidade magnífica, que tudo está vivo, que todas as criaturas contêm espírito. No âmago de nossos corações, concordamos com o filósofo Tales, que disse aos antigos gregos: "Todas as coisas estão repletas de Deuses."

Cada cultura tem seus magos e visionários. Encontramos registros nas histórias da Suméria, Creta, Índia, Egito, Grécia, África, das Américas, Polinésia, Tibet, Sibéria e do Oriente Médio. Na Europa Ocidental eles apareceram como os Druidas, Sacerdotes e Sacerdotisas da raça céltica, cujas origens ainda estão envoltas nas brumas da história. As migrações celtas difundiram a sabedoria e a magia druídicas da China à Espanha. Na mineração e na metalurgia, na escultura e na arte, poesia e literatura, leis e costumes sociais, os povos célticos deixaram uma indelével marca na cultura europeia. De seus costumes científicos e espirituais, as Bruxas modernas derivam boa parte de sua Arte. Com um extraordinário engenho para combinar o prático e o metafísico – os celtas desenvolveram o arado de tração, os sistemas de campos retangulares e a rotação de culturas, assim como as teorias sobre a imortalidade da alma e a reencarnação – os líderes druídicos dos celtas impõem-se como brilhantes modelos para os modernos Bruxos.

O conhecimento das Bruxas é antigo. Sua visão de mundo é antiga. As pessoas que se vangloriam de serem modernas repudiam frequentemente a Bruxaria como fantasia, superstição ou impostura. Descrições tendenciosas de povos antigos, escritas por historiadores que estavam convencidos da superioridade de sua própria cultura, fizeram as civilizações dos nossos ancestrais parecerem bárbaras, ignorantes e selvagens. Mas a verdade sobre os antigos modos de vida não pode ser suprimida. A Bruxaria prosperou nas chamadas "culturas primitivas" do passado. Prosperou nas culturas altamente desenvolvidas do passado. E prospera hoje.

INFÂNCIAS MÁGICAS

O que é verdadeiro no macrocosmo é também no microcosmo. Muitas Bruxas modernas remontam seus primeiros encontros com a magia aos mais recuados tempos de sua infância, quando sua inocência e capacidade de maravilhar-se eram comparáveis às dos nossos mais primitivos ancestrais. De fato, mesmo quando reconhecida mais tarde, a magia enche-nos de uma sensação de temor e espanto quando irrompe em nossas vidas. Os adultos sentem uma espécie de surpresa infantil e assombro durante suas primeiras experiências mágicas.

Assim como a criança perde seu sentimento de unidade com o Universo ao desenvolver as fronteiras do ego e aprende como proteger seu corpo separado e distinto do resto do mundo, as sociedades humanas também perdem esse sentido de unidade quando evoluem de costas para a natureza. Quando os homens e as mulheres criaram sociedades cada vez mais distanciadas do mundo natural, viram-se trabalhando contra a natureza, subjugando-a, explorando-a. Com o tempo, acabariam por vê-la como o inimigo.

Mas as Bruxas nunca esqueceram a verdade básica acerca da Criação: o mundo não é o nosso inimigo; tampouco é matéria inerte e muda. A Terra e todas as coisas vivas compartilham da mesma força vital; a Terra e todas as coisas vivas são compostas de Inteligência Divina. A vida é toda ela uma teia de seres interligados, e estamos entrelaçados nela como irmãs e irmãos do Todo.

Se o leitor recordar sua mais remota infância, vai certamente lembrar de um incidente em que soube alguma coisa que os outros ignoravam, uma ocasião em que o conhecimento veio espontânea e intuitivamente. Talvez tenha lido os pensamentos de alguém, sabido o que estava no interior de um presente antes de o desembrulhar, desejado algo inverossímil que logo se concretizou. Pode ter sentido um forte parentesco com a natureza, um vínculo com animais e plantas, ou certo poder que lhe chega dos astros. Pode ter visto espíritos ou duendes, ou pode tê-los escutado durante a noite. Antigas histórias de Deuses e Deusas podem ter repercutido no mais fundo de sua alma, e você compreendeu que os velhos mitos eram tão verdadeiros quanto as Escrituras que talvez tenha lido na igreja ou no templo. Podem até ter parecido mais verdadeiros.

MAGIA DE UMA BRUXA

Para mim, a palavra *Bruxa* é deliciosa, impregnada de antiquíssimas memórias que remontam aos nossos mais remotos ancestrais, que viveram em estreito contato com os ciclos naturais e apreciaram o poder e a energia que compartilhamos com o cosmo. A palavra *Bruxa* pode instigar essas lembranças e sentimentos até no espírito mais cético.

A própria palavra evoluiu ao longo de muitos séculos e culturas. Há diferentes opiniões sobre as origens da palavra inglesa *Witch* (Bruxa).

No anglo-saxão antigo, *wicca* e *wicce* (masculino e feminino, respectivamente), referem-se a um ou uma vidente, ou aquele (ou aquela) que pode prever informações por meio da magia. Dessas palavras radicais derivamos a palavra *Wicca*, um termo que muitos na Arte usam hoje para se referirem às nossas crenças e práticas. *Wych* em saxão e *wicce* em inglês arcaico significam "girar, dobrar, moldar". Uma palavra radical indo-europeia ainda mais antiga, *wic*, ou *weik*, também significa "dobrar ou moldar". Como Bruxas, dobramos, subjugamos as energias da natureza e da humanidade para promover a cura, o crescimento e a vida. Giramos a Roda do Ano à medida que as estações passam. Moldamos nossas vidas e ambientes para que promovam as boas coisas da Terra. A palavra *Witch* também pode ter a origem na antiga raiz germânica *wit* – "saber". E isso fornece igualmente um certo insight sobre o que é uma Bruxa – uma pessoa de saber, versada em verdades científicas e espirituais.

Nas origens de muitas línguas, o conceito da *Witch (Bruxa)* fazia parte de uma constelação de vocábulos para significar *wise* (sábio) ou *wise ones* (os sábios). Em inglês, vemos isso com extrema clareza na palavra *magic*, a qual deriva do grego *magos* e da palavra persa arcaica *magus*. Ambas palavras significam "vidente" ou "conhecedor". No inglês arcaico, o vocábulo *wizard* significava "o que sabe". Em muitas línguas, *Bruxa(o)* é a palavra encoberta nos termos comuns, cotidianos, para "sabedoria". Em francês, a palavra para parteira é *sage-femme*, "mulher sábia".

A sabedoria enriquece a alma, não apenas o espírito. É diferente da mera inteligência, informação e sagacidade, que só residem na mente. A sabedoria vai mais fundo que isso. Quando o cérebro, com sua multidão de fatos e peças de informação deixar de existir, a alma persistirá. A sabedoria eterna da alma sobreviverá.

A palavra grega para a alma é *psyche*. Pensamos frequentemente nos seres psíquicos como indivíduos talentosos e raros, porque eles podem usar como fonte essa sabedoria universal, mas o dom não é raro. Todos nós o possuímos; cada um de nós é um indivíduo dotado de alma. Todos dispomos de poderes psíquicos ou anímicos, e cada um de nós pode reaprender – ou recordar – como usá-los.

Embora homens e mulheres compartilhem do poder da magia, a palavra inglesa *Witch* tem estado mais comumente associada a mulheres do que a homens; no entanto, os homens na Arte são também denominados *Witches* (Bruxos). Durante a Era das Fogueiras, 80% dos milhões de pessoas que foram queimadas vivas por prática de Bruxaria eram mulheres. Ainda hoje, a maioria dos praticantes da Bruxaria são mulheres, embora esteja aumentando o número de homens. Há uma boa razão para pensar na Bruxaria como uma Arte feminina. O poder de uma Bruxa ocupa-se da vida, e as mulheres estão biologicamente mais envolvidas na geração e sustento da vida do que os homens. Não é coincidência que quanto mais os pais se fazem presentes no momento do parto e assumem responsabilidades na assistência ao bebê recém-nascido, maior é o número de homens que se interessam pela Arte. O espírito dos tempos está levando homens e mulheres a restabelecerem a ligação com os mistérios da vida que se encontram nos ritmos naturais da mulher, da Terra e da Lua – pois os mistérios da vida são os mistérios da magia.

A magia é o conhecimento e o poder que surgem da habilidade de uma pessoa de mudar sua consciência pelo desejo para um estado consciente visionário não ordinário. Tradicionalmente, certos meios e métodos têm sido usados para causar essa transferência: dança, canto, música, cores, aromas, percussão de tambores, jejum, vigílias, meditação, exercícios respiratórios, certos alimentos e bebidas naturais e formas de hipnose. Ambientes espetaculares, místicos e sagrados, como bosques, vales e montanhas, igrejas ou templos, também alterarão a consciência. Em quase todas as culturas alguma forma de transe visionário é usada para os rituais sagrados que abrem as portas para a Inteligência Superior ou para o trabalho mágico.

Desde os tempos Neolíticos, a prática da Bruxaria sempre gravitou em torno de rituais simbólicos que estimulam a imaginação e alteram a consciência. Rituais de caça, experiências visionárias e cerimônias de cura sempre tiveram lugar no fértil contexto dos símbolos e metáforas próprios de cada cultura. Hoje, as meditações e sortilégios de uma Bruxa continuam essa prática. O trabalho de uma Bruxa é mental e utiliza poderosas metáforas, alegorias e imagens para revelar os poderes da mente. Os índios Huichol, do México, dizem-nos que a mente possui uma porta secreta chamada de *nierika*. Para a maioria das pessoas, ela permanece fechada até o momento da morte. Mas as Bruxas sabem como abrir e transpor essa porta ainda em vida e trazer de volta, através dela, as visões de realidades não ordinárias que propiciam finalidade e significado à vida.

As imagens e os símbolos da Bruxaria possuem uma qualidade misteriosa e mágica, porque tocam em algo mais profundo e mais misterioso do que nós próprios. Desencadeiam verdades perenes represadas no inconsciente, as quais, como sugeriu Carl Gustav Jung, o grande psicólogo e estudioso das religiões do mundo, fundem-se com as respostas instintivas do reino animal e podem abranger até a Criação inteira. O conhecimento mais profundo, do outro lado de *nierika*, é sempre conhecimento do Universo. Está sempre presente, ainda que, como a chama de uma vela na luz ofuscante do sol, pareça invisível e incognoscível. Mas a magia nos transporta para esses domínios profundos do poder e do conhecimento. Ela nos leva a mergulhar na suavidade do luar, onde a chama de uma vela cintila constante. Pode nos fazer transpor *nierika* e, depois, trazer-nos outra vez de volta.

Os conhecimentos profundos que provêm do inconsciente nem sempre podem ser expressos em palavras; requerem frequentemente a poesia, o canto e o ritual. Em algum lugar no centro da alma humana existe um senso de identidade que jamais pode ser transmitido somente por palavras de um ser humano para outro. Cada um sabe haver em si muito mais do que pode ver ou expressar, assim como sabe haver no Universo mais do que atualmente compreende. Na melhor das hipóteses, o indivíduo só pode fornecer alusões e lampejos do seu eu mais profundo mediante as coisas que gosta, aquilo que teme, o modo como se desempenha, a forma como sorri. Guardado no centro do seu ser está o segredo do que ele é e do modo como se relaciona pessoalmente com o resto do Universo.

O conhecimento que uma Bruxa tem de si mesma, da natureza e do poder divino por trás do cosmo, pode se expressar melhor por meio do mito, do símbolo, do ritual, do drama e da cerimônia. Jung nos diz que a estrutura da mente resulta da interação de energias arquetípicas que só podem ser conhecidas em imagens e símbolos e aquilo que os sentidos captam em rituais e eventos numinosos. Verificamos, assim, que desde os tempos mais remotos, homens e mulheres virtuosos de todas as culturas criaram práticas ricas em símbolos e metáforas que a mente inconsciente reconhece e entende intuitivamente: tambores, pedras, penas, conchas, varinhas mágicas, cálices, caldeirões, ferramentas sagradas e vestimentas feitas de plantas sagradas, animais e metais repletos de poder. São essas as imagens que revelam os padrões de conhecimento que estão subjacentes no universo físico. São essas as imagens que nos conduzem ao poder secreto que se oculta no centro das coisas, incluindo o nosso próprio coração. Com esses ritos e imagens podemos – como dizem as Bruxas – "puxar a Lua para baixo".

2
A ANTIGA RELIGIÃO

Desde os primeiros dias da vida humana neste Planeta, homens e mulheres maravilharam-se em face dos inúmeros mistérios da vida e renderam-lhes culto. Da necessidade de assombro e de adoração veio o entendimento, e do entendimento resultou o significado. Nos tempos modernos, pensamos frequentemente que o entendimento e o significado substituem o mistério, mas nada pode estar mais longe da verdade. Quando o entendimento e o significado estão verdadeiramente incorporados em nosso coração e em nossa mente, descobrimos que os mistérios nunca desapareceram. Eles tornam-se mais ricos e mais profundos. A necessidade de maravilhar-se, cultuar e entender são outras tantas partes do mesmo desejo humano, e essas três necessidades encontram uma unidade de expressão em antigas práticas espirituais. Os mesmos antigos mistérios estão no centro de minhas próprias crenças espirituais. É o que as Bruxas chamam de "A Antiga Religião".

Toda religião é sobre a Criação – não simplesmente as histórias e lendas de como um criador ou criadores produziram o Universo, mas como os homens, mulheres e crianças participam na geração corrente do Universo. A Criação nunca será concluída, é um processo contínuo e eterno. Em algumas tradições nativas, as pessoas cantam para que o sol se levante ao nascer do dia e cantam para que ele se ponha ao crepúsculo. Há nisso uma sabedoria profunda, que não pode ser repudiada pela afirmação de que o sol pode perfeitamente nascer e se pôr sem ajuda humana. A conversão do dia em noite e do inverno em primavera devem ser atividades tanto humanas quanto divinas. Como seguidoras da Antiga Religião, as Bruxas tomam parte ativa no que chamamos girar a Roda do Ano e participam do curso das estações. Somos cocriadoras do Universo.

A NOSSA MÃE-TERRA

A religião é sobre a Criação. Por esse motivo, a religião deve ser a respeito da Terra. Para muitas pessoas, isso constitui uma surpresa, porque o moderno pensamento religioso atribui maior ênfase à salvação do que à Criação e concentra-se mais no Céu e no Inferno do que na Terra. Mas os Pagãos acreditavam que os processos biológicos são processos espirituais, e que existe intenção e significado divinos em todo evento natural.

Como participantes no drama contínuo da Criação, os nossos ancestrais acreditavam que os grandes mistérios da vida eram os que se destinavam a transformação: como as coisas se convertem em outras coisas e como elas crescem, morrem e renascem. Talvez em nenhuma outra parte eles viram, em toda a sua experiência, esses eventos processarem-se de um modo mais pessoal e mais íntimo do que nas transformações da mulher. A capacidade de conceber uma nova vida humana, dar à luz, produzir leite e sangrar com as fases da Lua, inspirava temor e reverência. O lugar central da mulher na vida da comunidade não podia ser negado. Só ela tinha o poder de produzir e nutrir a vida. Sem ela, a nova vida se extinguiria. A mulher refletia as mudanças cíclicas que eram equiparadas às mudanças sazonais da Terra e às fases mensais da Lua. Não era superstição nem fantasia espiritual o que fez os observadores primitivos notarem que a mulher e a natureza repartiam entre si o grande papel da maternidade. Era um fato biológico.

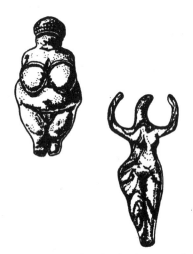

Deusas de Willendorf e do Rio Nilo

As mais antigas obras de arte que representam figuras humanas são de mães. Datando de 35 000 a 10 000 anos AEC, e descobertas por toda a Europa e na África, essas estatuetas, chamadas de "Vênus" pelos arqueólogos, mostram a plenitude de formas da maternidade e a maturidade da natureza feminina. Esculpidas em osso, marfim e pedra ou moldadas em barro, essas pequenas estatuetas, com grandes ventres, seios repletos e poderosas coxas, não eram simplesmente a arte erótica do tempo. Como salientou a altamente respeitada autoridade em mitologias do mundo, Joseph Campbell, em seu livro *The Way of the Animal Powers*: "Isso não é definitivamente uma obra de arte naturalista, mas uma abstração concebida para apresentar uma declaração simbólica." Por suas posições em lugares sagrados e em sepulturas, tais estatuetas representavam algo sagrado. Os órgãos femininos eram claramente "centros numinosos", como nos dizem Monica Sjöö e Barbara Mor em seu abrangente e inspirador estudo das tradições mundiais da Deusa, *The Great Cosmic Mother: Rediscovering the Religion of the Earth*. Num tempo em que o papel masculino na concepção não era entendido, ou só vagamente compreendido, o corpo da mãe era visto como a única fonte de vida, assim como a Terra era a única fonte de vida biológica.

Não há representações similares de homens datando desses tempos remotos. Com efeito, o papel do macho na concepção é uma descoberta bastante recente, a qual data apenas de uns cinco mil anos. É provável que o papel do pai na concepção só começasse a ser amplamente entendido cerca de 3000 AEC. O grande pioneiro da antropologia, Bronislaw Malinowski, descobriu na Polinésia culturas da Idade da Pedra em pleno século 20, que só muito vagamente entendiam a contribuição masculina. Nada tem de surpreendente que o papel do pai tivesse passado despercebido por tanto tempo. Como uma mulher não fica grávida em todo ato de relacionamento sexual, e só vem a saber que está grávida depois que se passaram dias ou semanas, a conexão entre concepção e atividade sexual com machos não era imediatamente óbvia. Aos olhos de nossos ancestrais, parecia que o macho "abria" a vagina, mas que a colocação da nova vida no ventre da mulher era obra do poder divino, talvez a luz da Lua, talvez um espírito visitante. Ou, pela ampla distribuição mundial de mitos acerca da partenogênese, talvez a mulher tivesse o poder de produzir a vida por conta própria. De qualquer modo, o conceito de paternidade e de permanente acasalamento desenvolveu-se relativamente tarde na história humana. Como disse o antropólogo Lewis Henry Morgan, "somente após o começo da civilização documentada é que (a família patriarcal) se estabeleceu".

Mesmo antes das sociedades Cro-Magnon terem esculpido as estatuetas de Vênus, encontramos sepulturas Neandertais, remontando a muitos milênios, com seus mortos enterrados em posição fetal, seus ossos pintados em ocre vermelho. Simbolicamente, os mortos tinham reentrado no ventre da Terra. Eles eram, uma vez mais, vermelhos como o sangue da mãe. Voltavam literal e simbolicamente para ela, completando assim o que os nossos ancestrais da Idade Glacial sabiam ser o ciclo completo de vida – de ventre a ventre, de uma simples mãe para a Grande Mãe.

De uma profusão de provas arqueológicas, históricas e antropológicas – estátuas de Deusas, costumes funerários, pinturas rupestres de mulheres dando à luz, o recém-nascido ainda ligado à mãe pelo cordão umbilical – creio estar claro que os nossos ancestrais entenderam a íntima conexão entre o poder feminino e o poder da Terra. A mulher era a fonte da vida. Os ciclos recorrentes da mulher eram paralelos aos ciclos recorrentes da natureza. O grande "mito do eterno retorno" (para usar a maravilhosa frase de Mircea Eliade, o renomado estudioso das religiões do mundo) era o mito repetidamente interpretado no ciclo vital de todas as mulheres, em cada gravidez que produzia uma nova vida humana e na misteriosa hemorragia que ocorria com cada lua e parava quando o ventre retinha seu sangue e ficava cada vez mais cheio, como a Lua crescente. Ao identificarem tão estreitamente a mulher com a Terra, e a Terra com poderes divinos, os nossos ancestrais consideraram razoável supor que o poder divino que presidia à Criação era feminino. Monica Sjöö e Barbara Mor disseram isso em termos muito sucintos: "Deus foi feminino durante, pelo menos, os primeiros 20 0000 anos de vida humana na Terra.". Para as Bruxas, Deus ainda é feminino.

A Antiga Religião, com sua forte perspectiva matrifocal, era uma religião de êxtase. As provas arqueológicas de experiências religiosas primevas – desenhos rupestres, pinturas em sepulturas e em cerâmica – mostram figuras humanas com grandes olhos arregalados de assombro, seres humanos dançando com animais selvagens, voando com pássaros, compartilhando os domínios aquáticos com os peixes e as serpentes. Práticas religiosas e rituais xamanísticos que sobreviveram até os nossos dias entre povos indígenas também indicavam experiências de êxtase religioso – danças, tambores, cânticos, que reencenam os mitos primais da Criação e induzem ao transe. De todas as provas dispersas que nos chegam ao longo dos séculos, parece que as experiências de êxtase religioso eram a norma para as culturas pré-cristãs. E assim devem ter sido em religiões que se centravam na experiência da mulher. A Grande Deusa e suas Sacerdotisas eram exemplos vivos da integração de corpo, mente e espírito. Para elas não existia dicotomia entre corpo e mente, entre espírito e matéria.

Os seguidores da Antiga Religião acreditam que o Universo foi criado em êxtase a partir do corpo e da mente da Grande Mãe de todas as coisas vivas. Os mais antigos mitos da Criação em todo o mundo descrevem as numerosas maneiras como os seres humanos perceberam esse nascimento original da terra, do céu, das plantas, dos animais e do primeiro casal humano. Do noroeste da Índia chega a história de Kujum-Chantu, a Mãe Divina, que criou as paisagens físicas da Terra a partir das várias partes do seu próprio corpo. Uma história pelásgica da Criação, oriunda do Mediterrâneo oriental, explica como Eurínome, a Deusa de Todas as Coisas, deu existência à Terra numa dança. Da Venezuela vem a história de Puana, a serpente que criou Kuma, a primeira mulher, de quem brotaram todas as coisas vivas e todos os costumes do povo Yaruros. Uma história do Huron, fala-nos da Mulher Que Caiu do Céu, uma mulher divina que, com a ajuda da Tartaruga, iniciou a vida humana na Terra. O povo Fon do Daomé reverencia Nanã Buruku, a Grande Mãe que Criou o Mundo. Da antiga China veio a história da Criação de como o Universo tinha o formato de um ovo de galinha, contendo um misterioso "algo ainda não nascido". Desse ambiente feminino brotou Fan Ku, o primeiro ser que criou a Terra. Um mito taitiano também relata como a primeira centelha de vida começou no interior de um grande ovo, onde Ta'aro aguardava há muito o momento de nascer para iniciar a grande obra da Criação com seu companheiro, Tu. Entre os muitos mitos gregos da Criação, conta-se o de Gaia, a Terra, que surgiu do Caos ou Vazio, gerou o Céu e o Mar, e depois criou os poderosos Titãs. Na Babilônia ouvimos a história das mães divinas, Apsu e Tiamat, que criaram os Deuses. Um mito sumeriano explica como a Deusa do Mar, Nammu, chamada "a mãe, a ancestral", deu à luz os Deuses. Os maias contavam muitas histórias do Construtor e Formador, que tinha muitos nomes, entre eles os de Avô e Avó.

Nas lendas hebraicas, o todo-poderoso Jeová era originalmente a Deusa Iahu-Anat, um nome que, como Elizabeth Gould Davis nos diz em *The First Sex*, "foi roubado da Deusa sumeriana". O nome Jeová também tem sido relacionado com o da deidade lunar cananeia Yareah, que era possivelmente andrógina ou bissexual. No próprio Gênese encontramos indicações de que deidades maternas estavam presentes na Criação. Num dos dois relatos da Criação, Elohim, a palavra traduzida como um singular "Deus", é, na realidade, um nome plural e, de acordo com alguns estudiosos bíblicos, seria melhor traduzido como "espíritos criativos da natureza". Que Elohim era plural e parcialmente feminino está claro nas palavras do Gênese que diz: "Façamos o homem à nossa imagem e semelhança. Masculino e feminino Ele (!) os criou.". Se a imagem e semelhança do Criador é masculina e feminina, podemos supor que pelo menos alguns daqueles "espíritos criativos" tinham naturezas femininas.

A TRÍPLICE DEUSA LUA

Em muitas partes do mundo, a Deusa original é referida como a Grande Deusa Lua, uma deidade trina e una. Ela é a grande trindade feminina de Donzela, Mãe e Anciã. E em muitas descrições escritas, assim como nas obras de arte que sobreviveram, vemos essa tríplice natureza – às vezes retratada como três faces – refletida nas três fases da Lua. Também neste caso os primitivos adoradores humanos entenderam que um único e o mesmo poder ou mistério agia na mulher e na Lua. Como escreveu Joseph Campbell, "A observação inicial que deu origem na mente do homem a uma mitologia de um só mistério animando coisas terrenas e celestes foi... a ordem celeste da Lua crescente e a ordem terrena do ventre feminino." Assim, não só a Deusa estava refletida nas três fases da Lua, mas os ciclos biológicos de toda mulher também aí encontraram expressão. Cada mulher podia se identificar com a Grande Deusa ao perceber sua própria transformação corporal com o crescer e o minguar mensais da Lua.

Os sortilégios e rituais de uma Bruxa são sempre realizados em conjunção com as fases da Lua, e as Bruxas alinham seu trabalho mágico com seus próprios ciclos menstruais. Pela observação das três fases lunares e a meditação sobre as tradições da Deusa a elas associadas, descobrimos os poderes e mistérios especiais da Lua e a sabedoria ímpar que ela nos ensina acerca da Mãe Divina do Universo.

A DONZELA

O crescente lunar, virginal e delicado, vai ficando mais forte e mais brilhante noite após noite, parecendo cada vez mais alto no céu até atingir o plenilúnio. Vimos homens e mulheres de tempos antigos representando essa fase da Lua, como uma donzela que vai crescendo e ficando mais forte a cada dia que passa. Ela é a pura e independente caçadora e atleta que, na tradição das Deusas mediterrâneas, foi chamada Ártemis ou Diana. Quando amadurece e se transforma numa poderosa guerreira, ou Amazona, aprende a defender a si mesma e aos filhos que algum dia nascerão dela.

Em algumas culturas, essa Deusa livre e independente é a Senhora das Coisas Selvagens e preside aos rituais de caça. Ela segura em sua mão a trompa da caça, tirada das vacas e touros que são seus animais especiais. A trompa tem a forma de uma lua em quarto crescente. Uma de suas mais antigas representações é a estatueta de 21 000 anos descoberta na França e batizada pelos arqueólogos como a Vênus de Laussel. Representa uma mulher pintada em ocre vermelho erguendo a trompa de caça num gesto triunfante. O historiador de arte Siegfried Giedion a classifica como "a representação mais vigorosamente esculpida do corpo humano em toda a arte primitiva." Joseph Campbell sublinha que, como personagem mítica – isto é, uma imagem de alguém que transcende o meramente humano – ela era tão conhecida que "a referência da trompa erguida teria sido... prontamente entendida." O que a humanidade da Idade da Pedra facilmente entendeu, foi que a mulher com a trompa podia garantir o êxito na caça, visto que, como mulher, ela conhecia os mistérios profundos e os movimentos dos rebanhos selvagens. Ironicamente, a linguagem que os nossos historiadores contemporâneos têm usado tradicionalmente para falar dos caçadores da Era Glacial fala de violência, matança e homens. Entretanto, como o historiador William Irwin Thompson nota, "cada estátua e pintura que descobrimos proclama que a humanidade dessa Era Glacial era uma cultura de arte, amor aos animais e mulheres."

A MÃE

A Lua cheia, quando o céu noturno está inundado de luz, é representada como uma Deusa Mãe, seu ventre pleno de nova vida. Bruxas e Magistas, em toda parte, sempre consideraram ser esse um tempo de grande poder. É um tempo que nos atrai para lugares sagrados, como as fontes e grutas escondidas que as mulheres Neolíticas poderiam ter usado como seus lugares originais para dar à luz. Em seu fascinante estudo *The Great Mother*, Erich Neumann sugere: "O mais antigo recinto sagrado da era primordial era provavelmente aquele onde as mulheres davam à luz." Ali, as mulheres podiam se recolher ao seio da Grande Mãe e, em privacidade e nas proximidades de água fresca e corrente, pariam em segurança e de maneira sagrada. E assim, até os dias de hoje, templos, igrejas, bosques sagrados e santuários têm uma quietude e uma qualidade uterinas que sugerem proteção e segurança em relação ao mundo dos homens, à guerra e às interrupções. Quando ingressamos nesses lugares de silêncio e calma, muitas vezes como que iluminados pela luz da Lua cheia, nós nos sentimos como nascidos numa vida mais sagrada e mais próximos da fonte de toda vida.

Em seu aspecto materno na Lua cheia, a Deusa da Caça também se torna a Rainha da Colheita, a Grande Mãe dos Grãos que derrama sua abundância por toda a Terra. Os romanos a chamavam de Ceres, nome este que deu origem a palavra "cereal". A mesma que a grega Deméter, um nome composto de *D*, a letra feminina delta, e *meter*, ou "mãe". Na Ásia, ela era chamada "a porta do Feminino Misterioso... a raiz de onde brotaram o Céu e a Terra." Na América, ela era a Donzela do Milho, que trazia o grão para alimentar o povo. Em todas as suas manifestações, ela é a fonte de safras e vegetações que se convertem em nossos alimentos. Quando ela vai embora nos meses de inverno – como Deméter procurando sua filha Kore (Perséfone) no Submundo – a terra fica estéril. Quando ela retorna na primavera, tudo se torna verdejante uma vez mais.

Em muitas tradições do Oriente Médio, do Mediterrâneo e da antiga Europa, a Deusa Mãe dá à luz um filho, um jovem caçador que, a seu tempo, converte-se em seu amante e cônjuge. Embora isso possa soar contraditório e incestuoso a ouvidos modernos, devemos ter em mente que, como "tipos míticos", todas as mulheres são mães para todos os homens e todos os homens são filhos adultos.

De acordo com muitas lendas antigas, o "jovem Deus deve morrer". Neste ponto, verificamos que o antigo mito e os costumes sociais se alinham. Como as mulheres eram vitais para a sobrevivência da tribo, pois só elas podiam dar à luz e alimentar os recém-nascidos, a perigosa tarefa de espreitar, perseguir e matar animais selvagens passou a ser responsabilidade dos homens. Por volta de 7000 AEC, o Filho da Mãe Divina estava razoavelmente bem estabelecido nas lendas europeias como um Deus Caçador, muitas vezes representado usando chifres. Havia razões estratégicas e sacramentais para isso. Como ritual, o capacete ornado com chifres homenageava o espírito do animal e identificava o jovem caçador com o animal que ele esperava matar. Nos ritos religiosos que envolviam o êxtase, uma pessoa converte-se no Deus ou Deusa que está sendo cultuado, vestindo-se, falando e agindo como a deidade. Assim, ao usar os chifres e as galhadas, o caçador tornou-se o caçado em corpo, mente e espírito. Ele assemelhava-se à presa; pensava como a presa; consubstanciava o espírito de sua presa. Pensava-se que a identificação com o animal caçado assegurava uma caçada bem-sucedida.

Estrategicamente, o caçador usava os próprios chifres e a pele do animal por segurança e para garantir o êxito da jornada. Ocultando suas formas e cheiro humanos, ele podia se aproximar do rebanho ou da manada sem espantar os animais. Os índios americanos vestiam capas de pele de búfalo, completando-as com as cabeças e os chifres, a fim de se aproximarem de um búfalo, desde os mais recuados tempos até quase o final do século 19. Tocaiar e matar um grande animal armado de chifres era perigoso. Muitos caçadores foram escornados ou esmagados até a morte. Ao redor das fogueiras tribais, o caçador vitorioso era homenageado e recebia os chifres ou as galhadas do animal capturado para usar como troféu de vitória e expressão de gratidão por parte da tribo, já que ele pusera sua vida em perigo. Com o tempo, o caçador-filho da Grande Deusa passou a ser preiteado como um Deus Cornífero e sua disposição para sacrificar a vida pelo bem da comunidade foi celebrada em canções e no ritual.

O caçador encontrava frequentemente a morte nos meses de inverno, a época da caça em que o pelo é espesso e a carne é facilmente preservada no ar gelado. Esse drama da morte no inverno era também visto na natureza, quando o sol fica débil e pálido, tudo parece morto ou adormecido e as longas noites invernais encorajavam os nossos ancestrais da Idade da Pedra a recolher-se na escuridão tépida de suas cavernas. Era a época do gelo e da morte. Joseph Campbell diz-nos em *The Way of the Animal Powers* que "o desaparecimento e o reaparecimento anual das aves e dos animais selvagens também deve ter contribuído para esse sentimento de um mistério geral urdido pelo tempo", um mistério que faz todas as coisas terem seu tempo para morrer e renascer. Uma religião baseada nos ciclos da natureza faria disso uma verdade sagrada. Aqueles que seguiram essa religião puderam celebrar até a estação da morte, por saberem que a ela se seguiria uma estação de renascimento. Se o Filho deve morrer, ele renascerá, tal como o sol voltaria na primavera. A Terra e a Mulher cuidam disso. Esses eram os mistérios da Grande Deusa Mãe, o Grande Ventre da Terra.

Na Grã-Bretanha e no noroeste da Europa, em Ohio e no Mississípi e em muitas outras partes do globo, as lavouras Neolíticas construíram grandes colinas de terra. Segundo Sjöö e Mor, "o formato de colmeia de tantas colinas de terra Neolíticas era intencional e simbólico. A apicultura era uma metáfora para a agricultura sedentária e para a abundância pacífica da terra nesses tempos. E a abelha era como a Lua cheia, produzindo iluminação à noite." No formato dos seios fartos da Deusa do Leite, no formato da colmeia governada pela Grande Abelha Rainha, as colinas de terra eram frutos do esforço humano para inchar a superfície do solo de modo a assemelhar-se às colinas e montanhas que eram cultuadas como os seios e o ventre sagrados da Deusa. A metáfora da colmeia recorda as histórias de "terras onde correm o leite e o mel" – o leite das mães, o mel dourado da Rainha. Da África e da Trácia chegam lendas de mulheres guerreiras que se alimentam de mel e leite de égua. Seja qual for a forma como o encontramos, todo nutrimento promana da Deusa da Terra e da Lua, e todas as mães são fortes por causa do poder que seus corpos encerram.

Quando lanço um Círculo Mágico sob a Lua cheia, eu puxo seu poder para baixo e para dentro da Taça de cristalina água da fonte que seguro em minhas mãos. Quando pouso meu olhar na Taça, vejo meu próprio rosto no reflexo prateado da Lua. Então, no momento certo, mergulho minha adaga ritual na Taça, fendendo a água, despedaçando a imagem da lua em muitos fragmentos menores, como estilhaços de cristal. Lentamente, deliciosamente, bebo o poder e a energia da Lua. Sinto-a deslizar pela minha garganta, até retinir e formigar por meu corpo todo. A Deusa está então dentro de mim. Eu engoli a Lua.

Quando as Bruxas colocam seus pés e mãos num tanque, lago ou qualquer poça de água sob a Lua cheia, elas sorvem o poder refletido pela Lua através dos dedos das mãos e dos pés. Atraímos sua energia para os nossos corpos quando nadamos ao luar. Os antigos rituais exigiam o cozimento de poções sob uma Lua cheia, para que a própria luz da Deusa pudesse ser mexida na infusão. Mesmo dentro de casa, nos frios invernos da Nova Inglaterra, reunindo-se em minha sala de estar em torno da lareira, o meu grupo de Bruxas traz o formato da Lua cheia para a nossa presença ao dispor-se num Círculo. Ou uma única vela refletida na Taça nos ajuda a imaginar a Lua, pois toda luz refletida participa da própria natureza da Lua, projetando um brilho mágico em que coisas invisíveis ou ocultas podem ser vistas.

A ANCIÃ

Em algum ponto da vida de toda mulher o ciclo menstrual cessa. Ela deixa de sangrar com a Lua e passa a reter seu sangue para sempre, ou assim deve ter parecido aos nossos ancestrais. Ela agora conserva o seu poder e, portanto, torna-se poderosa. Uma sábia anciã. Como a Lua em quarto minguante, seu corpo encolhe, sua energia declina e, finalmente, ela desaparece na noite escura da morte, tal como a Lua desaparece por três noites de trevas. Com a morte, o corpo é devolvido à Terra e, em dado momento, ela renascerá, viçosa e virginal como a Lua nova em sua primeira noite visível, suspensa no céu ocidental no pôr do sol.

A Deusa grega Hécate, deidade da Noite, da Morte e das Encruzilhadas, encarnou essa Anciã. Seu governo, durante a ausência da Lua, tornava a noite excepcionalmente tenebrosa. Os temerosos a veneravam durante essas três noites, buscando seu favor e proteção. Onde quer que três estradas se cruzassem, Hécate podia ser encontrada, pois ali a vida e a morte passavam uma pela outra, segundo se acreditava. Ainda hoje as Bruxas deixam bolos nas encruzilhadas ou nos bosques à sombra da Lua para honrá-la.

Dizia-se que, na morte, Hécate reunia-se às almas dos mortos e as conduzia ao mundo inferior. No Egito, a Deusa da Lua Escura chamava-se Heqit, Heket ou Hekat, e era também a Deusa das parteiras, visto que o poder que leva as almas para a morte é o mesmo poder que as traz para a vida. E assim, Hécate passou a ser conhecida como a Rainha das Bruxas na Idade Média, pois as anciãs versadas nos costumes e procedimentos de Hécate eram as parteiras[1]. Graças aos muitos anos de experiência, elas adquiriram os conhecimentos práticos que as habilitavam não só a ajudar nos partos, mas também na obtenção dos insights espirituais que pudessem explicar o mistério do nascimento.

E assim, do nascimento à puberdade, à maternidade, à velhice e à morte, o eterno retorno da vida é intimamente inseparável de toda mulher, não importa em que fase de sua própria vida ela se encontra no momento. O eterno retorno da vida é visto e sentido em todas as estações da Terra. E não existe fase ou ponto nessa grande roda que não seja sagrado, não existe fase ou ponto na roda que seja esquecido ou menosprezado nas celebrações anuais de uma Bruxa.

---

1. N. do T.: é oportuno lembrar que, em inglês, *wise-woman*, literalmente mulher sábia, sensata ou experiente, significava no passado tanto a Bruxa, a Feiticeira, quanto a Parteira.

Assim, os nossos ancestrais se maravilharam, indagaram-se e renderam culto. E então compreenderam seu lugar nos grandes mistérios da Criação e descobriram um significado para suas vidas. E assim as Bruxas continuam hoje os antigos costumes e fazem da vida algo sagrado.

AS CULTURAS DA DEUSA

Os mais profundos valores e crenças de um povo dão forma não só às suas práticas espirituais, mas também ao modo como organizam suas vidas. Das percepções comuns do que é real promanam as estruturas sociais que refletem a noção de verdade de um povo. Não é surpreendente, pois, que encontremos as sociedades Neolíticas organizadas em torno das mulheres.

Nos primeiros anos do século 20, o arqueólogo Arthur Evans descobriu as ruínas de uma cultura perdida na cidade de Cnossos, na ilha de Creta. As pinturas e os artefatos por ele encontrados descreviam uma cultura amante da paz, alegre, festiva e sensual, onde as mulheres detinham posições de honra e poder, e os homens eram subservientes e presumivelmente tinham um status de segunda classe. No começo, os investigadores pensaram que a cultura minoica de Creta era uma espécie de acidente feliz, mas excepcional. Entretanto, no Mediterrâneo oriental foram desenterradas outras cidades que refletiam uma organização matrifocal semelhante à de Creta. Na Anatólia (atual Turquia), as cidades de Çatal Huyuk, Mersin, Hacilar e Alalakh também eram culturas matrifocais da Deusa. No outro extremo do Mediterrâneo, Marselha e Siracusa eram centros de culto à Deusa, e talvez o mais famoso de todos estivesse em Éfeso, na Grécia.

O que eram essas culturas centradas na mulher e na adoração da Deusa? Muitos estudiosos assinalaram suas fortes semelhanças com muitos mitos e lendas europeus acerca de uma Idade de Ouro, sugerindo que os mitos nasceram como relatos subsequentes do que em tempos passados tinha sido uma realidade. A ausência de fortificações militares e de armas indicam se tratar de culturas pacíficas. Parece não ter havido guerras organizadas em grande escala, apenas as disputas e conflitos pessoais de escassa importância que ocorrem em qualquer sociedade humana. As armas eram pequenos instrumentos pessoais, o que sugere que seriam usadas primordialmente para defesa.

Nos territórios centrais da Deusa faltava também uma estrutura política burocrática; as pessoas viviam em famílias extensas, semelhantes a clãs governados por mães. Não existia escravidão. As mulheres atuavam como Sacerdotisas, artistas, agricultoras e caçadoras de animais de pequeno porte. Em suma, essas culturas Neolíticas da Deusa parecem ter lançado as sementes para o fascínio dos pensadores ocidentais com a utopia, não como uma possibilidade futura, mas como um sonho a respeito de uma realidade que perdemos.

Não é surpreendente que a vida antiga gravitasse em torno das mães. Laços de sangue, linhagens, parentescos e direitos de propriedade eram transmitidos de forma matrilinear, visto que o relacionamento mãe-filho era sempre de suprema importância. Uma criança conhecia sempre sua mãe. Mesmo depois que a paternidade passou a ser compreendida, mães e filhos nem sempre sabiam quem era o pai.

As sociedades matrifocais podem ter tido, na verdade, as características de uma Idade de Ouro simplesmente porque a vinculação primária era entre filhos e mães. Como salientou o psicanalista Erich Fromm, os filhos devem conquistar o amor do pai usualmente pela obediência e o conformismo. O amor da mãe é incondicional, o que gera boa vontade. As culturas baseadas no amor materno e reforçadas pelos ritos religiosos em torno da Deusa Mãe teriam sido sociedades pacíficas, condescendentes, mantenedoras da vida, baseadas na confiança. A natureza sagrada de toda vida teria sido realçada e o comportamento destrutivo e violento, desencorajado. Os valores humanistas decorrentes da jovialidade natural das relações entre mãe e filho teriam pavimentado muito mais o relacionamento social do que a mera obediência a uma figura autoritária.

A Deusa Tríplice

Os territórios centrais da Deusa descobertos em todo o Mediterrâneo são representantes das culturas matrifocais em outras partes do mundo. Sua descoberta levou alguns estudiosos a sugerir que a civilização Neolítica, sobretudo nos climas temperados, era matrifocal na generalidade dos casos, e que as mulheres foram as originadoras da cultura humana. Em virtude da centralidade da mulher na vida e na sociedade humanas, ela teria sido a promotora das artes e dos recursos necessários ao progresso da civilização. O trabalho feminino fornecia a maioria dos suprimentos alimentares, se as sociedades de caçadores e coletores ainda existentes nos dias de hoje nos servem de indicação. Aí, as mulheres forneciam 60% dos alimentos, e os mitos e costumes sociais indicam que a coleta e preparação de alimento sempre foram uma responsabilidade feminina. Como parte da preparação do alimento, as mulheres teriam desenvolvido técnicas de processamento, preservação e armazenagem.

A fim de prover o vestuário, as mulheres aprenderam a tecer e a arte de curtir e tingir peles. Entre as primeiras tentativas na arte podem estar os desenhos que as mulheres pintaram em couro ou que trançaram em tecidos. As mulheres foram provavelmente as guardiãs primordiais do fogo, uma função sagrada e vital nas sociedades primitivas. Em 84 sociedades tribais que sobreviveram até o século 20, as mulheres ainda são as criadoras e mantenedoras primárias de fogueiras, e muitas dessas culturas possuem lendas a respeito de ter sido a mulher quem originalmente descobriu o fogo. Os fornos eram tradicionalmente construídos de modo a se assemelharem à cavidade uterina e eram mencionados como uma espécie de ventre. O papel da mulher na manutenção ritual do fogo prosseguiu ao longo dos séculos, como se comprova nas virgens vestais de Roma e nas freiras irlandesas de Santa Erigida, em Kildare, que alimentaram fogos sagrados até a época de Henrique VIII. Como guardiãs do fogo, as mulheres teriam sido as encarregadas da olaria, cerâmica e metalurgia.

Como coletoras primárias de ervas, grãos, nozes, bagas e raízes, as mulheres seriam, é de se presumir, as herbalistas e farmacologistas originais. Com seus conhecimentos de ervas medicinais e remédios, elas foram as primeiras curandeiras oficiais. A Organização Mundial de Saúde informa que 95% de toda a assistência à saúde ainda hoje é fornecida por mulheres. Catalogar e explicar às filhas as várias partes de plantas e mostrar-lhes como devem ser preparadas, assinalar quais eram venenosas, catalogar ervas e seus usos para enfermidades e achaques específicos podem ter sido o refinamento de comunicação que levou ao desenvolvimento da linguagem, tal como a conhecemos. Os antropólogos que sugeriram essa hipótese enfatizam que a caça de animais de grande porte, a chamada caça grossa, função primordial dos homens, não exigia tão meticuloso detalhamento e catalogação de informações. Logo, o vocabulário e a estrutura da frase não teriam sido tão extensos ou complexos. Caçar, ensina-se melhor e executa-se com maior eficiência mediante a observação e a imitação silenciosas.

A experiência das mulheres também deu forma ao conceito de tempo dos nossos ancestrais. Os calendários mais antigos eram lunares, baseados no ciclo de 28 dias da Lua e das 13 Luas num ano. Mulheres chinesas desenvolveram calendários lunares há três mil anos, e eles têm sido descobertos em sítios Neolíticos por toda a Europa. Esses calendários também foram usados por povos tribais nas Américas até os tempos modernos. Como os ciclos menstruais acompanham os ciclos lunares – e isso ainda ocorre hoje, quando as mulheres vivem longe das luzes artificiais – as mulheres Neolíticas não deixariam de notar a forte conexão entre os dois. É até provável que identificassem os dois ciclos como sendo aspectos paralelos do mesmo fenômeno – uma indicação de que a Deusa que se manifestava mensalmente na Lua também se manifestava em seus próprios corpos. As palavras gaélicas para menstruação e calendário ainda refletem essa estreita identificação. São elas, respectivamente, *miosach* e *miosachan*. Como as mulheres da Idade da Pedra gravavam ou entalhavam os períodos lunares em madeira ou pedra, a fim de acompanhar os ciclos menstruais, calcular o tempo de gravidez e prever a época do parto, elas desenvolveram as mais antigas formas de matemática e astronomia, dois campos que os investigadores acreditam terem sido originados em conjunção recíproca.

A linguagem faz parte das provas que evidenciam essa conexão de mulher, matemática e astronomia. A raiz vocabular *mater*, por exemplo, significa mãe e medição. Vemo-la em palavras como maternal, matrona, matriz, métrica e material. Um termo indo-europeu arcaico para a prática astrológica era *mathesis*, literalmente *ma* = mães e *thesis* = sabedoria. Assim, a astrologia era originalmente "sabedoria da mãe" e na Caldeia os astrólogos eram chamados *mathematici* ou "mães sábias". Muitos desses termos começam com a sílaba *ma*, que parece ser uma raiz universal para as palavras que significam "mãe".

Se as mulheres e os seus mistérios inspiraram a astrologia e as ciências do calendário, então a influência das mulheres foi, muito provavelmente, a inspiração para os círculos de pedras e estruturas megalíticas construídos por todo o globo. Muitos desses monumentos foram erguidos para marcar a passagem do tempo por meio de eventos celestiais, como o aparecimento de certas constelações no céu em momentos determinados do ano, ou o nascer do sol nos solstícios de verão e de inverno. Por outras palavras, Stonehenge e Avebury, nas Ilhas Britânicas, e suas contrapartes em outras áreas do mundo, eram gigantescos observatórios astronômicos. Um dos exemplos mais recentemente descobertos é um túmulo irlandês, nos arredores de Dublin, construído em alinhamento com o nascer do sol no Solstício de Inverno, de modo que os primeiros raios no alvorecer de 21 de dezembro penetram numa pequena fresta do telhado do túmulo e despejam cascatas de luz que iluminam desenhos gravados no chão da câmara interior. Esse velho túmulo celta, construído há 5.150 anos, é mais antigo do que Stonehenge e as Pirâmides.

Em muitos desses círculos de pedra, ou "rodas de medicina", como são chamados na América Nativa, rituais sagrados eram realizados em conjunção com visadas solares, lunares e estelares. Mesmo hoje, observações surpreendentemente exatas podem ser feitas usando essas estruturas, embora as próprias pedras tenham uma aparência rudimentar e tosca. A precisão matemática com que elas foram dispostas no terreno e erigidas indica, de modo claro, que esses antigos povos tribais dispunham entre seus membros de refinados engenheiros e geômetras. Também indica que eles sentiram uma necessidade imperiosa de construir, mediante seu próprio trabalho físico, estruturas de terra que estivessem em harmonia com eventos celestiais. Eles entenderam intuitivamente que a harmonia e o equilíbrio precisam ser afirmados pelo esforço humano, que era responsabilidade deles expressarem e viverem de acordo com os padrões de harmonia que observavam à sua volta. O mesmo deveria valer para nós, os que vivemos hoje: de todas as criaturas da Terra, os seres humanos são os únicos que têm o poder de ignorar, e até de destruir, o equilíbrio da natureza. Hoje, os assombrosos menires e as rodas de medicina assemelham-se a sentinelas guardando lugares sagrados, assim como conceitos sagrados. Eles parecem dizer-nos: "Cuidado. Penetrem neste lugar sagrado somente se jurarem sustentar as harmonias e belezas da Criação."'

Sabemos que em pequenos grupos de mulheres vivendo ou trabalhando juntas, os ciclos menstruais harmonizam-se e alinham-se entre si. Os estudiosos acreditam ser essa a norma na vida tribal. Assim, todas ou a grande maioria das mulheres passariam juntas seus períodos menstruais, e cada período mensal teria sido reconhecido como um tempo em que a mulher experimenta com superlativa intensidade o poder divino inerente à Terra e à Lua. Em muitas culturas indígenas as mulheres ainda passam esses dias em meditação e rituais sagrados.

Quando a vida humana e a atividade social coincidem com os ciclos naturais da Terra e da Lua, a ovulação e a menstruação ocorrem regularmente em conjunção com as fases lunares. A primeira coincide com a Lua cheia e a segunda com a Lua nova. A vida moderna não destruiu completamente essa conjunção. Ocorrem mais nascimentos em torno da Lua cheia do que em qualquer outra fase do mês, o que faz sentido se considerarmos que o período de gestação humana dura o equivalente a nove meses lunares.

Quando se analisam os fragmentos dispersos de informação recolhidos em culturas de todo o mundo e que remontam a milhares de anos anteriores à história escrita, um padrão começa a emergir. As mais íntimas experiências femininas – ovulação, menstruação, gestação, parto, produção de leite – e a cronometria dessas experiências formaram e modelaram as concepções de tempo dos nossos ancestrais. E o modo como um povo mede o tempo determina a escolha do momento oportuno e a natureza de suas importantes atividades sociais e rituais que se tornaram os fundamentos para a civilização. Por essas razões, é sugerido por muitos estudiosos que as mulheres foram as reais portadoras da cultura e fundadoras da civilização nesses tempos pré-históricos.

As Bruxas praticam muitas das mesmas artes que estão na base da cultura humana e foram outrora consideradas sagradas para a Deusa. Cozinhamos, costuramos, preparamos poções, manipulamos ervas, fazemos fogueiras, coletamos pedras curativas, instalamos altares, lemos os presságios nos movimentos da Terra e do céu, realizamos rituais purificadores para os doentes, recitamos as preces e os cânticos que esperamos sejam semelhantes aos entoados pelas nossas avós Neolíticas. Continuamos usando os antigos nomes para a Deusa. De Creta, o lugar onde o culto da Deusa floresceu pela última vez em toda a sua pureza, provieram as famosas Deusas gregas – todas elas diferentes aspectos de uma só Deusa – cujos nomes atingem algo muito profundo e sagrado em nosso inconsciente, nomes que invocamos em muitos dos nossos rituais: Afrodite, Athena, Deméter, Perséfone, Ártemis, Hécate. As Bruxas continuam rendendo culto à

Grande Deusa representada na arte cretense como a Senhora dos Animais, a Senhora em sintonia com as coisas bravias da natureza, a Senhora que pode agarrar serpentes e canalizar energia do Céu e da Terra, a Senhora que conhece os segredos das ervas e das plantas.

Os rituais do touro sagrado de Creta continuam inspirando o entendimento das Bruxas do Deus Cornífero. A união sagrada da Deusa e seu Filho, representando a sacrossantidade da vida na união eterna de masculino e feminino, encontra representação simbólica nos círculos de nosso Coven. Embora as Bruxas modernas já não pratiquem ritos sexuais em Covens mistos de homens e mulheres, os antigos atos sexuais dos devotos da Deusa, tal como são descritos na arte e na lenda, continuam fornecendo-nos imagens e poesia que trazem ao espírito as poderosas energias, simultaneamente humanas e divinas, que produzem a nova vida.

OS CELTAS

As minhas próprias Tradições na Arte, assim como a minha herança familiar, remontam às raças célticas do noroeste da Europa, onde a espiritualidade da Deusa e as sociedades matrifocais sobreviveram por muito mais tempo no continente europeu. Na época em que as sociedades célticas começaram a ser documentadas na história, Estados patriarcais hostis tinham surgido em torno delas, sendo o Império Romano o mais poderoso deles. Tal como os mais antigos povos da Deusa, os celtas foram também pressionados no sentido de adotarem a guerra organizada, provando a verdade do velho adágio que diz, "se tem que lutar com um urso, garras crescerão em você". Mas persistiram muitos dos costumes e tradições matriarcais, especialmente os relacionados com o papel e o status das mulheres e os que influenciam as crenças e práticas espirituais. Entre as tribos célticas a Antiga Religião sobreviveu e, em sua sobrevivência e transformação, descobrimos as origens das tradições da Bruxaria europeia.

O historiador romano Tácito observou que "todas as tribos (célticas) têm um culto comum da Mãe dos Deuses e a crença em que ela intervém nos assuntos humanos e visita as nações a seu cuidado... E uma época de regozijo, e as festividades reinam onde quer que ela se digne ir. Não entram em batalha nem usam armas; todas as armas ficam fechadas a sete chaves; a paz e o silêncio dominam nesses períodos (até que a Deusa volte ao seu santuário), que é numa ilha do oceano em meio a um bosque de carvalhos sagrados." Os Sacerdotes e Sacerdotisas Druidas dos celtas rendem especial homenagem ao carvalho, por ser consagrado à Deusa Dana. Os celtas que se instalaram nas Ilhas Britânicas eram chamados Tuatha de Danann. ou "o povo da Deusa Dana", uma variação nórdica de Diana, que era adorada em bosques de carvalhos sagrados.

Nas sociedades célticas, as monarquias hereditárias eram matrilineares. Chefes do sexo masculino eram eleitos temporariamente. As mulheres serviam como advogadas, juízas, filósofas, médicas e poetas. Rapazes e moças estudavam juntos em academias; os professores eram usualmente mulheres. E eram elas que detinham o equilíbrio de poder nos conselhos tribais e não era raro comandarem exércitos no campo de batalha. De fato, o treinamento apropriado de guerreiros do sexo masculino incluía a instrução por guerreiras famosas da época, cujas reputações heroicas tinham sido adquiridas por seu valor e bravura em combate. O grande herói irlandês Cu Chulainn, por exemplo, estudou durante um ano e um dia com Skatha, a Deusa guerreira. Mulheres ensinavam as artes mágicas e sagradas, assim como as artes militares. De acordo com algumas tradições, Merlin aprendeu suas artes com a Deusa, disfarçada de Dama do Lago, ou Viviane (Aquela Que Vive). Como Morgana, a Fada, ela foi convertida numa feiticeira perversa por autores cristãos, na esperança de desacreditar a crença céltica em Merlin.

De observadores romanos derivamos um interessante quadro da importância do papel desempenhado pelas mulheres. O historiador romano Amiano Marcelino escreveu que "uma tropa inteira de estrangeiros não seria capaz de enfrentar um só gaulês (celta) se ele chamasse sua mulher para ajudá-lo; ela é usualmente muito forte e de olhos azuis."' Júlio César notou que "as matronas decidem quando as tropas devem atacar e quando recuar." A hegemonia das mulheres na sociedade e em matérias militares permitiu aos generais romanos usarem os egos masculinos celtas como estratégia militar. Segundo Tácito, numa ocasião os romanos deram aos exércitos celtas a opção de se submeterem a Roma ou de permanecerem independentes sob o domínio de mulheres celtas. "As classes inferiores murmuraram que, se tinham de escolher entre senhores, prefeririam os romanos às mulheres da Gália."

As mulheres celtas não eram fracas ou brandas. Descrições indicam que, fisicamente, muitas delas eram da mesma estatura e compleição dos homens. Quanto mais se retrocede no passado, mais os homens e mulheres parecem ter sido iguais em tamanho. Os ossos de homens e mulheres descobertos em vários sítios pré-históricos são aproximadamente idênticos em termos de dimensões e peso. Na antiga Esparta, os festejos matrimoniais incluíam uma luta entre o noivo e a noiva, o que indica que também aí os sexos eram provavelmente mais nivelados. No decorrer dos séculos, entretanto, os homens evoluíram para ser fisicamente maiores e mais fortes que as mulheres. Os investigadores sugerem que isso foi devido a uma combinação de atividade física que exigia maior musculosidade por parte dos homens e da possibilidade de que as mulheres escolhessem os mais robustos para acasalar, especialmente depois que elas passaram a depender dos maridos para a sobrevivência, gerando por isso filhos varões maiores.

É interessante observar como os historiadores podem modelar as nossas imagens dessas mulheres celtas com base nas suas escolhas de palavras. Boadicea, uma das últimas guerreiras da Grã-Bretanha, que desbaratou exércitos romanos e capturou importantes cidades britânicas, é descrita numa crônica latina por Dio Cássio. Na tradução do historiador G. R. Dudley, ela possuía "feição gigantesca", "aspecto aterrorizador", trajava uma "túnica de muitas cores" e usava um "grande colar entrelaçado de ouro". Ela "empunhava uma lança" e era observada "com reverente silêncio" por suas tropas.

As Leis de Brehon, transmitidas na sociedade céltica irlandesa desde tempos pré-históricos, fornecem elementos detalhados sobre o status das mulheres. As mulheres celtas podiam herdar propriedades e os títulos que lhes correspondiam; uma mulher podia celebrar contratos legais independentemente do marido; podiam comparecer em juízo e instaurar processos contra homens; uma mulher podia escolher seu marido (a maioria dos povos circunvizinhos permitia unicamente que o homem escolhesse uma esposa); as mulheres não se tornavam legalmente parte integrante da família do marido; maridos e mulheres gozavam do mesmo status no casamento; os casamentos tinham duração de um ano, quando podiam ser renovados se houvesse mútuo consentimento; o divórcio requeria também a concordância de ambas as partes; as filhas herdavam em igualdade de condições com os filhões varões. Uma mulher divorciada retinha suas propriedades mais o dote, o qual, no sistema legal de Brehon, era requerido tanto do marido como da mulher (consistia usualmente em bois, cavalos, escudo, lança e espadas). A esposa também podia exigir de um terço à metade da riqueza do marido. O sexo não era encarado em rígidos termos moralistas: uma mulher não era "culpada" de adultério se tivesse relações sexuais extraconjugais; a homossexualidade masculina era comum e aceita, especialmente entre guerreiros. A igreja cristã combateu essas leis e muitos outros costumes célticos referentes às mulheres, sobretudo o direito ao divórcio, a herdar propriedade, portar armas e a exercer a profissão médica.

Os principais Sacerdotes e Sacerdotisas dos celtas eram os Druidas. A palavra *druida* está relacionada com o grego *dryad*, um "espírito da natureza" ou "ninfa do carvalho". O termo era também aplicado às Sacerdotisas de Ártemis e à Deusa da Lua das Amazonas. Uma de suas manifestações populares era como a grande Mãe Ursa, que deu o nome de Ursa Maior à constelação que circunda a Estrela Polar (o nome saxão de Ártemis era Ursel, o Urso, ulteriormente assimilado pela mitologia cristã como Santa Úrsula). Os Druidas célticos e as Dríades gregas eram duas fases de uma longa tradição espiritual entre os povos europeus. Originalmente, o sacerdócio era todo feminino; mais tarde foram admitidos os homens. O saber druídico era ensinado oralmente e, por conseguinte, não existem relatos escritos de seus ensinamentos, mas investigações contemporâneas sugerem a existência de uma linha virtualmente ininterrupta de práticas mágicas desde os primitivos mistérios driádicos dos gregos, passando pelos Druidas posteriores e manifestando-se finalmente nos conjuros e sortilégios daquelas que viriam a ser chamadas "Mulheres Sábias" ou "Bruxas".

Os antigos espíritos da natureza, chamados "Dríades" na Grécia e os "Druidas" na Escócia, eram seres metamórficos que viviam em árvores e florestas. Assumiam frequentemente a forma de pássaros e serpentes, podiam ler pensamentos e profetizar eventos futuros. Nesses dotes mágicos, obtemos um vislumbre do Poder da Bruxa. Também ela é metamórfica: como pássaro, sua consciência pode voar a grandes alturas pelos céus; como serpente, pode introduzir-se na terra para extrair dela seus conhecimentos e sabedoria sagrados. Também ela pode ver os pensamentos e sentimentos de outros, assim como perscrutar o futuro.

As Druidesas da Grã-Bretanha estavam divididas em três classes. A classe mais alta vivia em regime de celibato em conventos. Essas irmandades alimentavam as fogueiras sagradas da Deusa e foram assimiladas na era cristã como freiras. As outras duas classes podiam casar e viver ou nos templos ou com seus maridos e famílias. Eram servas e auxiliares nos ritos sagrados da Deusa. Com o advento do cristianismo, foram chamadas de "Bruxas".

A REVOLTA DOS DEUSES CELESTES

Quando lemos mitologias e literatura sagrada escritas entre 2500 e 1500 AEC, notamos uma mudança nas sensibilidades. As fortes Deusas que dominaram o pensamento e o sentimento durante centenas de milhares de anos são lentamente substituídas pelos poderosos Deuses do Céu. O Filho/Caçador/Amante, que como filho e consorte da Grande Mãe ocupou sempre uma posição subordinada, torna-se agora a divindade primordial. Surgem novos nomes: Marduk, Indra, Apollo, Zeus, Thor, Júpiter, Jove, Jeová. Deuses Celestes reinando com o poder do sol, desafiando as mais antigas Deusas da Terra e da Lua: Ceres, Cibele, Athena, Diana, Ártemis, Tiamat, Anat, Ísis, Ishtar, Astarteia, Minerva, Dana.

Os Deuses solares tornaram-se os heróis e as Deusas da Terra e da Lua passaram a ser as vilãs, e muitas das velhas histórias foram reescritas e revistas para refletir essa mudança de consciência. Em muitas delas a Deusa – ou o poder feminino – é identificada com uma serpente ou um dragão, representando ambos os poderes primevos da Terra e das regiões alagadiças sujeitas à influência lunar. Nas novas religiões patriarcais, essas serpentes e esses dragões são sempre representados como malignos. Marduk trucida Tiamat, Indra mata Danu e seu filho Vrta, Apollo aniquila a serpente Píton de Gaia, Perseu decapita a Medusa, com seus cabelos cheios de serpentes. Essas histórias persistiram mesmo em tempos cristãos, onde encontramos São Jorge matando o dragão na Inglaterra e São Patrício expulsando as serpentes da Irlanda.

A mitologia sagrada começou refletindo um dualismo que era provavelmente desconhecido em tempos Neolíticos ou que estava certamente relegado para um papel secundário no esquema das coisas. Sol e Céu opostos à Terra e à Lua, a Luz oposta às Trevas, a Vida oposta à Morte, o Masculino oposto ao Feminino. Antes, todas as coisas eram parte da Grande Mãe, incluindo o poder de destruir, o mistério da morte e a escuridão da noite. As polaridades não eram vistas em termos morais. Não era uma questão de Bem contra o Mal. Cada coisa tinha aspectos positivos e negativos, todos eles ingredientes necessários na Grande Roda da Vida Criada. A Morte, por exemplo, embora suscite sempre um certo medo do desconhecido, era uma parte vital da Criação. Ela não era vista como "retribuição pelo pecado" ou uma maldição por desobediência. Os índios norte-americanos retiveram essa saudável noção de morte como parte do Grande Círculo da

Vida mesmo em nossos tempos atuais, conforme se expressa no adágio, "Hoje é um bom dia para morrer." Essa atitude frustrou totalmente os missionários patriarcais e a Cavalaria dos Estados Unidos.

A par do aniquilamento do poder animal consagrado à Deusa, as revisões também proclamaram que a Criação original tinha sido obra de um Deus Pai solitário e não de uma Mãe Divina. Ao passo que as mais antigas histórias da Criação falavam de nascimentos virginais, nascimentos partenogenéticos e nascimentos causados por seres andróginos ou bissexuais, os novos mitos falaram primordialmente da Criação proveniente de uma fonte masculina. Vemos Deusas brotando das cabeças e coxas de Deuses masculinos!

Entre as muitas revisões, estava a da antiga história assíria de Adão e Eva, reescrita de modo que Eva nasce de uma costela de Adão e não o inverso, como ocorre na versão mais antiga. Numa velha lenda mesopotâmica, Eva gera um homem, Adão, e faz dele seu cônjuge, de acordo com o usual mito Deusa/Filho. Na versão do Gênese, Deus faz Adão de barro com suas "mãos" e depois Eva de uma costela de Adão. Parece que os escritores bíblicos quiseram distanciar Deus o máximo possível do ato de nascimento, fazendo questão de enfatizar fortemente que a Criação não é uma atividade feminina e nada tem a ver com úteros, sangue e dar à luz.

Em alguns dos livros das Escrituras judaico-cristãs que foram arbitrariamente rejeitadas do cânone oficial, Adão admite que Eva lhe é superior: "Ela me ensinou a palavra do saber." Num texto gnóstico, Eva é a Mãe de Todos os Viventes e foi quem criou realmente Jeová. Lê-se: "Ele desconhecia até sua própria Mãe... Por ser tolo e ignorante de sua Mãe é que ele disse: 'Eu sou Deus; não existe nenhum outro além de Mim'." Em algumas versões, Eva repreende e pune Deus por Seu cruel tratamento dos seres humanos. Barbara Walker, autora de *The Woman's Encyclopedia of Myths and Secrets*, diz: "Um dos segredos mais bem guardados do cristianismo era que a Mãe de Todos os Viventes foi a Criadora que puniu Deus." As Bruxas consideram interessante que o nome Jeová é formado pelas quatro letras hebraicas *Yod-He-Vau-He*. A primeira, *Yod*, significa "eu", as três seguintes significam "vida" e "mulher". A versão latina dessas três letras é *E-V-E*. Por outras palavras, o nome de Jeová é feminino e significa: "Eu sou mulher; eu sou a vida." Hoje, um cântico popular entre Bruxas baseia-se nessas letras antigas: *Io! Evohe!*

À medida que as mitologias se distanciavam cada vez mais da concepção religiosa original da Grande Deusa, o dualismo que passou a dominar grande parte do pensamento ocidental fortaleceu-se cada vez mais. A vida foi vista primacialmente como uma luta entre as forças do bem e as forças do mal, em vez de uma dança dinâmica de todas as coisas atuando juntas para o bem. A vida na Terra tornou-se menos importante do que a vida por vir. Tudo o que está associado a essa vida presente – terra, o corpo, sexo, mulher –, tornou-se suspeito, quando não abertamente maléfico. O dito popular, "A pureza é irmã da devoção", resumia isso muito bem: as coisas terrenas passam a ser rejeitadas como conceito religioso; tornam-se sujas e impuras. A mulher se torna rejeitada como líder espiritual que reflete a imagem do Divino Feminino. Ela é suja e impura.

Uma coisa curiosa aconteceu aos Deuses masculinos quando consolidaram seu domínio sobre a imaginação humana. Eles perderam o poder metamórfico que todas as deidades possuíam outrora. Foram perdendo gradualmente suas formas animais, embora, por certo tempo, ainda foram encontrados vários Deuses que retiveram as cabeças de animais e pássaros, como Anúbis, o Deus do Egito, com cabeça de chacal, e o gênio com cabeça de águia esculpido num palácio do século 9 na Mesopotâmia. Nas tradições judaica, cristã e muçulmana, o Deus masculino também perdeu todo e qualquer indício de androginia. Com o tempo, Deus se tornou completamente humano e masculino. Como veremos no capítulo sobre Bruxaria como ciência, essa incapacidade para a transformação contraria a natureza da realidade. A habilidade para transformar energia em matéria e vice-versa é o modo como o Universo opera. No nível espiritual, significa que um Deus, como Deus que é, pode se tornar outros seres ou até criar seres, porque Deus é uno com a Criação. Mas as novas versões dos velhos mitos estavam determinadas na separação e no distanciamento entre o criador e a Criação. E conseguiram!

O Deus solitário e "ciumento", tornou-se o padrão nas culturas judaica, cristã e muçulmana. Num dado momento, historiadores da religião que interpretaram o passado à luz de seus próprios valores patriarcais, argumentaram que a evolução do politeísmo para o monoteísmo era uma marca do avanço da civilização. Disseram ser um sinal de desenvolvimento humano deixar de crer em muitos Deuses e Deusas, a favor de um único Deus do sexo masculino. Contudo, eles estavam errados em dois aspectos. Em primeiro lugar, como provou o antropólogo Paul Radin, no início deste século, a crença em muitos Deuses não impede a crença num Ser Supremo. De fato, a maioria das culturas que reverenciam mais de um Deus conserva uma forte e inabalável crença num Grande Espírito, ou um Pai de Tudo ou uma Mãe de Tudo, ou um poder ou força divina que se sobrepõe a todas as coisas, inclusive aos Deuses secundários. Por outras palavras, a história do pensamento religioso não progride de alguma crença ingênua em muitos Deuses para uma crença "melhor" em apenas uma divindade masculina e onipotente.

Em segundo lugar, é altamente questionável que o advento do pensamento monoteísta – em sua forma rígida e inflexível – fosse um sinal de progresso da civilização. Com a chegada do Deus Pai, deu-se a degradação da Terra, da mulher, do corpo, do sexo e das tarefas mais naturais em que os povos primitivos encontravam alegria e felicidade e que passaram então a chamar de "trabalho": coletar e preparar alimentos, construir abrigos, fabricar ferramentas e artefatos úteis, etc. Além disso, as culturas que se desenvolveram em torno da noção de um Deus Pai autoritário oprimem inevitavelmente aqueles que não se enquadram na imagem do homem adulto e todo-poderoso: as crianças, os homossexuais e as comunidades não humanas de vida animal, vegetal e mineral com quem convivemos e compartilhamos o nosso Planeta. No rígido pensamento patriarcal, tudo isso só tem valor na medida em que sirva às instituições dominadas pelo macho.

Quais eram os propósitos patriarcais originais? Em que teia de eventos se originou o patriarcado?

As culturas da Deusa floresceram e prosperaram em climas temperados, onde a vida animal e vegetal é abundante. Todos tinham um acesso relativamente igual aos recursos vitais e não havia necessidade de criar instituições de poder ou de impor a submissão a tais instituições para garantir a sobrevivência. A história europeia em seus primórdios conta que essas culturas da Deusa foram invadidas por povos de pele mais clara e cabelos louros, provenientes dos climas mais frios e mais ásperos do norte. Esses invasores arianos cultuavam Deuses Celestes ou Deuses do Trovão, que residiam usualmente no topo das montanhas, afastados da terra inóspita, como os invasores a viam. Os historiadores descreveram numerosas ondas dessas invasões arianas na Índia, no Oriente Médio, Egito, Grécia e Creta. A maior parte delas ocorreu entre 2500 e 1500 AEC, o mesmo período em que os mitos sagrados estavam sendo revistos.

Por que eles surgiram? Em climas menos acolhedores havia maior incentivo para adquirir e armazenar alimentos e recursos. A sobrevivência dependia disso. Os grupos em que as necessidades da vida escasseavam assaltavam outros povos mais afortunados e tomavam-lhes pela força o que precisavam. Com o tempo, isso deu origem a uma classe guerreira e a guerra tornou-se uma instituição essencial à sobrevivência e ao crescimento de um modo que era desconhecido nas culturas mais temperadas do Sul.

É interessante assinalar que as incursões patriarcais vindas do Norte coincidiram com importantes desenvolvimentos na metalurgia. Embora datas exatas não sejam conhecidas, os historiadores conjeturam que, por volta de 2500 AEC, os hititas patriarcais desenvolveram a tecnologia necessária para fundir o ferro. Da Idade da Pedra à Idade do Bronze, as armas eram simples e rudimentares – machados, clavas, fundas – objetos pessoais acessíveis a todos. Ninguém tinha o monopólio dos meios de guerra. As culturas matriarcais eram relativamente pacíficas; quando a violência ocorria, consistia em escaramuças pessoais e esporádicas. Mas com a capacidade de fabricar armas mais sólidas e mais potentes, a natureza da guerra mudou. Era necessário treinamento para aprender como usar as mais recentes armas. Vigor físico e destreza – e o tempo para desenvolver esses requisitos – passaram a ser de suprema importância. Os grupos incursores, converteram-se em grêmios masculinos, uma vez que o homem, que está livre da gravidez e da criação dos filhos, tinha tempo de sobra para se tornar guerreiro "profissional" e podia se permitir ficar afastado de seus acampamentos ou povoados por longos períodos. Os historiadores depreendem que os novos desenvolvimentos na metalurgia se transformaram numa indústria masculina orientada para a guerra. As mais antigas indústrias do estanho, ouro e prata, administradas primordialmente por mulheres, tinham produzido joias, ornamentos e objetos de uso doméstico.

As invasões patriarcais ocorreram ao longo de muitos séculos. Nem todas foram bem-sucedidas e sofreram numerosos reveses, mas em alguns lugares as duas culturas coexistiram bastante bem e misturaram suas respectivas crenças religiosas. As culturas matriarcais não desapareceram de um dia para o outro, mas foram lentamente erodidas pela própria natureza da nova guerra. A guerra organizada tinha por objetivo a obtenção de despojos. E entre os despojos de guerra estavam as mulheres e crianças. Os guerreiros podiam violentar e raptar mulheres, roubar crianças e escravizar prisioneiros. Com o tempo, o status das mulheres nivelou-se com o dos escravos e das crianças e os costumes sociais mudaram para refletir as novas estruturas da sociedade. Famílias patriarcais tornaram-se a norma. A mulher se tornou subserviente a seu marido, que era legalmente o proprietário dela, de todos os bens dela e de seus filhos. Os homens passaram a um plano social, econômica e politicamente dominante e, finalmente, instituições, leis, valores e costumes sociais refletiram o mito da superioridade masculina.

As sociedades patriarcais organizadas em torno da guerra basearam-se em valores violentos, militaristas, e a ética masculina, guerreira – e o modo de vida – foram legitimados pelos pronunciamentos de um Deus Pai bélico e ciumento.

Autoritarismo, disciplina, competição, noções de que "o poder faz o direito", "ao vencedor pertencem os despojos", e numerosas punições para o comportamento desviante, tornaram-se os sustentáculos da ética masculina. A partir da Idade do Bronze, esses valores caracterizaram a política, religião, economia, educação e vida familiar ocidentais.

Ironicamente, como a revolução patriarcal da Idade do Bronze coincidiu com o início da história escrita, criou-se a impressão de ser esse o modo como as coisas sempre tinham sido. Mas o patriarcado é um desenvolvimento bastante recente nos últimos quatro mil anos. É ainda uma experiência nova quando comparada com as centenas de milhares de anos em que os seres humanos viveram em sociedades matriarcais. É uma simples gota num balde em comparação com os 3,5 bilhões de anos em que outras formas de vida existiram no Planeta.

3
O QUE ELES DIZEM ACERCA DAS BRUXAS

Sentado a meu lado, num debate na televisão, estava um pastor que só contribuiu para confirmar os meus piores receios – de que as mentiras que produziram a Era das Fogueiras ainda perduravam de um extremo ao outro da nação. Apesar dos meus melhores esforços para convencê-lo de que o código das Bruxas diz "Sem a ninguém prejudicar, faça o que desejar", ele persistiu em recorrer a declarações generalizadas a respeito de todas as Bruxas serem maléficas. Tentei lhe dizer que nunca usei a Arte para o mal ou para causar dano a quem quer que fosse, mas ele se recusou a acreditar em mim. Para ele, todas as Bruxas eram más. Eu era uma Bruxa, portanto eu era má.

Esse pastor, um fanático que parecia obcecado com o mandamento bíblico de que não se deve "permitir que uma Bruxa viva", continuou alinhando falsas afirmações sobre mim e a Bruxaria em geral, com o intuito declarado de colocar a audiência contra mim. Era difícil aceitar seriamente seu compromisso com o seu próprio código de ética, o qual lhe impõe "não prestar falso testemunho contra o teu vizinho". Eu era a vizinha dele no programa e o homem estava me caluniando com suas mentiras a meu respeito. Finalmente, em desespero, e para aliviar um bate-boca algo tenso com uma pitada de humor, voltei-me para ele e disse: "Você devia se sentir feliz por eu não ser uma Bruxa má, ou estaria em maus lençóis neste momento." Causava-me perplexidade como é que ele poderia continuar me antagonizando se realmente acreditasse que eu tinha poderes e a vontade de lhe infligir danos. Ele replicou muito depressa: "O meu Jesus me protegerá." Então era isso, uma confrontação para ver quem tinha mais poder, eu ou o "seu Jesus".

O que o pastor nunca percebeu foi que, por eu ser uma Bruxa, posso me proteger de ataques sem revidar. Posso me proteger e neutralizar o dano que ele me causaria sem pagar na mesma moeda. De fato, a lei das Bruxas declara que, se uma Bruxa causar dano, este lhe é devolvido triplicadamente.

Penso que a diferença entre o pastor e eu estava no fato de que, se lhe fosse dada a oportunidade, ele me faria mal. Na verdade, o pastor estava incitando a audiência a suspeitar de mim e a me temer.

Essa estreiteza de espírito impregna toda a nossa sociedade. Não nego que as Bruxas são seres humanos e, por conseguinte, são capazes de causar danos, tal como cristãos, muçulmanos e judeus são igualmente capazes disso. Os talentos ou habilidades de qualquer pessoa podem ser pervertidos e usados para fins errados, mas a grande maioria das Bruxas não faz mau uso de seus poderes. Além disso, as Bruxas têm o poder de neutralizar seus inimigos de maneira que não lhes inflijam danos. Se as religiões patriarcais do cristianismo, islamismo e judaísmo tivessem ensinado aos seus povos como neutralizar o mal sem causar mal em resposta, sem empunhar a espada e brandir armas nucleares, por exemplo, teria havido muito menos violência e derramamento de sangue no mundo e a história ocidental poderia não ter sido a deprimente crônica de guerras e perseguições que é.

Mas, lamentavelmente, o homem que me atacou no programa de televisão segue uma longa tradição de caçadores de Bruxas, inquisidores, juízes, torturadores e carrascos responsáveis pela sistemática tortura e execução de seis a nove milhões de pessoas na Europa Ocidental dos séculos 12 ao 17 (nunca saberemos, é claro, com exatidão, quantas pessoas morreram. Algumas estimativas chegam a citar 13 milhões). O objetivo da Igreja era destruir as crenças e práticas espirituais de muitas comunidades de pessoas que praticavam a Antiga Religião. Isso não era certamente um ponto culminante para líderes religiosos que supostamente praticam os ensinamentos de um homem, cuja mensagem era a de conviver pacificamente com o nosso próximo, dar a outra face, abandonar a espada.

Apesar de todos os direitos e liberdades que a sociedade americana oferece à maioria dos seus cidadãos, há ainda um longo caminho a percorrer a fim de se garantir a liberdade religiosa para grupos que não fazem parte das religiões predominantes. Faz apenas 15 anos que o Presidente Carter assinou a Lei de Liberdade Religiosa para os americanos nativos, e ainda hoje eles estão lutando para conseguir que suas práticas religiosas sejam aceitas em escolas, prisões e hospitais. A Bruxaria está ainda mais atrás.

A sociedade nos explora no Halloween e nos ignora na época de Yule – como se o Solstício de Inverno só fosse sagrado para cristãos e judeus. Há alguns anos, a Câmara de Comércio de Salem decidiu que a cidade deveria celebrar as festividades de dezembro sob a designação genérica de "Eventos Festivos", uma expressão global que incluía tanto a Hanukkah judaica quanto o nosso Yule céltico. Todos os três grupos trabalharam juntos, armando luminárias multicores pelas ruas da cidade, uma vez que todas as três religiões estão celebrando o antigo mistério da Terra, o nascimento de um novo sol no Solstício do Inverno, a mais longa noite do ano. Mais recentemente, porém, o Conselho do prefeito voltou atrás, passando de novo a promover a época festiva como exclusivamente cristã, excluindo, assim, judeus e Bruxas do reconhecimento público. Todos os anos observo com grande interesse as discussões locais que irrompem em diferentes cidades por todo o país a respeito da instalação de presépios em lugares públicos. Por que não pode a nossa nação admitir que é uma sociedade pluralista e fornecer espaço e dinheiro para que pessoas de todas as fés possam celebrar publicamente seus dias sagrados sem medo de represálias de grupos de mentalidade estreita e agressiva?

Em muitos casos, as pessoas são bem-intencionadas, mas incultas; elas simplesmente ignoram os fatos. Em outros casos, porém, as pessoas são culpadas de clara intolerância, que eu defino como ignorância deliberada: elas preferem não ouvir os fatos ou, caso os ouçam, recusam-se a aceitá-los. Cegam-se, seus corações e mentes se tornam inflexíveis. Não querem conhecer a verdade, porque ela poderia perturbar seus preconceitos, os quais sustentam suas próprias posições equivocadas. Essa gente se apresenta em palestras e debates na televisão e no rádio para nos difamar.

A verdade sobre a Bruxaria europeia só muito recentemente começou a ser contada. Com a revogação das leis antibruxaria em meados do século, o ressurgimento do interesse pela Arte e os depoimentos pessoais e estudos que têm sido publicados por autores corajosos, a verdade está finalmente vindo a lume. Quando foram publicados na década de 1950 os primeiros livros escritos por membros da Arte, alguns Bruxos acharam que tinha sido violada a antiquíssima tradição de segredo e silêncio. É verdade que Bruxos praticavam em segredo e conservavam ocultas suas atividades e identidades. Eles estavam, no fim das contas, assustados. Mas eu sinto que tanta coisa mudou em nosso século, tanta coisa está agora exposta à luz do dia em tantos setores da vida, que nós estaríamos deixando escapar uma oportunidade de ouro se não falássemos aberta e claramente sobre quem somos e o que fazemos. Devemos informar a sociedade sobre a verdade da Arte; precisamos apagar a área cinzenta de mito e falsa interpretação que permite aos nossos detratores dizerem tudo o que quiserem a nosso respeito. Embora os juramentos de sigilo fossem necessários no passado para a sobrevivência de Bruxas solitárias e de seus grupos, isso apenas serviu para piorar as coisas a longo prazo. Ninguém falava por nós ou sobre nós, exceto aqueles que não nos conheciam e que nos odiavam. Não podemos deixar que isso aconteça de novo. Devemos falar por nós mesmas e a respeito de nós. Nada temos a ocultar.

Um argumento que ouvimos, até por membros da Arte, é que não deveríamos nos identificar nem revelar os nossos segredos, porque uma Era das Fogueiras podia ocorrer de novo. A minha resposta a isso é a seguinte: sim, suponho que qualquer coisa pode sempre acontecer de novo, mas penso ser muito menos provável que aconteça se a verdade a nosso respeito for conhecida, de modo que as pessoas estarão menos propensas a acreditar nas mentiras em que a Era das Fogueiras se baseou. As mentiras só podem ser usadas para justificar a matança se as pessoas forem induzidas a acreditar nelas e a agir em função delas. A minha esperança reside em que, quando as pessoas escutarem a verdade, reconheçam as mentiras pelo que realmente são e valem, só então a Era das Fogueiras nunca mais voltará a acontecer.

A ERA DAS FOGUEIRAS

Como as mentiras se iniciam? De que modo começou a imagem negativa da Bruxa? E como se entranhou tanto em nossa cultura que é quase impossível, para algumas pessoas, ouvir a palavra Bruxa sem pensar automaticamente no mal?

As respostas a essas perguntas têm raízes que mergulham fundo no passado, decorrentes da revolução patriarcal que analisamos no capítulo anterior. O patriarcado culminou na Europa no século 4, quando a Igreja e o Império Romano uniram suas forças. Com Constantino, o cristianismo tornou-se a religião oficial do império. Os bispos acompanhavam as legiões romanas nos territórios conquistados e, sob sua proteção, pregavam o que chamavam "as boas novas". Mas quando chegaram aos ouvidos dos que cultuavam os Antigos Caminhos de seus ancestrais, dificilmente podiam chamar isso de boas novas.

A história do cristianismo é a mesma das perseguições. Forças cristãs assolaram, perseguiram, torturaram e mataram sistematicamente pessoas cuja espiritualidade diferia da delas – pagãos, judeus, muçulmanos. Até mesmo grupos no seio da própria comunidade cristã, como os valdenses e os albigenses, sofreram sob o braço forte da Igreja. Qualquer grupo ou indivíduo que as autoridades eclesiásticas estigmatizassem como herege podia ser julgado e executado.

Quando o cristianismo se propagou pelo globo, as populações indígenas que resistiram ou discordaram de seus ensinamentos foram acusadas de "adoradoras do demônio". Vemos que esse argumento foi usado para justificar a perseguição não só na Europa, mas também aos povos nativos das Américas, da África, Polinésia, Oriente e dentro do Círculo Ártico. Os exércitos cristãos e o clero, ofuscados por uma visão patriarcal e monoteísta do mundo, raras vezes entenderam o valor de caminhos espirituais diferentes dos deles. Mostraram-se repetidamente incapazes de enxergar a sabedoria sagrada em outras tradições culturais, baseadas em percepções diferentes do poder divino. Na maioria dos casos, nem mesmo se deram ao trabalho de avaliá-la. Não mostraram compaixão, compreensão ou tolerância pelos panteões nativos.

Quando Constantino fez do cristianismo a religião oficial do Império Romano, no século 4, a guerra contra as religiões nativas foi deflagrada a sério. Santuários e lugares sagrados foram saqueados e pilhados, fontes e poços poluídos, Sacerdotes e Sacerdotisas desonrados e executados. O primeiro imperador cristão encarnou pessoalmente a feroz violência que seria desencadeada contra as Bruxas. Jogou viva a esposa em água fervente, assassinou seu filho e seu cunhado e chicoteou um sobrinho até a morte. Durante seu governo foram lançadas as sementes para a fundação política-militar-eclesiástica que dominaria a sociedade medieval. Ele concedeu aos bispos autoridade para rechaçar as sentenças dos tribunais civis e instruiu-os para que fizessem cumprir todos os decretos episcopais.

Nos mil anos seguintes, os preconceitos patriarcais contra as mulheres institucionalizaram-se nas estruturas vigentes da Europa Medieval, as quais tinham como pilares a Igreja e o Estado. No século seguinte ao de Constantino, por exemplo, Santo Agostinho argumentou que as mulheres não tinham alma. Essa abominável teoria foi finalmente debatida no Concilio de Mâcon no século 6, e bispos celtas da Grã-Bretanha argumentaram com pleno êxito contra ela. Assim, não se tornou doutrina oficial da Igreja. Não obstante, a ideia continuou tendo adeptos entre clérigos ainda por muitos séculos.

Mais tarde, São Tomás de Aquino construiu uma argumentação racional para tratar as mulheres como escravas. Escreveu ele: "A mulher está em sujeição por causa das leis da natureza, mas é uma escrava somente pelas leis da circunstância... A mulher está submetida ao homem pela fraqueza de seu espírito e de seu corpo." Esse infame argumento foi levado ainda mais longe por Graciano, um especialista em direito canônico do século 12: "O homem, mas não a mulher, é feito à imagem de Deus. Daí resulta claramente que as mulheres devem estar submetidas a seus maridos e devem ser como escravas." Assim, pelos ensinamentos dos Padres da Igreja, a mulher deixou de ser um reflexo natural da Grande Deusa e Mãe de Todas as Coisas Vivas, para ficar rebaixada à posição de escrava, não feita à imagem de Deus e possivelmente desprovida de alma.

Os respeitados historiadores Will e Mary Durant escreveram que "a cristandade medieval foi um retrocesso moral" para a civilização ocidental. Muitos historiadores não católicos concordaram com eles. Otto Rank talvez tenha assinalado a razão primordial desse retrocesso moral quando postulou que a história da civilização era "a gradual masculinização da civilização humana." Sem dúvida, em seu estilo extremo e paranoide, o *ethos* masculino, ofuscado por seus próprios valores patriarcais, foi insuperável em sua desenfreada sujeição de metade da raça humana e em sua profanação da Terra e seus recursos.

O cristianismo não se tornou a fé dominante de um dia para o outro e, durante séculos, a Antiga Religião e o cristianismo coexistiram. No ano 500 EC, a Lei Sálica dos francos tornou legal a prática da magia. Uma lei promulgada no ano de 643 tornou ilegal queimar uma pessoa que praticasse a arte mágica, e em 785 o sínodo da igreja de Paderborn decretou a pena de morte para quem queimasse uma Bruxa. Por algum tempo, pareceu que não só a Igreja não receava a Bruxaria, mas até a encarava com seriedade. O Canon Episcopi declarou que a Bruxaria era uma falsa crença e que era uma heresia acreditar nela. Mas com o advento da Reforma as atitudes mudaram. João Calvino e John Knox declararam que negar a Bruxaria era negar a autoridade da Bíblia, e John Wesley afirmou, "Renunciar à Bruxaria é, com efeito, renunciar à Bíblia." Era claro que a Bruxaria tinha chegado para ficar – o cristianismo necessitava dela para preservar a integridade da Bíblia.

Durante muito tempo, a Igreja também praticou a magia. São Jerônimo, por exemplo, pregou que um amuleto de safira "consegue os favores dos príncipes, pacifica os inimigos e obtém a liberdade do cativeiro". E não quis dizer com isso que a pedra podia ser usada como dinheiro para comprar esses favores! O Papa Urbano V incentivou o uso de um bolo de cera chamado *Agnus Dei*, ou "Cordeiro de Deus", que protegia contra danos causados por raios, fogo e água (não estou certa de como era usado). A Igreja vendia rotineiramente talismãs que preveniam contra doenças e aumentavam a potência sexual. Dos séculos 7 a 15, a literatura eclesiástica discutiu a crença generalizada de que um padre podia causar a morte dizendo a Missa dos Defuntos contra uma pessoa viva. É de se presumir que alguns Sacerdotes estivessem realmente realizando essa "Magia Negra". Até data bem mais recente, autoridades civis e eclesiásticas usaram Bruxas para provocar tempestades durante batalhas, se uma boa e oportuna tempestade ajudasse à causa delas. Os padres explicaram isso dizendo que Deus permitiu que o poder das Bruxas funcionasse. Ainda hoje é possível encontrar remanescentes da magia cristã no mundo inteiro, na forma de medalhas, escapulários, patuás, água benta, relíquias, santinhos para colocar no painel dos automóveis e qualquer objeto bento que seja usado para proteção ou favores especiais.

Assim, durante um razoável número de anos, a magia parece ter sido favoravelmente olhada até por alguns dignitários da Igreja. As Bruxas continuaram ocupando posições respeitadas como curandeiras, enfermeiras, parteiras, videntes e profundas conhecedoras das crenças e dos costumes tradicionais do povo. Por toda a Europa havia fortes bolsões de Antigos Crentes.

Mas, gradualmente, a Igreja começou a distinguir Feitiçaria de Magia. Em 1310, por exemplo, o Concílio de Treves tornou ilegais o exorcismo, a adivinhação e as poções de amor. Isso era considerado "Magia". No entanto, livros sobre Feitiçaria eram publicados sob os auspícios da Igreja, inclusive com a aprovação eclesiástica. Von Nettesheim, um autor de livros aprovados sobre Feitiçaria, aprendeu Magia com o Abade Johannes Trithemius. Qual era a diferença? A diferença era o sexo do praticante. Os homens faziam Feitiçaria; as mulheres Magia. A Feitiçaria era aceitável, a Magia não. Na realidade, evidentemente, Magia é Magia. O que a Igreja visava não era a eliminação da Magia ou da Feitiçaria, mas a eliminação das mulheres que as praticavam.

Outro desenvolvimento na política da Igreja preparou o terreno para a perseguição das Bruxas. Isso é evidenciado pelas correspondências das cartas trocadas entre padres que serviram na Inquisição, demonstrando que, quando as heresias valdense e albigense foram sufocadas no século 13, os inquisidores preocuparam-se com suas carreiras.

Em 1375, um inquisidor francês queixou-se de que todos os hereges ricos tinham sido executados. "É uma pena", escreveu ele, "que uma instituição tão salutar quanto a nossa deva ter um futuro tão incerto." A Caça às Bruxas era um grande negócio. Nobres, reis, juízes, bispos, párocos locais, tribunais, prefeituras, magistrados e funcionários burocráticos em todos os níveis, para não mencionar os próprios caçadores de Bruxas, inquisidores, torturadores e carrascos, lucravam com a indústria. Todos recebiam um quinhão dos bens e riquezas confiscadas aos hereges condenados. Como poderia tão "salutar" instituição perder seu negócio? O Papa João XXII achou que não, e ordenou que a Inquisição tratasse de submeter a processo quem quer que praticasse Magia. Os inquisidores não tardaram em descobrir por toda parte praticantes de Magia. Toda a população da Navarra francesa foi suspeita de Bruxaria!

A palavra *Bruxa* significou diferentes coisas para diferentes pessoas em diferentes períodos da história. Um dos significados adquiridos no final da Idade Média foi o de "mulher". Sobretudo qualquer mulher que criticasse a orientação patriarcal da Igreja cristã. No século 14, por exemplo, mulheres que pertenciam aos Franciscanos Reformistas foram queimadas em autos-de-fé por Bruxaria e heresia. A literatura eclesiástica cresceu em estridência na sua doutrinação de que as mulheres eram uma ameaça para a comunidade por terem conhecimento de Magia. Com os anos, a campanha funcionou: no espírito popular, as mulheres que conheciam os processos da Arte mágica eram consideradas demoníacas.

A mais influente de todas as peças de propaganda nessa campanha foi encomendada pelo Papa Inocêncio VIII, em 1484, depois que declarou ser a Bruxaria uma heresia. Ele instruiu os monges dominicanos Heinrich Kraemer e Jacob Sprenger a publicarem um Manual de Caça às Bruxas. Dois anos depois a obra apareceu com o título de *Malleus Maleficarum* ou *O Martelo das Feiticeiras*. O manual foi usado ao longo dos 250 anos seguintes na tentativa da Igreja de destruir a Antiga Religião na Europa Ocidental, degradar as mulheres que praticavam curas e exerciam liderança espiritual e criar discordâncias nas comunidades locais a fim de fortalecer as facções políticas e econômicas que a Igreja apoiava (e que, por sua vez, apoiavam a Igreja).

A degradação das Bruxas aviltava todas as mulheres, visto que os argumentos de Kraemer e Sprenger contra as Bruxas decorriam de seus temores patriarcais acerca das mulheres em geral. Segundo o *Malleus Maleficarum*, nenhuma mulher tem direito aos seus próprios pensamentos. "Quando uma mulher pensa sozinha, ela pensa maldades." (Um argumento, diga-se de passagem, que foi usado na virada do século atual para negar às mulheres o direito de voto: elas poderiam pensar e votar independentemente de seus maridos!) Os dois monges reacenderam o argumento de Tomás de Aquino a respeito de as mulheres serem física e intelectualmente inferiores aos homens. "Elas são mais fracas de espírito e de corpo... As mulheres são, intelectualmente, como crianças... As mulheres têm memória mais fraca e é um vício natural nelas não serem disciplinadas, mas obedecerem a seus próprios impulsos sem uma noção do que é apropriado." Em suma, a propaganda de Kraemer e Sprenger acerca da mulher está resumida nestas palavras: "A mulher é uma mentirosa por natureza... Ela é uma inimiga insinuante e secreta".

O clero cristão não estava sozinho em sua condenação das mulheres. Os autores do *Talmud* escreveram que "As mulheres são naturalmente propensas à Bruxaria" e "Quanto mais mulheres houver, mais Bruxaria existirá".

Poderiam esses autores do sexo masculino ter intuído o poder inato da mulher e enxergado corretamente sua relação com o poder divino? O poder da mulher é o da Deusa. Ao passo que algumas pessoas acharam essa noção reconfortante, os líderes da Igreja patriarcal consideraram-na uma ameaça. Em suas tentativas para monopolizar toda a experiência visionária, todas as artes curativas e todas as práticas mágicas que engrandecem a vida humana, eles converteram a fonte da vida, a mulher, num inimigo. E travaram uma guerra contra esse "inimigo" com tanta eficácia que algumas cidades europeias foram deixadas com apenas uma mulher!

No manual de Kraemer e Sprenger, as Bruxas eram retratadas com todas as características que a Igreja tinha usado para descrever os judeus em séculos anteriores: afirmava-se que eram adoradores do Demônio, que roubavam a eucaristia e os crucifixos das igrejas católicas, que blasfemavam e pervertiam práticas cristãs, que andavam montadas em cabras. Kraemer e Sprenger usaram até as mesmas descrições para as Bruxas que tinham sido usadas para judeus: chifres, caudas e pés de cabra – ou seja, as imagens estilizadas que os artistas tinham inventado para descrever o Diabo cristão.

Os motivos que orquestraram e precipitaram a participação nas Caças às Bruxas eram um emaranhado de temores, suspeitas e fantasias sádicas. Nem sempre é fácil discernir a lógica ou a razão. Mas podemos começar com um dos principais problemas que os líderes eclesiásticos enfrentaram a respeito de sua conquista de comunidades europeias: ela nunca se completou.

Por toda a Europa pessoas continuaram cultuando os velhos Deuses pelos métodos antigos. A frustração da Igreja a esse respeito levou-a a destruir árvores e bosques sagrados, a poluir poços e fontes curativos e a edificar suas próprias igrejas e catedrais sobre antigos locais de poder onde as pessoas tinham estado em comunhão com espíritos e divindades desde os tempos Neolíticos. Ainda hoje muitas igrejas e lugares de peregrinação cristãos, como Lourdes, Fátima e Chartres, estão construídos em locais que eram consagrados à Deusa e aos antigos Deuses ao longo da história. Provavelmente continuarão sendo lugares de poder e inspiração muito depois que as igrejas cristãs tenham desaparecido. Em muitas igrejas e catedrais da Europa, senti-me feliz ao encontrar imagens de elfos e anões, figuras da tradição popular céltica, que os artesãos Pagãos esculpiram na pedra para homenagear os nossos ancestrais. A gente pequena ainda aí está. Seu poder continua presente. Eu o senti.

Onde as pessoas continuaram cultuando e vivendo de acordo com os antigos costumes e práticas consagradas à Deusa, os líderes eclesiásticos agitaram medos e fantasias a respeito de seu arqui-inimigo, Satã. Fizeram isso desfigurando e distorcendo as imagens arquetípicas de divindades consagradas pelo tempo, sobretudo a da Grande Mãe Cósmica e seu alter ego e consorte, o Deus Cornífero.

Quando o cristianismo e as antigas religiões naturais se chocaram na Europa, os missionários usaram a imagem do Filho Divino, o Deus Cornífero, como representação do Satã cristão. Com o tempo, qualquer figura ornada de chifres invocava imagens de maldade satânica. Ironicamente, o uso de chifres como símbolo de honra e respeito era um costume generalizado que teve sua origem, como vimos no capítulo anterior, nas culturas caçadoras Neolíticas. O capacete de chifres acabou sendo estilizado como a coroa real. Isso foi um desenvolvimento lógico, visto que um caçador repetidamente bem-sucedido assumia na tribo um papel cada vez mais proeminente e respeitado, o que evoluiu para o de cacique ou de rei. William G. Gray, um estudioso das tradições espirituais ocidentais, sublinhou que a tradição da Idade da Pedra do caçador que sacrificava sua vida pela tribo foi ampliada para a do rei que sacrificava sua vida pelo povo. "O caçador-filho deve morrer", tornou-se "O rei deve morrer".

Mas o uso de chifres era um costume generalizado que não se limitava às sociedades caçadoras Neolíticas. Os antigos Deuses gregos – Baco, Pã e Dioniso – eram representados com chifres, assim como Diana, a caçadora, e a egípcia Ísis. Alexandre, o Grande e Moisés, que não eram Deuses, foram homenageados entre seus seguidores com chifres como um sinal de suas proezas e do favor divino que parecia abençoar suas façanhas. Os chifres eram uma representação física da luz da sabedoria e do conhecimento divino que irradia deles (à semelhança de halos). O Deuteronômio nos diz que a "glória de Moisés é como o primogênito de seu novilho, e seus chifres são como os chifres de unicórnios". Os chifres também foram usados em elmos gregos, romanos e italianos até o século 14, como símbolo de força e coragem. Como William G. Gray e o Dr. Leo Martello sublinharam: Jesus, com sua coroa de espinhos, tornou-se uma outra imagem do grande arquétipo ocidental do rei que sacrificou a vida pelo seu povo.

Muitos costumes e termos continuam refletindo a importância que os chifres tiveram outrora no folclore local. A palavra inglesa *scorn* deriva da palavra italiana *scornare*, que significa "sem chifres" e, figurativamente, "aviltar, escarnecer, desprezar", pois ser desprovido de chifres era um sinal de desgraça, vergonha ou desprezo. Erguer os dedos indicador e mínimo na forma de chifres era um gesto para rechaçar mau-olhado. Hoje este gesto significa "touro". A ferradura da sorte tem a forma de chifres recurvados. E como era o macho que tinha chifres, este tornou-se facilmente um símbolo fálico. Leo Martello chamou a nossa atenção para o fato de que o adjetivo contemporâneo *horny* (literalmente "ornado de chifre", mas como gíria "excitado"), e que até recentemente se referia unicamente a homens, também derivou desses conceitos.

Entre as antigas religiões naturais europeias, as divindades masculinas (com pés de bode, o Deus grego da natureza Pã, o romano Fauno, o céltico Cernunnos) representavam o Filho da Grande Mãe Cósmica. Juntos, Mãe e Filho encarnaram as poderosas e saudáveis forças vitais da Terra. As Sacerdotisas da Antiga Religião honravam a Deusa e seu Consorte Cornífero adornando os seus Sacerdotes com chifres e usando o crescente lunar em suas próprias frontes. Contra essas antigas práticas religiosas, a Igreja deflagrou uma acirrada campanha. Entre suas armas estava a doutrinação de que a mulher era maligna, a Bruxaria era obra do demônio e as representações corníferas de Deus e Deusa eram imagens do Satã. Subjacentes a esses ataques estavam o medo das mulheres, do sexo, da natureza e do corpo humano. A doutrina oficial da Igreja, elaborada ao longo dos séculos por um clero celibatário e exclusivamente masculino, pregava que a mulher era a origem de todo o mal (desde que Eva conspirou com a serpente), que a Terra estava amaldiçoada por Deus (como punição por esse pecado), e que o sexo e o corpo eram sujos e desprezíveis. "O mundo, a carne e o demônio" é o modo como tudo isso era – e ainda é – sintetizado.

A Igreja nunca aceitou a antiga crença de que a Terra era sagrada, fervilhante de Deuses e de espíritos divinos. Não pôde entender ou tolerar uma espiritualidade que celebrava o corpo humano ou, a bem dizer, os corpos de todos os animais. Enquanto que os cristãos batiam compungidos no peito, acusavam-se de pecados da carne e lamuriavam-se a respeito do tormento que era viver em "um vale de lágrimas", os adoradores da Deusa cantavam, dançavam, festejavam e descobriam, como diz a Recomendação da Deusa, que "todos os atos de amor e prazer são meus rituais". Os protestantes deploraram as alegres atividades de rituais grosseiros, como cantar, dançar e outros folguedos – ainda mais do que os católicos. A teologia protestante atribuía muitas dessas atividades à influência direta do demônio. Na Antiga Religião, entretanto, elas constituíam sacramentos.

Durante a Era das Fogueiras, uma conspiração cristã formada por autoridades eclesiásticas e civis procurou eliminar sistematicamente os antigos festejos. Diretrizes da Igreja instruíram os clérigos locais para substituir festividades Pagãs por dias santos cristãos. O Natal foi estabelecido para conflitar com o Solstício de Inverno, a Páscoa com o Equinócio de Primavera, a festa de São João Batista com o Solstício de Verão, o Dia de Todos os Santos com o Novo Ano céltico, Samhain. E assim durante o ano inteiro, sempre que existisse uma festa Pagã local.

As autoridades também pregaram contra os folguedos que tinham lugar nesses dias santos, especialmente os rituais que envolvessem ritos sexuais. Em muitas culturas pré-cristãs, fazer amor era uma reencenação sacramental da Criação. Uma Igreja que desconfiava do sexo e da mulher tinha grande dificuldade em aceitar a ideia de que a sexualidade das mulheres pudesse ser sagrada. Uma espiritualidade que celebrava os "atos de prazer", porque eram sagrados para a Deusa, representava considerável ameaça para padres e monges celibatários, que achavam difícil tolerar pensamentos lascivos inclusive neles próprios.

O humanista dominicano Matthew Fox observou que o mito da "queda do Paraíso" criou uma teologia "que não pode considerar a santidade da sexualidade". Como ele escreveu em *Original Blessing*, seu apelo em favor de um cristianismo mais místico, terreno, feminista diz: "não é segredo que os modelos de santidade que o período patriarcal do cristianismo nos propôs raramente têm sido o de pessoas leigas". O ideal na Igreja Católica sempre foi o celibato, e uma vida sexual ativa fora do matrimônio sempre foi desencorajada. À mulher só é permitido expressar sua sexualidade como parceira sexual para o marido. Por outras palavras, a sexualidade de uma mulher deve estar limitada a um casamento patriarcal, quando pode ser controlada por um homem. Mesmo no casamento, o sexo continua sendo suspeito. Ainda é "a carne" que a teologia cristã tradicional nos diz ser "fraca". Um clero celibatário e freiras virginais transmitem uma mensagem bastante clara (tal como a mensagem recentemente reafirmada pelo Vaticano de que as mulheres não podem ser Sacerdotes, porque não têm um corpo masculino!).

Alguns pensadores cristãos suspeitavam há muito de que o pecado original era o sexo e de que comer o fruto da árvore do conhecimento era uma metáfora, a qual misericordiosamente evitava a necessidade de mencionar "isso" de forma concreta num livro sagrado! Foi ensinado que Eva, a tentadora, era uma sedutora, e que toda mulher é Eva. Esse argumento foi usado durante a Era das Fogueiras e chegou à nossa própria era, a fim de criar suspeitas acerca dos motivos das mulheres.

Era evidente que a Igreja não podia tolerar as antigas religiões da Terra em culturas pré-cristãs. Mas a pergunta interessante é: Por que, após centenas de anos de "coexistência" entre comunidades cristãs e bolsões de Antigos crentes, um tão virulento sanguinário ataque contra as Bruxas começou em fins do século 15 e continuou por mais de 200 anos? A ausência de ação da Igreja nos primeiros tempos da Idade Média foi atribuída à sua falta de maquinaria política para levar a cabo uma campanha geral contra as Bruxas. No começo do Período Medieval, a Igreja ainda não consolidara sua posição nas sociedades europeias. Sua influência estava fracamente disseminada. A tolerância era, portanto, uma necessidade. Mas no final da Idade Média o quadro tinha mudado. A Igreja convertera-se numa importante força política e econômica na Europa. A Inquisição era poderosa. As Cruzadas tinham criado acordos militares e econômicos entre bispos locais e nobres ricos (alguns bispos eram, cumulativamente, nobres ricos). A máquina estava montada para uma perseguição generalizada dos dissidentes.

A Caça às Bruxas estava a serviço dos interesses de quem? Pergunta Starhawk em seu livro perspicaz sobre Bruxaria, *Dreaming the Dark*. Enunciada a questão nesses termos, a nossa atenção é atraída para outras facções. Deixando de lado as igrejas cristãs, que também tinham interesses egoístas na eliminação das Bruxas e de quem quer que eles resolvessem rotular como tal, que outros interesses eram esses que apoiavam e se empenhavam na perseguição?

Em primeiro lugar, os crescentes elementos comerciais nas sociedades do final da Idade Média estavam começando a considerar a terra uma mercadoria que podia ser comprada, conservada como propriedade e vendida. A concepção tradicional, tão sagrada para as culturas geocêntricas dos nossos ancestrais, tinha sido a de que ninguém era dono da terra – nem mesmo os senhores a possuíam no sentido de que poderiam vender suas terras se quisessem. A terra pertencia à comunidade, até os camponeses tinham direitos – como coletar lenha nas florestas e apascentar seus animais nas terras públicas – e o direito a viver na terra. Os senhores do reino estavam moralmente obrigados a respeitar esses direitos. Entretanto, com o desenvolvimento da economia de mercado, os chamados senhorios e latifundiários começaram expropriando a terra para si próprios e expulsando os camponeses que lhes estorvassem o caminho. A noção capitalista de propriedade privada começou desalojando as antigas atitudes comunais de que a terra era sagrada e pertencia ao povo como um todo. Os pioneiros capitalistas na América encontraram as mesmas atitudes comunais entre os povos nativos e tiveram que recorrer à guerra – física e ideológica – para eliminar as sociedades indígenas, cujos conceitos de terra e cujo espírito eram um obstáculo ao chamado "progresso".

O movimento de demarcação de terras, que se iniciou no apogeu da Idade Média e prosseguiu até o século 19, desintegrou seriamente a vida camponesa. Ao "demarcar" e fechar com cercas as terras comuns, para serem daí em diante administradas sob sua própria jurisdição, os senhorios privaram os camponeses de seus antigos direitos. O conceito feudal de terra como um organismo compartilhado por todos os elementos da sociedade foi gradualmente erodido por uma economia de mercado. Nesse processo, aldeias inteiras ficaram despovoadas. Milhares de famílias de camponeses foram empurradas para mais longe, para as áreas desabitadas e inóspitas, ou atraídas para as cidades em crescimento, onde passavam a trabalhar como assalariados das novas indústrias. A vida Pagã da aldeia foi subvertida, as pessoas começaram a temer seus vizinhos e, como acontece com tanta frequência, eram precisos bodes expiatórios para explicar os tempos inseguros. Ficou fácil para a Igreja e os interesses dos ricos explorar essa situação, deflagrando caçadas às Bruxas em diversas regiões contra indivíduos que acreditavam nos velhos costumes e se batiam por um modo de vida baseado na unicidade da Terra e seu caráter sagrado.

Além dos florescentes interesses comerciais e dos latifundiários ávidos por explorar a terra, a profissão médica também se interessou na perseguição das Bruxas e das curandeiras que ofereciam uma alternativa às práticas médicas ensinadas nas universidades da época. O esforço para estabelecer uma comunidade médica profissional envolveu a restrição de conhecimentos médicos àqueles que frequentavam cursos formais de estudo. E claro, eles podiam então fixar seus próprios honorários e excluir quem quer que não considerassem habilitado para a prática médica. Não surpreende que eles julgassem as mulheres impróprias para a função de curar. Como declarou o *Malleus Maleficarum*, "Se uma mulher se atreve a curar sem ter estudado, ela é uma Bruxa e deve morrer." Nada mais simples.

As Bruxas tinham, é claro, estudado, mas não nas universidades. Estudaram na natureza, aprenderam com as anciãs da comunidade, experimentaram por conta própria, solicitaram conselhos às próprias plantas e ervas. O que realmente exasperava a profissão médica e a Igreja era o fato de as Bruxas serem excelentes curandeiras. Em 1322, uma mulher foi presa por praticar medicina e julgada pelo corpo docente médico da Universidade de Paris. Embora o veredito declarasse que ela era "mais proficiente na arte de cirurgia e medicina do que os maiores mestres ou doutores de Paris", isso pouco adiantou para conquistar o respeito da profissão médica masculina pelas curandeiras.

Muitos remédios das Bruxas eram indolores e mais eficazes do que as sangrias, lavagens e purgantes que eram as práticas médicas correntes até o século 20. E para muitas pessoas, os sortilégios e fórmulas mágicas de uma Bruxa eram a única medicina a que tinham acesso. As Bruxas também eram bodes expiatórios para os físicos ignorantes. Quando um médico era incapaz de curar alguém, sempre tinha o recurso de culpar uma Bruxa pelo insucesso. Ironicamente, as curas milagrosas, quando realizadas por um médico, eram atribuídas a Deus ou à intervenção de Santos. Mas as curas milagrosas conseguidas por Bruxas eram obra do demônio!

Os talentos de cura de uma Bruxa também significavam uma subversão à ortodoxia religiosa. Eliminar a dor era uma atitude anticristã. Em consequência da queda de Adão e Eva, presumia-se que as pessoas tinham que sofrer, especialmente as mulheres no ato de dar à luz, pois o Deus do Antigo Testamento tinha amaldiçoado a mulher e decretado que ela teria de parir na dor e no sofrimento. Kraemer e Sprenger afirmaram que "ninguém causa maior dano à fé católica do que as parteiras". O que eles tinham em mente era que os partos indolores desafiavam a maldição do Deus patriarcal sobre a mulher e o fato de que as Bruxas não batizavam o recém-nascido. As Bruxas tinham analgésicos, tratamentos antiflogísticos, coadjuvantes digestivos, drogas contraceptivas e muitos outros tratamentos herbáceos e naturais que hoje constituem a base de muitos produtos farmacêuticos. Seus conhecimentos sobre como facilitar o parto e acelerar a recuperação fez delas as melhores parteiras. Não admira que a profissão médica desencadeasse uma campanha para eliminar as parteiras como profissão legítima!

Foi uma longa campanha. Durou até o século 20 nos Estados Unidos (com uma considerável soma de dinheiro e propaganda), quando finalmente o ofício de parteira foi eliminado como opção disponível para ajudar as parturientes. Felizmente, nestas últimas décadas, as americanas estão uma vez mais recorrendo às parteiras e a formas naturais de parto. Muitos médicos continuam sendo contra as parteiras, mas não ouvi até hoje nenhum deles recorrer ao velho argumento quinhentista de que, se uma parteira pode fornecer um parto confortável, seguro e fácil, então é porque está mancomunada com o Diabo.

Às mulheres é negado o status profissional como curandeiras e, pela elite médico-religioso estabelecida, inteiramente dominada pelos homens e empenhada em desacreditar todas as técnicas de cura natural, é mais fácil tachá-las como supersticiosas, ineficazes e até perigosas. Sabemos hoje por estudos antropológicos de povos na África, Polinésia e das Américas do Norte e do Sul que um dos modos mais eficazes de destruição de uma cultura consiste em dizimar a confiança em seus curandeiros e líderes espirituais. Quando esses dois papéis são insidiosamente enfraquecidos, as pessoas ficam desmoralizadas, seu modo de vida desintegra-se, e elas são mais facilmente assimiladas no sistema de valores das forças invasoras, sejam elas políticas ou eclesiásticas. As profissões nascentes, aliadas às autoridades eclesiásticas, fizeram precisamente isso por toda a Europa. Criaram a imagem da Bruxa como uma intrometida e supersticiosa vendedora ambulante de tratamentos e remédios ineficazes e perigosos. E disseram que seu Deus de Chifres era o Satã cristão.

Para justificar as milhões de execuções, a Igreja criou uma demonologia sistemática em torno das crenças, práticas e festividades populares pré-cristãs. Adicionaram a isso fantasias sobre pactos com o Diabo, sádicos e bizarros rituais sexuais, e arremedos obscenos de cerimônias católicas. Os piores temores cristãos acerca da salvação e da punição eterna eram projetados em pessoas inocentes que se acusava de estarem conluiadas com o Diabo. A natureza sexual da histeria a respeito das Bruxas parece ser o resultado lógico da repressão sexual baseada em doutrina religiosa. Num sentido, a Caça às Bruxas era mais em torno do sexo do que do culto ao demônio. É claro, quando as mulheres "acusadas" eram perguntadas sobre se tinham sonhos com o Diabo, muitas disseram que sim. O Diabo era um tema importante na cultura medieval e renascentista. O Diabo era falado, temido, descrito e responsabilizado por tudo o que corresse de mal. É perfeitamente normal as pessoas sonharem a respeito das imagens culturais que constituem uma parcela tão importante de suas vidas. Tenho a certeza de que os caçadores de Bruxas também sonhavam com o Diabo e provavelmente sonhavam também a respeito de Bruxas sonhando com o Diabo!

Armados com o *Malleus Maleficarum*, os caçadores de Bruxas entravam nas aldeias e povoados e iniciavam sua busca. O guia oficial sugeria que as crianças eram os melhores informantes, porque era fácil intimidá-las. Um método rotineiro era aplicar a meninas adolescentes 200 chicotadas em suas costas nuas para encorajá-las a acusar suas mães e avós de Bruxaria. As chamadas provas de prática de Bruxaria eram variadas, ilógicas e usadas sem o menor critério. Por exemplo, se uma mulher ao ser acusada murmurasse alguma coisa com os olhos postos no chão e não derramasse lágrimas, era uma Bruxa. Se permanecesse em silêncio, era uma Bruxa. Olhos incomuns e olhos azul-pálidos indicavam uma Bruxa, assim como a presença da "Marca do Diabo" (uma espécie de mamilo extra que aproximadamente uma em cada três mulheres apresenta). Verrugas, marcas lunares ou de nascimento, assim como a presença de sardas, também eram qualificadas como sinal do Diabo.

Se qualquer dessas "Marcas do Diabo" não fosse encontrada, um inquisidor decidido a incriminar uma determinada mulher como Bruxa podia suspeitar de que a marca tinha sido habilmente escondida para não ser detectada. Um exame formal do corpo inteiro da mulher era então ordenado, usualmente em público, diante de observadores curiosos que estavam mais interessados em ver a mulher nua do que em descobrir uma Marca do Diabo. Examinar o corpo de uma mulher para encontrar sinais do Diabo resultou num tão elevado número de casos de estupro que os bispos tiveram finalmente que elaborar diretrizes escritas para desencorajar o "zelo"' com que os inquisidores realizavam sua busca.

A investigação podia ser feita com a ajuda de uma "Punção de Bruxa", um instrumento semelhante a um furador de gelo. Os caçadores profissionais de Bruxas (que só eram remunerados quando podiam convencer as autoridades locais de que tinham realmente capturado uma Bruxa) usavam com frequência duas punções, uma normal e outra com ponta retrátil, que se ocultava no punho. Depois de extrair sangue de várias partes do corpo com a punção normal para estabelecer se o instrumento estava bem afiado, o caçador de Bruxas trocava então sub-repticiamente as punções e "enterrava" a lâmina da punção retrátil até o punho no corpo da mulher acusada. Se ela não manifestasse sentir dor, isso era prova evidente de que era Bruxa.

O princípio de *Corpus Delicti* não era necessário para estabelecer o "crime" de Bruxaria. Não se precisava de uma vítima ou prova de um crime genuíno. Boatos, acusações e falsos testemunhos de outros na comunidade eram suficientes. Na aldeia de Salem, um sinal comum de Bruxaria era "o dano depois da ira". Por outras palavras, se duas mulheres brigavam e os filhos de uma delas adoeciam ou sua vaca morria, ela podia presumir que essa "'maldade" era obra da mulher com quem brigara. O dano era "mágico" e a mulher era "Bruxa". A incapacidade para recitar o Pai-Nosso em público, diante de uma comissão de investigação, sem tropeçar nas palavras, era considerado um sinal de Bruxaria.

De acordo com a *Woman's Encyclopedia of Myths and Secrets*, de Barbara Walker, uma mulher que vivesse sozinha era considerada uma Bruxa, sobretudo se ela resistisse a ser cortejada. Na Inglaterra, uma mulher foi assassinada por um grupo de soldados que a viram "surfando" num rio. "...ela voava velozmente sobre a prancha, mantendo-se firme e ereta", informaram eles e supuseram por isso que a moça estava praticando magia. Quando ela chegou à praia, rasparam-lhe a cabeça, espancaram-na e mataram-na a tiros. Uma mulher corria alegremente colina abaixo, à frente de seu balde vazio, gritando-lhe para que ele a seguisse. Aqueles que a viram fazendo essa inocente brincadeira pensaram que era Bruxaria e levaram-na perante as autoridades. Uma Bruxa escocesa foi detida por dar banho em crianças da vizinhança, uma prática higiênica que nesse tempo não era vista com bons olhos.

Havia regras para a tortura, como se isso a tornasse de algum modo mais humana. Por exemplo, a tortura nunca poderia durar mais de uma hora. Mas os inquisidores podiam suspender uma sessão minutos antes de se completar a hora, e assim começar de novo outra sessão. Havia três etapas aprovadas: uma para obter uma confissão; a segunda para determinar o motivo; e uma terceira para incriminar cúmplices e simpatizantes. Por vezes, a tortura podia durar as 24 horas do dia. Os tornozelos eram quebrados, seios decepados, enxofre despejado nos cabelos da cabeça e de outras partes do corpo e tocavam fogo nelas; braços e pernas eram desarticulados, os tendões desfibrados, espáduas deslocadas, agulhas em brasa enfiadas sob as unhas dos dedos das mãos e dos pés, e os polegares esmagados em torniquetes. Às vítimas eram dados banhos escaldantes em água misturada com cal viva, içadas em cordas e depois deixadas cair, suspensas pelos polegares com pesos atados aos tornozelos, penduradas de cabeça para baixo e fazendo-as girar, chamuscadas com archotes, estupradas com instrumentos cortantes, espremidas sob pesadas pedras. Por vezes, membros da família eram forçados a presenciar a tortura antes de chegar a vez de cada um deles. A caminho da fogueira, as vítimas podiam ter suas línguas arrancadas ou as bocas esfregadas com um atiçador em brasa para impedi-las de blasfemar ou de gritar obscenidades durante a execução. O inquisidor Nicholas Remy declarou-se atônito, conforme admitiu, com o fato de "tantas Bruxas terem um desejo positivo de morte". É difícil acreditar que ele não conseguisse entender o porquê.

Quando queimadas, leva cerca de meia hora para morrer em resultado da fumaça e das bolhas na pele. O carvão vegetal de combustão lenta pode prolongar a agonia por um dia inteiro.

Terminado o auto-de-fé, realizava-se usualmente um jantar público para celebrar "um ato agradável a Deus".

OS JULGAMENTOS DE SALEM

Na minha cidade ninguém foi queimado na fogueira. As Bruxas eram enforcadas ou esmagadas sob pesadas pedras. As 20 pessoas executadas em Salem sempre pareceram um pequeno número quando comparado aos milhões que sofreram na Europa, mas, proporcionalmente, os mortos, os que ainda estavam presos e os acusados, porém ainda não detidos, formavam uma considerável porcentagem da população numa área escassamente povoada. Foi uma verdadeira histeria. Gente de todos os setores da vida tinha sido acusada: um pastor graduado por Harvard e dono de uma grande propriedade rural na Inglaterra; o mais rico armador e proprietário de navios mercantes em Salem; o capitão John Alden, filho de John e Priscilla, os lendários amantes da colônia de Plymouth; até a esposa do governador da colônia de Bay. Ninguém estava seguro.

Tudo começou na cozinha do Reverendo Paris, onde Tituba, uma escrava de Barbados, entretinha a filha do Reverendo e suas amiguinhas durante os frios meses do inverno de 1691. As meninas perguntaram a Tituba, que conhecia métodos de adivinhação, como seriam seus futuros maridos, uma preocupação normal da maioria das meninas que rondavam a puberdade. Com o passar do tempo, as meninas começaram a ter desmaios, acessos de melancolia, adotavam posturas e gestos insólitos e tinham visões. (Uma geração depois, em Northampton, Massachusetts, o mesmo tipo de comportamento entre jovens levaria o Reverendo Jonathan Edwards a declarar que estava ocorrendo uma "aceleração"' espiritual, e assim começaria o primeiro "Grande Despertar" na história do revivescimento religioso americano.) Na aldeia de Salem, esse mesmo comportamento foi interpretado por líderes eclesiásticos como obra do Diabo.

Foram tomados depoimentos em audiências públicas durante os meses seguintes, nas quais as meninas e outras que tinham começado a ser também afligidas pelo mesmo comportamento (que se convertera numa "coqueluche" entre as adolescentes) acusaram membros adultos na comunidade de as perseguirem e atormentarem. Elas tinham fantasias bizarras de pessoas, das mais respeitáveis, em tudo, de que estariam envolvidas em atividades sinistras com o Diabo. Quando o inverno deu o lugar à primavera, infortúnios naturais foram considerados obra do Diabo por meio de certos habitantes da aldeia. De acordo com as teorias da época, o Diabo só podia operar através de alguém e com a cooperação dessa pessoa. Alguém que tivesse feito um pacto com o Diabo. Alguém que fosse uma "Bruxa".

Acusações foram feitas, pessoas foram detidas, inquéritos abertos, e no começo da primavera as prisões estavam superlotadas. Depois a coisa se propagou. Foram descobertas "Bruxas" em Beverly, Topsfield, Andover, Ipswich, Lynn e virtualmente em todas as cidades e aldeias do Condado de Essex. Na realidade, houve em Andover mais prisões do que em Salem. As autoridades de Boston enviaram representantes para conduzir os julgamentos.

Os primeiros julgamentos começaram em junho, e Bridget Bishop foi enforcada depois de ter ficado encarcerada desde abril. Os acontecimentos sucederam-se com rapidez. Em julho, Rebecca Nurse, Sarah Good, Elizabeth How, Sarah Wild e Susanna Martin foram enforcadas. Os julgamentos de agosto consideraram culpados John Willard, John e Elizabeth Proctor, George Jacobs, Martha Carrier e o Reverendo George Burroughs. Todos foram executados, exceto Elizabeth Proctor, que estava grávida e teve sua execução suspensa até nascer o bebê. Os julgamentos de setembro mandaram para a forca Martha Cory, Alice Parker, Ann Pudeator, Mary Esty, Margaret Scott, Mary Parker, Wilmot Reed e Samuel Wardwell. O marido de Martha Cory, Giles, teve morte por esmagamento sob o peso de pedras. E quando esse hediondo verão terminou, mais de uma centena de pessoas estavam ainda aguardando julgamento e várias centenas mais tinham sido acusadas.

Finalmente, cabeças mais frias começaram a predominar. Increase Mather pregou em Cambridge que a questão de provas aceitáveis como evidência de "Bruxaria" se assentava em bases muito duvidosas e precárias, sobretudo a noção de evidência espectral, ou a habilidade do Diabo para assumir a forma de alguém na comunidade. Embora não negando que o Diabo podia assumir a forma de um homem ou de uma mulher, era bastante difícil "provar" que ele ou ela tinha efetuado o pacto inicial com ele. Não podia o Diabo assumir igualmente a forma de uma pessoa inocente? Algumas pessoas estavam começando a pensar que sim. Finalmente, Increase Mather argumentou ser preferível deixar uma "Bruxa" escapar à execução do que dar a morte a dez pessoas "inocentes". Seus argumentos levaram a melhor e a Caça às Bruxas cessou pouco depois.

Uma questão que frequentemente vem à tona acerca das 20 pessoas executadas e as centenas acusadas é a seguinte: eram elas realmente Bruxas?

Os dados históricos são escassos. Estou certa de que algumas ou muitas delas, como suas congêneres na Europa, ainda retinham muitas das práticas da Antiga Religião – ervas, poções especiais, adivinhação, técnicas de cura natural. Algumas podem ter até celebrado as antigas datas festivas naturais. Sabemos que colonos do Massachusetts em Marymount erigiram um *Maypole* (o mastro enfeitado da festa da primavera) no começo do século. Mas a questão sobre se eram devotos da Deusa ou não nunca foi apurada. Havia certamente Bruxas entre seus ancestrais, mas elas próprias podem não ter sido Bruxas na acepção de serem nossas correligionárias. A maioria dessas pessoas era, provavelmente, de cristãos devotos. Não obstante, penso que devemos reivindicá-las como Bruxas. Certamente morreram pela nossa liberdade. Recusaram-se a admitir que tivessem cometido qualquer crime. (É interessante assinalar que nenhuma das que confessaram praticar a Bruxaria foi enforcada. Declararam-se arrependidas e foram readmitidas na comunidade. Também poderíamos indagar se aquelas que confessaram eram realmente Bruxas ou fizeram isso para salvar a própria vida. Muita coisa se perde nas páginas da história.)

Se as vítimas da Caça às Bruxas em Salem e cidades vizinhas não eram Bruxas, então o Museu da Bruxa, situado a algumas quadras de minha casa, não é realmente sobre Bruxaria, e os visitantes que o visitam aos milhares todos os anos não estão realmente aprendendo a verdade sobre quem somos ou o que praticamos. Durante anos, as Bruxas de Salem protestaram a esse respeito junto à administração do Museu e conseguimos, finalmente, que os turistas fossem alertados sobre isso. O que os visitantes aprendem em seus giros pelo museu não é a religião da Deusa, mas o que pode acontecer a uma comunidade cristã que sucumbe a um medo irracional do Diabo e projeta essa imagem maléfica em membros da própria sociedade.

À medida que o século 18 avançava, as pessoas foram ficando mais céticas a respeito da Bruxaria. O espírito da época – a racionalidade do Iluminismo – convenceu as pessoas de que essa magia era embromação e de que quem a praticava estava cedendo à autossugestão. A Nova Era também era mais cética sobre a religião em geral e menos zelosa em perseguir os não crentes. A ira que tinha alimentado a Caça às Bruxas aquietou-se. Em 1712, a última pessoa condenada por Bruxaria era executada na Inglaterra, embora as leis antibruxaria permanecessem teoricamente em vigor até o século 20. Na Escócia, a última execução teve lugar em 1727, e as leis foram revogadas em 1736. É claro, por toda a Europa e na América houve julgamentos e execuções esporádicas. Na Hungria, em 1928, por exemplo, os tribunais absolveram uma família que tinha espancado uma anciã até a morte por suspeita de Bruxaria. Com ou sem as leis e as autoridades civis ou eclesiásticas para apoiá-las, as pessoas continuaram molestando Bruxas e, com frequência, causando-lhes sérios danos físicos.

Certa vez um fotógrafo me perguntou se eu estaria disposta a posar para uma foto ao lado do túmulo do Juiz Hawthorne, um dos magistrados que perseguiu Bruxas em Salem e nas cidades vizinhas no século 17. Eu concordei, agora, sempre que olho para a foto, digo ao Juiz Hawthorne e seu bando: "Nós sobrevivemos. Ainda estamos aqui."

AS BRUXAS HOJE

No começo do século atual, o renovado interesse pela espiritualidade e a metafísica, encorajado em parte pelos novos campos da psicologia e da antropologia, estimulou uma vez mais o interesse pela nossa Arte, porém, agora, entre pessoas mais compreensivas. O oculto (definido *lato sensu* para incluir questões metafísicas) era altamente respeitável entre escritores e artistas importantes, como W. B. Yeats, James Joyce, William James, Bernard Shaw e Madame Helena Blavatsky. As obras de Sigmund Freud e Carl Jung discutiram os poderes do inconsciente, e os livros de Jung apresentaram poderosos argumentos segundo os quais os temas, imagens e símbolos coletivos que fizeram parte da mente humana desde o princípio do tempo, continuam sobrevivendo na consciência moderna. Estudos de campo em antropologia descobriram as contrapartes das Bruxas europeias entre xamãs, homens e mulheres de medicina, visionários curandeiros nativos em todo o mundo, e os ocidentais aprenderam que essas pessoas não constituem ameaças para uma comunidade, mas são, na realidade, sua própria seiva. Sem eles, as culturas indígenas não poderiam existir.

Em 1921, Margaret Murray, folclorista e antropóloga, publicou *O Culto das Bruxas na Europa Ocidental*, seguido de *O Deus das Feiticeiras*, em 1933. Nesses dois livros, a autora argumentou que a Bruxaria era a Antiga Religião da Europa Ocidental, uma religião pré-cristã que cultuava as divindades da fertilidade, especialmente o Deus Cornífero de duas faces, chamado Janus ou Dianus, em latim. Margaret Murray acreditava que a Arte era uma religião organizada, celebrando as duas principais festas em 1º de maio e 31 de outubro, e oito "Sabbats" ou dias festivos ao longo do ano. Ela descreveu práticas visionárias, xamânicas, que gravitavam em torno de grupos de 13 pessoas. Em geral, o "Culto da Bruxa" como essa autora o chamou, era uma religião alegre, celebrando os ciclos de fertilidade do ano com festejos, danças e cantos. Nada tinha a ver com o culto do Diabo.

Outros especialistas encontraram erros na obra de Margaret Murray, como o fato de que ela não conseguiu provar que a Arte estava formalmente organizada e que essa organização abrangia toda a Europa. Tampouco conseguiu estabelecer que o grupo de 13 pessoas e os Sabbats tradicionais, tal como os conhecemos, existiam antes da época da Inquisição. Mas sua obra, assim como as críticas que lhe foram feitas, levantaram importantes questões sobre quem somos nós e desvendaram novos e excitantes modos de considerar a nossa história. Talvez sua maior contribuição para a "nova imagem" da Bruxa no século 20 tenha sido provar que as práticas pré--cristãs não se extinguiram com a chamada conversão dos povos Pagãos à Igreja, e mostrar de forma convincente que o Deus Corrnífero dos nossos ancestrais não era o Satã cristão.

Em meados do século passado, Gerald B. Gardner, um antropólogo e folclorista amador, escreveu e publicou os primeiros livros sobre a Arte por um Bruxo praticante. Na década de 1930, afirmou ele ter descoberto um Coven na Inglaterra que vinha obedecendo de maneira contínua aos preceitos da Antiga Religião desde tempos muito remotos. Ele foi iniciado na Arte por esse grupo de Bruxas e fundou seu próprio Coven na Ilha de Man. Em 1949, publicou (sob pseudônimo) *Com o Auxílio da Alta Magia* um romance histórico; e, tendo as leis antibruxaria sido revogadas na Inglaterra em 1951, publicou duas importantes obras com seu próprio nome: *Bruxaria Hoje* (1954) e *O Significado da Bruxaria* (1959). Esses livros foram o primeiro rompimento notável com o segredo e o silêncio que sempre tinham cercado a Arte. A descrição de Gardner da nossa Arte tornou-se a abordagem clássica para muitas Bruxas que buscavam um manual ou guia para a prática da Bruxaria. Hoje, existem muitos Bruxos e Covens de Gardnerianos que continuam praticando mais ou menos fielmente de acordo com a orientação geral preconizada por Gardner, que representa para eles um arauto dos Antigos Caminhos. (Entretanto, Bruxos criados em tradições de família afirmam que o que aprenderam de seus pais e avós não se assemelha à versão de Gardner da antiga Arte.)

Basicamente, a versão de Gardner contribuiu muito para a moderna Bruxaria: rituais orientados para a fertilidade a fim de reverenciar o Deus Cornífero das Florestas e a Deusa Tríplice com cânticos, danças e meditação, celebrados nos oito Sabbats e nas luas cheia e nova. O Ritual de Puxar a Lua para Baixo, recitar a Carga da Deusa, invocar o Deus Cornífero e a Deusa, realizar cerimônias de cura e outras obras de magia positiva são pontuais para a Tradição Gardneriana. Os Covens são liderados por um Alto Sacerdote e uma Alta Sacerdotisa, que treinam e iniciam outros no método Gardneriano, confiando seus Livros das Sombras aos iniciados para que os estudem a fim de aprender as leis e liturgias da Arte.

Nem todos os Bruxos Gardnerianos seguem rigorosamente as prescrições de Gardner. Um de seus princípios fundamentais que tem sido descartado pela maioria das Bruxas modernas é a tradição de praticar "vestido de céu" ou em total nudez ritual. Não existem provas históricas suficientemente amplas dessa prática antes de Gardner, que era um naturista mesmo antes de descobrir a Arte. De fato, as mais antigas tradições parecem indicar que as Bruxas preferiam longas túnicas negras, especialmente na Era das Fogueiras, quando eram menos visíveis nas florestas, aonde iam à noite realizar seus rituais. Por certo, a preferência entre a maioria das Bruxas de hoje, tanto, nos Estados Unidos quanto na Grã-Bretanha, é para usar túnicas, uma prática que sempre foi parte importante do ritual mágico e contribui tanto para o Poder da Bruxa quanto "vestir-se de céu".

Outras Tradições que contribuíram para a imagem moderna da Bruxa são as práticas Diânicas, que provêm primordialmente das obras de Margaret Murray e do muito influente *O Ramo Dourado*, de Sir James Frazier. Nos Covens Diânicos, é atribuída grande ênfase à Deusa e ao papel das Sacerdotisas. Os grupos e organizações são matrifocais e gravitam em torno de questões das mulheres. O corrente movimento das mulheres inspirou muito do ativismo político em que alguns grupos estão empenhados. Estudos recentes da espiritualidade feminina influenciaram também as práticas e tradições adotadas pelos grupos, assim como a própria Tradição Diânica contribuiu com importante material para as questões espirituais femininas entre os membros da corrente principal de pensamento teológico. A fecundação cruzada tem sido muito excitante tanto para as Bruxas quanto para os estudiosos religiosos.

Muitos grupos Diânicos são extremamente criativos no desenvolvimento de novos rituais e na passagem da Arte do "armário das vassouras" para as ruas. Alguns desses grupos realizam rituais públicos de Sabbats e nas ocasiões em que a presença das Bruxas pode manifestar-se a favor das questões sociais e políticas. Embora o feminismo radical, incluindo o lesbianismo, tenha encontrado um lugar de acolhimento em grupos Diânicos, nem todos os grupos se concentram exclusivamente em questões femininas. A grande crise ambiental e social com que a nossa sociedade se defronta inspira as Bruxas a usarem seu poder e magia para operar mudanças no seio da sociedade.

Uma das mais recentes obras sobre Bruxas e outras comunidades Neopagãs nos Estados Unidos é o excelente livro de Margot Adler, *Drawing Down the Moon*. Depois de entrevistar Bruxas individualmente e em seus Covens em todo o país e participar com elas em rituais e celebrações, Margot Adler compilou o que constatou num relato claro e bem escrito. Seu livro é um excelente estudo das crenças, costumes e estilos de vida de grupos Neopagãos. A maravilhosa variedade que ela apresenta atesta o vigor das comunidades Pagãs, assim como a dedicação de cada Bruxa.

Em tempos modernos, esses quadros mais acurados da Bruxaria estão chegando lentamente ao grande público, mas uma vasta campanha de reeducação precisa ser ainda empreendida se quisermos corrigir a imagem deturpada da Bruxa como um ser maléfico mancomunado com o Diabo. A cultura contemporânea continua reforçando as velhas imagens que vêm desde a Era das Fogueiras.

A LIGA DAS BRUXAS PARA O ESCLARECIMENTO PÚBLICO

Quando a Warner Brothers anunciou que produziria uma versão cinematográfica do romance de John Updike, *As Bruxas de Eastwick*, as Bruxas de Salem decidiram protestar contra a imagem inexata que seria apresentada sobre nós. Foi esse o elemento catalisador que levou à fundação da Witches' League for Public Awareness (Liga das Bruxas para o Esclarecimento Público). Convoquei Bruxas da região de Salem e de Boston e nos reunimos, entre 50 e 75 mulheres, com os nossos filhos e bebês, na escadaria do Massachusetts Film Bureau, em Boston, para protestar contra a sua decisão de permitir as filmagens na Comunidade. A mídia, é claro, não perdeu a oportunidade e, poucos dias depois, o nosso protesto era visto de uma ponta à outra do país. Provavelmente ajudamos a promover o filme ao suscitar a controvérsia em torno dele, mas também fizemos bem a nós mesmas ao expor publicamente o que pensávamos e ao não ficar de braços cruzados enquanto Hollywood criava mais um filme retratando uma Bruxa como uma criatura perversa.

As Bruxas em todo o país responderam favoravelmente à nossa atitude pública, pois compreenderam que as pretensas "Bruxas" de Updike – não verdadeiras Bruxas, mas entediadas donas de casa com aptidões psíquicas – seriam aceitas como verdade pelo grande público e alimentariam o mito de que as Bruxas praticam o mal invocando o Diabo e tendo relações sexuais com ele. Seria a repetição do caso de *O Bebê de Rosemary*. Choveram cartas e descobrimos que a Liga das Bruxas tinha o apoio das bases desde o Maine à Califórnia, tanto de Bruxas solitárias quanto de Covens inteiros.

O nosso objetivo era conseguir que uma advertência fosse projetada no início do filme ou com os créditos, declarando que embora a palavra "Bruxas" aparecesse no título do filme, ela estava sendo usada no sentido popular e incorreto de uma pessoa que faz mal a outras e conspira com o Diabo. Ou, alternativamente, a advertência podia dizer apenas que o filme não devia ser interpretado como sugestão de que uma pessoa que pratica a Bruxaria está envolvida no culto ao demônio. (Havia um precedente para isso. O filme *O Poderoso Chefão* inseriu uma advertência negando que houvesse qualquer intuito de insinuar que todos os ítalo-americanos estavam envolvidos no crime organizado). A Liga das Bruxas também enviou "pacotes de conscientização" às três atrizes, sublinhando o desserviço que seus retratos causariam a milhares de mulheres em todo o mundo, ao perpetuarem uma grosseira e equivocada concepção a nosso respeito. Também nos oferecemos para assessorar na preparação do script ou desenvolvimento da história. Não tivemos resposta das atrizes, nem de seus agentes ou da Warner Brothers.

Mas a resposta das Bruxas de uma ponta à outra da nação foi estupenda. Começamos a escrever-lhes, organizando redes, estabelecendo diretrizes para enfrentar ameaças semelhantes à nossa integridade e explorando possibilidades para um trabalho educativo em comunidades locais. Dois anos depois, temos agora 15 conselhos que cobrem a totalidade dos Estados Unidos e partes da Irlanda, Inglaterra e Canadá. Cada presidente de conselho superintende as atividades voluntárias, como campanhas de cartas, monitoração de programas de televisão, noticiários e reportagens jornalísticas sobre Bruxaria, e cuida do envio de relatórios para o escritório central em Salem. Além de uma permanente vigilância no tocante a falsas informações sobre a nossa Arte, publicamos comentários críticos a livros e artigos sobre Bruxaria e recomendamos os melhores a bibliotecas e escolas. Também estamos atentas aos projetos de lei em discussão no Congresso que envolvam direitos civis e liberdades religiosas. Não nos encarregamos, porém, de casos pessoais que impliquem a violação de direitos civis nas áreas de emprego, habitação ou violência. Nesses casos, sugerimos que uma Bruxa entre em contato com a União Americana de Liberdades Civis ou com a Liga de Antidifamação das Bruxas, fundada pelo Dr. Leo Martello.

Uma das principais missões da Liga das Bruxas é neutralizar os equívocos e incompreensões que passaram a rodear uma das nossas celebrações festivas, Samhain, ou Halloween, como veio a ser chamada. Todos os anos a festa é usada para denunciar os incorretos e degradantes mitos acerca da nossa Arte. E existem hoje movimentos em algumas comunidades no sentido de a abolir, como na cidade do New Hampshire, onde um assassino se vestiu como o demônio necrófago do filme *Sexta-feira Treze* e, de fato, matou uma pessoa. Por todo o país os pais ficam preocupados com suas crianças nessa noite especial, receosos de que cometam maldades a alguém ou destruam propriedades, e com medo de que outras possam fazer mal a elas. Existirá melhor prova de que projeções mentais tornam-se realidades? As sinistras fantasias e concepções errôneas de uma sociedade rondam agora as ruas e os bairros cometendo maldades e causando danos.

Em Salem, remetemos cartas a comerciantes e lojistas locais em outubro, lembrando lhes que Halloween é a festa de Samhain das Bruxas, um dos mais importantes dias festivos em comemoração do antigo Ano Novo céltico. Nós os encorajamos a não decorarem suas lojas e vitrinas com imagens de Bruxas de aspecto repulsivo com chapéus em bico, cavalgando vassouras e rindo através de dentes quebrados (as Bruxas vão ao dentista como todo o mundo). Também desencorajamos imagens de demônios, espectros, vampiros, Drácula, Frankenstein e pessoas com seus corpos esfacelados. Sublinhamos que existe grande profusão de coloridas imagens de Halloween que não ofendem, não mexem com os temores da sociedade nem poluem as mentes das crianças e adultos. A maioria dos comerciantes de Salem atendeu ao nosso pedido. Os que não anuíram recebem a visita pessoal de uma de nossas delegadas, que tenta educá-los, mostrando-lhes como suas decorações aviltam as Bruxas e a festa de Samhain, ao mesmo tempo que servem de incentivo para que seus filhos pequenos cometam travessuras perigosas. Na maioria dos casos é simplesmente ignorância e as pessoas mostram-se dispostas a ouvir, aprender e, com frequência, retiram das vitrinas as imagens ofensivas de megeras de pele esverdeada.

Uma área que em minha opinião requer constante acompanhamento é a televisão em sua programação para crianças. Muitas histórias e filmes infantis apresentam a Bruxa como uma velha ranzinza e esmirrada que detesta crianças pequenas. As Bruxas fazem parte da mitologia ocidental há séculos, remontando aos contos populares compilados pelos irmãos Grimm e narrados sob várias formas de geração em geração. Mas até no século passado, as histórias eram literalmente contadas, não vistas. As crianças ouviam falar de Bruxas. Cabia à imaginação delas determinar que aspecto uma Bruxa tinha. Se uma criança conhecia uma Bruxa local nas vizinhanças, a experiência direta convencia-a de que nem todas elas eram ruins como as das histórias de fadas. Hoje, as crianças só veem Bruxas na forma determinada por artistas e diretores da mídia. Pouca coisa sobra para a imaginação delas. O que é muito, pois como a maioria das Bruxas não vive aberta e publicamente como Bruxas, as crianças não dispõem de uma referência concreta para comparar com a imagem criada pela mídia. Somos sexys e voluptuosas como Elvira? Temos o nariz encurvado e pontiagudo e somos abjetas como a Bruxa Má do Oeste em *O Mágico de Oz*? Nós nos contorcemos de raiva como a madrasta perversa da *Branca de Neve e os Sete Anões*, de Walt Disney?

Recentemente, eu estava jantando num restaurante mexicano da cidade vizinha de Danvers (o local original de Salem Village, diga-se de passagem) e um jovem e cortês garçom veio até a minha mesa. "A senhora é Laurie Cabot, não é?" perguntou ele timidamente. Disse-lhe que sim e perguntei o nome dele. "Randy", respondeu. "Conheci a senhora quando eu era um garotinho." Comentei que ele tinha uma memória melhor do que a minha e inquiri como tínhamos nos conhecido. Contou então que sua mãe estava passeando com ele e chocara-se comigo na rua, e ficamos conversando por alguns momentos. Perguntei ao jovem garçom há quanto tempo tinha sido isso. "Há vinte anos", respondeu. E acrescentou: "Sempre pensei que seria um prazer encontrá-la de novo", e despediu-se polidamente, voltando às suas mesas.

E assim nos encontramos de novo. Isso me fez perceber que toda uma geração tinha crescido na área de Salem e me conhecia. Tenho a certeza de que alguns deles ouviram as velhas mentiras e calúnias contadas por seus pais. Mas ali estava Randy, que sabe que vive numa comunidade com uma Bruxa – na realidade, uma porção de Bruxas – e que nenhum mal aconteceu. Randy deve ter me visto durante anos na televisão ou nos jornais. Lecionei Ciência da Bruxaria no Salem College e tenho feito conferências em Salem e por todos os Estados Unidos. Sou entrevistada todos os anos, no Halloween, por estações locais e nacionais de rádio e televisão. Patrocinei por muitos anos o Baile das Bruxas de Salem no Halloween. Sou membro da diretoria da Câmara de Comércio de Salem. Candidatei-me ao cargo de prefeita da cidade. Nos dias em que as mentiras e calúnias sobre Bruxaria parecem ser insuportáveis, penso em Randy e em outros como ele, e sei que viver publicamente como Bruxa valeu a pena.

E, no entanto, pergunto-me quantas pessoas foram influenciadas pela cena de pesadelo da Branca de Neve da Wall Disney, em que a rainha má se converte numa repulsiva megera ao beber uma poção. Como poderei clamar suficientemente alto, como pode a minha voz chegar suficientemente longe para assegurar às pessoas, sobretudo às crianças, não ser esse o modo como nos convertemos em Bruxas?

AS DIFERENÇAS ENTRE BRUXARIA E SATANISMO

Recentemente, Geraldo Rivera produziu um programa sobre Satanismo para uma rede de televisão em horário nobre. Estive o tempo todo do programa sob uma expectativa ansiosa. Como fiquei aliviada e minhas apreensões se dissiparam ao ver que ele conseguira passar a hora inteira do programa sem mencionar a Bruxaria! Mas então, quando me preparava para pegar na caneta e escrever-lhe uma nota de congratulações, o programa terminou com uma lista de coisas a que os pais deviam estar atentos se não quisessem que seus filhos se envolvessem com cultos satânicos. E ali estava: Bruxaria!

Há muita confusão acerca do que é perigoso e do que não é. Os departamentos policiais de todo país têm diretrizes especiais para o que chamam crimes "ocultistas". Trata-se dos crimes que parecem ser cometidos por indivíduos ou grupos que estão envolvidos em várias práticas sádicas e cruéis, incluindo frequentemente tortura e morte rituais, quase sempre de animais, mas por vezes, de seres humanos. É importante para os departamentos policiais e para o FBI capturar esses criminosos e impedir futuras atrocidades. Mas eles, como tantos outros em nossa sociedade, confundem a evidência.

Bruxas têm colaborado com agentes do FBI para ajudar a investigar crimes bizarros. Tenho recebido telefonemas de departamentos policiais de vários pontos do país para aconselhá-los em suas investigações a fim de capturar delinquentes psicóticos que usam os ornamentos e acessórios da religião em seus crimes. Qualquer doido pode praticar vandalismos em igrejas e sinagogas e usar objetos sacros num crime. Os verdadeiros satanistas escarnecem dos símbolos da Bruxaria, como o Pentáculo, tal como tripudiam do crucifixo. Qualquer sádico pode cometer homicídio, estupro, mutilar uma vítima e depois, declarar-se Bruxo ou satanista.

Não é difícil, realmente, distinguir a Bruxaria do Satanismo. As Bruxas usam o Pentáculo com a ponta para cima. Os satanistas o invertem, com a ponta para baixo, tal como invertem o crucifixo. As Bruxas nunca usam um crucifixo para qualquer fim, seja na posição correta ou invertido. Nunca usamos o número 666. Não sacrificamos animais para qualquer fim. Jamais fazemos às avessas nada que esteja ligado a fé cristã. Especificamente, não dizemos o Pai-Nosso de trás para diante. Não celebramos Missas Negras ou qualquer outra cor de missa. Não usamos artefatos cristãos e, portanto, não precisamos arrombar igrejas cristãs para roubá-los. As Bruxas não usam crianças em seus rituais. Quando os nossos próprios filhos participam em cerimônias da Arte, fazem-no nos mesmos termos dos adultos. Não causamos dano físico a quem quer que seja, nem projetamos danos em outros. Além disso, não recrutamos ou fazemos proselitismo.

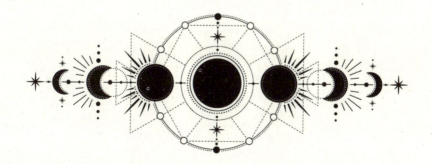

4
A ARTE DOS SÁBIOS

Toda vez que releio o meu Livro das Sombras, não posso deixar de apreciar como a nossa Arte é e sempre foi rica e variada. Meus olhos percorrem as páginas; certas palavras, informadas com memória e magia individual, destacam-se e quase saltam da página: Bastão, solstício, cristais, amor, verbena, bonecos, gatos, cânticos – e os nomes mágicos dos membros de cada grupo de Bruxas que conheci ao longo dos anos. Os primeiros apontamentos remontam a mais de 20 anos; os mais recentes registram rituais que realizamos o ano passado, poções que preparei há um mês, um sonho de que despertei não mais que a noite passada. Em meu diário pessoal e livro de citações eu registro e catalogo a minha vida como Bruxa. Quando eu deixar esse livro – na realidade, agora são muitos volumes – às minhas filhas, Jody e Penny, terão um relato completo de como vivi: meus rituais, sortilégios, receitas, meditações, práticas, os eventos importantes de minha vida. Nessas páginas, elas aprenderão como defendi, preservei e pratiquei a Bruxaria. Não é comum que uma Bruxa mostre seu Livro das Sombras a outros, exceto aos membros da Arte que lhe são mais chegados. Houve um tempo em que a simples posse de um livro de magia podia acarretar perseguição e morte. Eis um apontamento em um Livro das Sombras escrito por uma Bruxa do século 12:

> Escreva o livro com sua própria letra. Deixe os irmãos e irmãs copiar o que quiserem, mas nunca solte esse livro de sua mão e nunca guarde os escritos de outros, pois se forem encontrados com a letra deles, serão detidos e torturados... Aprenda o máximo que puder de memória e quando o perigo tiver passado reescreva o seu livro.

Vivemos, felizmente, em tempos mais esclarecidos, onde não temos que manter os nossos diários em segredo e confiar os nossos mais importantes rituais e sortilégios à memória, com medo de sermos perseguidas. Não obstante, o Livro das Sombras de uma Bruxa é um registro particular e não é usualmente dado a outros para ler, mas vou expor aqui algumas das práticas básicas que tanto significaram para mim, as técnicas que passamos a chamar de "a Arte do Mago" ou "Bruxaria". Isso propiciará um vislumbre das espécies de coisas que constituem a Arte: as pessoas, o treinamento, os grupos, os rituais e sortilégios, as ferramentas da magia que trazem bênçãos para a Terra.

PENTÁCULOS: O SINAL DA ARTE MÁGICA

Desenhei em muitas páginas pequenos Pentáculos, como faço quando assino o meu nome em cartas e documentos. Creio que o Pentáculo é um dos mais antigos símbolos geométricos conhecidos do ser humano. Consiste numa estrela de cinco pontas no interior de um círculo. É o símbolo-chave na Arte. É a mandala da Bruxa, um diagrama geométrico de toda a existência, que abrange tanto a Criadora quanto a Criação.

O Pentáculo tem uma história rica nos costumes espirituais e mágicos de muitas culturas. Na Grécia, era o símbolo da filha de Deméter, Kore, a Deusa da vegetação e dos frutos do campo, porque a maçã contém uma estrela composta de cinco sementes em seu centro. Hoje, os ciganos chamam o Pentáculo de "cinco sementes da maçã", "a Estrela do Saber". Os místicos pitagóricos veneraram o Pentáculo, a que chamavam "Pentalfa", porque consistia em cinco *alfas* entrelaçados: a letra grega "A", que simbolizava o nascimento e os primórdios. No Egito, uma estrela de cinco pontas representou o grande ventre subterrâneo da Mãe-Terra. As tribos célticas também a viram como um sinal da Deusa do Mundo Subterrâneo, Morgana. Na Babilônia, o Pentáculo era um amuleto de proteção e cura. Nas tradições judaico-cristãs, o Pentáculo era o primeiro dos Sete Selos, o qual representava o nome secreto de Deus; e o Rei Salomão usava um Pentáculo em seu anel como sinal de seu poder para realizar magia. Entre os antigos povos tribais europeus, o Pentáculo representou o Deus Cornífero, um ser metamórfico que tinha cinco representações: um humano, um touro, um carneiro, um bode e um cervo. O herói céltico Gawain tinha um Pentáculo inscrito no seu escudo.

A estrela é sempre desenhada com um só traço contínuo, uma ponta vertical; e, para mim, ela representa a linha contínua do contorno do corpo humano: a cabeça no topo, os dois braços, as pernas, o centro místico onde todas as pontas se cruzam. É um símbolo do corpo humano que remonta há milênios, e que repercute em algo muito antigo e sagrado em nossas almas. Mesmo as pessoas que pouco sabem a respeito de Bruxaria sentem isso quando olham para a famosa representação de Leonardo da Vinci, do Homem Microcósmico que mostra o musculoso corpo masculino, braços e pernas esticados, colocados como uma figura de cinco pontas no círculo perfeito. Isso nos dá a impressão de que poderia se desprender da página e elevar-se nos ares. Sabemos, instintivamente, que essa postura orgulhosa, autoconfiante, quase desafiadora, está no âmago do que se entende por ser humano. Talvez seja a força do triângulo, uma das mais fortes figuras geométricas, que ressoa em nosso senso de decisão.

As cinco pontas também representam os cinco sentidos, por meio dos quais o conhecimento das coisas terrenas penetra na mente. O centro pode representar o sexto sentido, o inconsciente profundo, ou a conexão etérea de cada ser humano com o Todo ou o Eu Superior.

O Círculo ao redor do Pentagrama representa a totalidade da inteligência. É o sinal do Deus ou da Deusa, a plenitude da inteligência cósmica. O Círculo recolhe a luz e dirige-a para o centro ao longo de seus numerosos raios. Toda vez que vejo um Pentáculo me é lembrado o poder envolvente do Todo que nos rodeia e protege, assegurando-nos de que cada ser humano está no centro da vida divina. Nossa Divina Mãe contém cada um de nós em seu ventre. Não importa onde estejamos e o que façamos, nela vivemos, movemo-nos e temos o nosso ser. Outros grupos religiosos e até órgãos políticos entenderam instintivamente o poder e o significado desse emblema sagrado.

Enquanto viajava pela Europa, fiquei surpreendida, mas exultante, ao encontrar o Pentáculo encaixado em mosaicos e vitrais de catedrais católicas. Os Estados do Oklahoma e Texas usam o Pentáculo como parte do selo de suas armas estatais.

Para usar uma metáfora científica (se bem que, como veremos no próximo capítulo, "metáfora" possa ser uma designação incompleta), o Pentáculo é um circuito carregado de energia. A estrela reflete e refrata luz, e a luz transporta informação (algo que também examinaremos mais detalhadamente no próximo capítulo). Quando feita de prata, capta a luz, à semelhança da Lua, retendo todos os raios exceto os refletidos como prata. Quando feita de ouro, capta e contém a força do Sol. Os metalurgistas nos dizem que as moléculas de prata têm a forma de crescente, como a Lua, e as moléculas de ouro têm espirais ou raios, como os raios do Sol. Usando um pentáculo sobre os nossos corpos, estamos constantemente atraindo para baixo e recolhendo o poder lunar ou o poder solar contido na luz. O círculo é a inteligência incessante e perfeita que enche o Universo e percorre os braços da estrela, penetra o corpo humano e une o Todo e o indivíduo em perfeita sabedoria. Tal é o ideal. É claro, nem toda Bruxa realiza plenamente o ideal em sua vida. Devemos cooperar com o poder do Pentáculo, permitindo que o seu poder dê forma à nossa consciência. Devemos recorrer a ele frequentemente, meditando sobre seus significados místicos e buscando em seu seio a sabedoria universal.

Como símbolo sagrado, colocamos o Pentáculo em tudo, tal como os cristãos usam uma cruz e os judeus a Estrela de Davi. Cada Bruxa usa um Pentáculo sobre algum lugar de seu corpo, frequentemente numa corrente em torno do pescoço ou num bracelete, às vezes como um emblema numa camisa ou jaqueta. As Bruxas que exercem sua atividade publicamente exibem-no às claras; outras, por medo de discriminação ou perseguição, usam-no sob a camisa ou blusa, ou secretamente bordado na bainha de suas roupas. Seja qual for o modo mais apropriado em cada caso, todas as

Bruxas necessitam viver na presença de um Pentáculo e recolher a energia que é única nele e em cada uma delas.

O poder do Pentáculo afeta de modo diferente cada uma de nós, mas opera sempre da mesma maneira, dando sabedoria e proteção a quem quer que o use. Algumas Bruxas foram atraídas por sua antiga estrutura desde crianças. Mesmo antes de saber o que ele simbolizava, foram atraídas por seu profundo significado e desígnio. Suas vibrações ressoavam nelas, e isso conduziu-as para a Arte. Outras só começaram a entender o símbolo depois de terem sido introduzidas na Bruxaria. Mas para cada uma de nós, aprender os mistérios do Pentáculo é um processo que dura a vida inteira. Porque o pentáculo representa a perfeita sabedoria, ele é tanto um caminho quanto a fonte e a meta de nossas vidas.

TORNAR-SE BRUXA

Nas primeiras páginas do meu Livro das Sombras estão os nomes de três importantes mulheres – todas Bruxas – que me introduziram na Arte e no conhecimento do Pentáculo. Eu tinha 16 anos de idade quando as conheci, uma garotinha vasculhando a Biblioteca Pública de Boston em busca de livros que explicassem por que me sentia tão diferente das minhas amigas e colegas de escola. Eu sabia ser diferente, mas ignorava ainda que era uma Bruxa. Caçava livros que pudessem me ensinar a respeito de questões metafísicas e explicar os mistérios da natureza e, se tais livros existissem, como o espírito e a matéria cooperam na sustentação do mundo físico.

Uma bibliotecária muito amável e sagaz parecia ter compreendido o que eu buscava. Parecia ter intuído meus inarticulados anseios. Pressentiu que minha pesquisa era para obter mais do que mero conhecimento livresco, que eu estava em busca da minha própria identidade. Confiei nela. Com o tempo descobri que ela era uma das Sábias, e que, de algum modo indefinido – que eu não podia então expressar em palavras –, ela era como eu. Foi ela que me dirigiu para livros sobre natureza, história, ciência e religião, os quais me transportaram coletivamente para um tempo anterior ao cristianismo. Li *A Deusa Branca*, de Robert Graves, *O Ramo de Ouro*, de Sir James Frazer, *Ísis sem Véu*, de Madame Helena Blavatsky, e muitos artigos sobre sono, sonhos, parapsicologia e mitologia.

Li sobre as Eras em que as pessoas aceitavam visões e experiências pessoais como as que eu estava tendo como inteiramente boas e naturais. Aprendi a respeito de sociedades onde a busca da verdade era uma experiência xamânica, não sacerdotal. Ou seja, onde indivíduos em busca da sabedoria espiritual se aventuravam, como trovadores e cavaleiros andantes, em solitárias e frequentemente perigosas jornadas; onde as buscas de poder espiritual requeriam crises físicas e psicológicas; onde o herói era repetidamente testado pela natureza, por desafios humanos e por seus próprios e mais profundos temores e anseios. Era uma busca da sabedoria do cosmo, não de doutrinas de uma hierarquia eclesiástica. Em suma, não era uma busca de igrejas. Era uma busca de castelos, escondidos no centro de reinos mágicos.

Durante minhas leituras e estudos, aprendi que os poderes e anseios que pareciam tão fortes em mim, e tão diferentes de todas as pessoas que me cercavam, foram em remotas Eras valorizados e respeitados. A minha amiga bibliotecária guiou as minhas leituras, de modo que aprendi os Antigos Caminhos da Arte desde os seus primórdios. Com o passar dos meses, desenvolveu-se um sólido relacionamento baseado em interesses mútuos e, quando soube que a palavra Bruxa se aplicava a mim, dei-me conta de que também se aplicava a ela.

A bibliotecária e duas de suas amigas iniciaram-me na Arte. Cada uma delas era uma mulher extraordinária por seus dons pessoais. Uma era musicista, a outra professora num colégio local. O Ritual de Iniciação que elas usaram há mais de 40 anos é ainda o que eu uso hoje. Quando releio esse ritual em meu Livro das Sombras, vejo que mudou muito pouco. E o mesmo se pode dizer de grande parte da nossa Arte. Embora haja sempre lugar para a inovação – e as Bruxas são notoriamente imaginativas na criação de novos rituais – os Antigos Caminhos permanecem conosco e firmam-nos solidamente, lembrando-nos de que a nossa prática se origina nos alvores da história humana. Sinto-me privilegiada pelo fato de as três Bruxas que me ensinaram a Arte terem se baseado em antigos caminhos, cada uma delas era uma guardiã do saber sagrado, uma professora e uma contadora de histórias que podia transmitir esses conhecimentos à geração seguinte. E cada uma delas me encorajou a tentar compreender a base científica da Arte dos Sábios.

Esse pequeno e tranquilo Coven de quatro Bruxas foi a minha introdução na Arte como ofício, como algo que uma pessoa faz. A tríplice natureza da Deusa manifestava-se perfeitamente em nós, pois uma das integrantes do Coven era uma senhora muito idosa, as outras duas eram mães e eu uma jovem.

Sinto que fui muito afortunada ao ser conduzida para essas três mulheres maravilhosas quando precisei delas, mas é esse o modo como a Deusa atua. A maioria das pessoas na Arte relata experiências similares. Quando chegou para elas o momento oportuno e tinham atingido o nível de desenvolvimento espiritual ou intelectual necessário para tomar parte na Arte, encontraram as pessoas ou grupos certos ou leram os livros adequados que serviram como sua introdução.

A maioria das pessoas descobre a Arte (ou é descoberta por ela) no momento de suas vidas em que necessitam dela. Outras sentem-se convocadas, como se durante muitos anos respondessem a um chamado. Sentem-se conduzidas. Algum poder ou força maior do que elas penetram em suas vidas e abre janelas para elas. Uma voz chama; elas sentem-se desafiadas a descobrir estados superiores de consciência, os quais estão acima e são mais profundos do que as normas sociais e culturais em que foram criadas e cresceram. No meu Livro das Sombras estão os nomes de muitos homens e mulheres a quem tive o privilégio de introduzir na Arte durante todos estes anos. Agora que sou uma Elder[2] na Arte posso olhar em retrospecto todos os que me procuraram para instrução e sou constantemente lembrada de como a Deusa pode ser sábia na seleção dos indivíduos que ela quer que a sirvam na Arte. Mesmo hoje, seus nomes individuais reacendem em mim o mesmo esperançoso entusiasmo que eles outrora sentiram – que todos sentimos certa vez – quando as janelas se escancararam, as cortinas foram afastadas e vimos pela primeira vez a beleza e o esplendor do mundo através dos olhos de uma Bruxa. Ou talvez devesse dizer, a primeira vez que soubemos olhar para o mundo com os olhos de Bruxa.

Há muitas maneiras de "se tornar" uma Bruxa – de descobrir seus próprios olhos Bruxos, sua própria alma Bruxa. Nos antigos tempos, os conhecimentos eram passados de mãe para filha, de avós para netas. Aprender os segredos da Arte era tão corriqueiro quanto aprender a cozinhar uma sopa, parir um filho ou preparar uma fogueira. As tradições de família compuseram grande parte da Arte de Bruxaria, e é por elas que a maioria

---

2. N. do T.: Anciã, veterana, pessoa de imenso saber acumulado por meio dos longos anos dedicados à Bruxaria.

dos nossos conhecimentos foi preservado e transmitido ao longo dos tempos. Hoje, há muito poucas Bruxas da minha idade que tenham aprendido a Arte de suas mães e avós, porque a Bruxaria era ilegal na maioria dos lugares até meados do século 20. Mas ingressamos numa nova Era. Após o reavivamento da Wicca que se seguiu à revogação das leis antifeitiçaria, mais Bruxos e Bruxas estão ensinando a seus filhos os caminhos do poder. Minhas próprias filhas, Jody e Penny, e minha filha "adotiva", Alice Keegan, formam a segunda geração de uma nova linha de Bruxas.

A maioria das Bruxas hoje em atividade não aprendeu a Arte em suas famílias. Leem livros, fazem cursos, estudam-na por conta própria. Não há nada errado em frequentar cursos ou oficinas oferecidas por alguém na comunidade, desde que seja um Bruxo ou uma Bruxa Iniciado, de reputação ilibada e bem versado na Arte. O interessado pode escrever a uma das organizações Wiccanianas indicadas no Apêndice para informação sobre o aprendizado de Bruxaria. Também existem excelentes livros e recursos audiovisuais acessíveis para uma introdução na Arte.

Muitas pessoas são introduzidas na Arte por amigos e conhecidos. Fica-se sabendo que uma colega, uma vizinha ou alguma amiga de uma amiga é Bruxa, trava-se conhecimento com essa pessoa, aumenta o interesse pelo que faz essa pessoa vibrar. Finalmente, é conduzida para a Arte e, em dado momento, percebe-se que o que ela faz e aquilo em que acredita sempre fez sentido para quem nela se inicia. Esta última sabe, no mais íntimo de seu coração, que também deveria estar fazendo isso. E, tendo chegado a esse ponto, diz: "Estou pronta."

OS COVENS

A maior parte das pessoas que desejam estudar seriamente a Arte encontra uma pessoa ou um grupo que aceita novos membros como aprendizes. Tradicionalmente, há de 3 a 13 pessoas num grupo de Bruxos, mas muitos grupos são bastante flexíveis em termos de tamanho e de composição de homens e mulheres. O número 13 originou-se, muito provavelmente, em cada uma das 13 Luas que ocorrem num ano. Um mês lunar é alguns dias mais curto que um mês do calendário, de modo que existem 13 Luas, e não 12, no ano gregoriano. Embora tenha sido assinalado muitas vezes que o "grupo" de Jesus consistia em 13 (12 apóstolos e ele próprio), esse fato tem pouco a ver com um Coven de Bruxas. A associação com Jesus foi provavelmente mais outra tentativa da Inquisição, durante a Era das Fogueiras, de estabelecer analogias desfavoráveis entre o cristianismo e o paganismo, criando o mito de que as Bruxas pervertem os costumes cristãos. Os Covens de Bruxas nada têm a ver com o cristianismo. São, pelo contrário, vestígios vivos dos antigos calendários lunares que mediam o tempo e os eventos em torno do ciclo menstrual de 28 dias.

Além disso, 13 é simplesmente um bom número de pessoas em termos de dinâmica de grupo. Treze pessoas estimulam a criatividade e fornecem um número suficiente de membros para a divisão de tarefas e responsabilidades. Um grupo de 13 não se torna incontrolável ou insubmisso. É suficientemente pequeno para que todos tenham uma chance de participar, manifestar-se, ser ouvidos e, sobretudo, de se dar a conhecer como indivíduos. Como o grupo de 13 tem raízes tão profundas nas Tradições da Arte, tornou-se uma crença geral entre Bruxos e Bruxas de que 13 pessoas têm mais poder do que qualquer outra quantidade de participantes.

Há também um belo aspecto geométrico num círculo de 13 pessoas. Doze é o número de esferas necessárias para cercar uma décima terceira esfera, de modo que cada uma das doze toca a superfície da décima terceira – uma esfera circundada por esferas! Sendo a forma tridimensional de um círculo, a esfera é a forma perfeita, todos os pontos equidistantes do centro, sem começo nem fim, e uma única superfície lisa e uniforme. Num sentido, esse é o Coven ideal: todos os membros iguais no Círculo, tarefas e responsabilidades revezando-se entre todos os membros, o grupo, substituindo-se continuamente com o ingresso de novos membros à medida que os antigos saem ou morrem, e um espírito de família unida, baseado no respeito mútuo, harmonia e equilíbrio.

Homens e mulheres podem pertencer ao mesmo Coven, embora alguns grupos prefiram ser apenas de um ou outro sexo. Quando ambos os sexos estão presentes, o ritual de atrair o Deus e a Deusa é mais perfeitamente realizado e às energias masculinas e femininas ímpares, físicas e espirituais, é dada plena expressão. Essa perfeita combinação *yin* e *yang* que confere poderes a tudo no Universo entra em plena ação. (Abordaremos no próximo capítulo esse princípio de gênero em termos físicos e metafísicos.)

Alguns Covens de mulheres, sobretudo os grupos feministas, favorecem o espaço sagrado composto exclusivamente de energia feminina.

No mundo de hoje, onde a maioria das famílias compõe-se unicamente de mães e seus filhos, as mulheres necessitam de apoio psicológico e de um fórum seguro para discutir questões e problemas femininos. Um Coven só de mulheres proporciona a espécie de santuário e de irmandade onde a mulher pode falar aberta e francamente sobre si mesma, libertar frustrações e curar as feridas que recebe de uma sociedade patriarcal. Num círculo de mulheres afetuosas, podemos haurir forças e energia para voltar às nossas vidas e trabalho.

Nos tempos antigos, homens e mulheres tinham rituais especiais, cujos mistérios eram vedados ao outro sexo descobrir e experimentar. Nessa época, cada um aprendia o que significava ser masculino ou feminino, e como essa experiência se ajustava ao grande plano do cosmo. Hoje, perdeu-se muito da qualidade sagrada desses mistérios. Com frequência é explicado às meninas muito pouco a respeito de seus próprios corpos e das maravilhas que neles ocorrem. Erroneamente é dito a elas que o período menstrual é uma maldição que as torna emocionalmente instáveis, disfuncionais para muitas de suas atividades cotidianas. Contam-lhes sobre a síndrome pré-menstrual, mas pouco lhes falam sobre os modos como poderiam usar esse período, todos os meses, para fortalecer a energia da Deusa que só elas podem experimentar em seus próprios corpos como parte dos mistérios sagrados que são únicos nas mulheres. Os rapazes são introduzidos à masculinidade por rituais competitivos ou violentos, quase sempre aprendidos nos esportes escolares, que pouco contribuem para colocar sua força e paixão num contexto sagrado. Não lhes são ensinados os mistérios masculinos que poderiam produzir fortes guerreiros e caçadores espirituais, homens de saber e de poder pessoal. Por outras palavras, tornamo-nos adultos masculinos e femininos na sociedade moderna com escassa compreensão de como esse fato, certamente um dos mais importantes de nossa vida, serve o Deus e a Deusa.

Os grupos totalmente masculinos ou totalmente femininos deixam seus membros trabalhar sobre esses eternos mistérios, tal como fizeram os nossos ancestrais. Propiciam um espaço sagrado, cujo acesso é vedado ao outro sexo. Na privacidade e no santuário do Coven, podemos encontrar a segurança para explorar as necessidades particulares do nosso gênero e descobrir o desígnio e o significado de ser homem ou mulher. Esses rituais não são sobre o envolvimento em atividades sexuais, mas dizem respeito à exploração do poder do gênero em todas as coisas, os elementos *yin* e *yang* que representam a energia feminina e masculina do Universo. Aprendemos nesses rituais como lidar com os elementos masculinos e femininos que existem em cada um de nós.

Alguns Bruxos e Bruxas homossexuais preferem trabalhar em Covens totalmente formados por homossexuais, a fim de explorar a mistura de energias masculinas/femininas que é única neles. Os homens homossexuais, por exemplo, reivindicam a Tradição Céltica das "Fadas", a qual em anos recentes desempenhou um papel importante em discussões sobre a espiritualidade homossexual[3]. Os Covens exclusivamente de lésbicas usam as reuniões para estudar e explorar o significado e o desígnio das relações lésbicas dessa mesma maneira, reivindicando alguns desses grupos os mistérios sáficos realizados na antiguidade helênica, nas Ilhas Egeias, por Sacerdotisas da Grande Deusa.

Há muita incompreensão entre as pessoas a respeito do papel da nudez e do sexo na Bruxaria. Anos atrás, quando visitava a Inglaterra, uma senhora britânica muito respeitável me abordou e perguntou, muito empertigada: "Você costuma andar nua pelos bosques?" Ela tinha lido numerosos romances sobre Bruxas que, por mero mercantilismo, sensacionalizam os rituais nus e descrevem fantásticos atos sexuais que ocorreriam em Círculos Mágicos. Alguns romances populares sobre Bruxaria dão a impressão de que todas as Bruxas vivem dançando nuas e usam o sexo como fonte de poder em suas magias. O meu Coven e o meu círculo de amigos de ambos os sexos não praticam a nudez nem atos sexuais como parte dos nossos rituais. Sei que estar nu é um modo de se aproximar da natureza, de exaltar o caráter sagrado do corpo humano e de nos expressarmos com maior liberdade, sobretudo quando dançamos. Por essas razões, algumas Bruxas praticam "vestir-se de céu"; mas a minha prática pessoal consiste em usar túnicas mágicas e vestes cerimoniais a fim de realçar a magia.

Importante avaliar cuidadosamente cada Coven e seus membros. Existem muitas Tradições na Arte e muitos tipos diferentes de pessoas. Pode levar algum tempo até se encontrar as pessoas e o estilo de Bruxaria com que cada um se sente a gosto. Como a Bruxaria se situa nas margens da sociedade, sua tendência foi para atrair tipos marginais, o que não

---

3. N. do. T.: a palavra inglesa *fairy em inglês* significa "fada", mas é também uma gíria largamente usada para se referir a homossexual masculino.

significa necessariamente que façam parte da "margem lunática". Alguns dos maiores artistas e gênios do mundo preferiram se manter à margem da sociedade, sem compromisso algum com as correntes predominantes. Mas é possível encontrar excêntricos na Arte a par de pessoas não diferentes das centenas que compõem as classes média e trabalhadora com quem nos encontramos todos os dias. Uma pesquisa das várias Tradições de Wicca e de outros grupos Neopagãos que estão atuantes nos Estados Unidos, assim como dos tipos de pessoas que são atraídas para elas, é o livro de Margot Adler, *Drawing Down the Moon*, anteriormente mencionado.

Ao julgar qualquer grupo ou Tradição procure conhecê-los bem e apurar o que eles esperam de você. Se um grupo lhe pede para fazer alguma coisa que você pensa ser errado ou que vai mudar sua vida de um modo que não lhe parece apropriado, o mais provável é que esteja no grupo errado. Recorde-se de que nenhum grupo respeitável lhe pedirá nunca para fazer algo perigoso ou prejudicial. Tampouco lhe será pedido o pagamento de joias ou quaisquer outras taxas para ingressar no grupo. (Isso não é o mesmo que cobrar honorários por uma aula ou oficina; em nossa capacidade como professoras e instrutoras, temos direito de cobrar pelo nosso tempo e especialização como um professor em qualquer outra área ou disciplina.)

Pode-se usualmente julgar um grupo pelo maior ou menor à vontade, dependendo de como se sinta com as pessoas que o compõem. Elas avaliarão você nos mesmos termos e requererão um período tradicional de "um ano e um dia" antes de formalmente começar a Iniciação. Em seguida, convites serão feitos para participação em um ou em todos os Círculos Mágicos, pois é neles que se ensina a magia. Nos Círculos da Lua nova e da Lua cheia compartilharão juntas a magia. Nos Sabbats, aprenderá como o grupo celebra e observa as estações e venera a Deusa e o Deus. Alguns membros do grupo podem convidá-la para almoçar ou praticar corrida com eles, a fim de conhecê-la melhor fora do círculo. A maioria dos componentes de um grupo são indivíduos de mentalidade parecidas, com interesses, preocupações e valores semelhantes. Embora cada membro tenha tido seu próprio e ímpar caminho para a Arte, é frequente que experiências semelhantes tenham configurado e dado forma à jornada de cada um: questionamento intelectual, períodos de busca espiritual, insatisfação com a vida contemporânea num aspecto ou outro, tentar outros sistemas de crença religiosa ou filosófica, abertura para suas próprias experiências místicas ou psíquicas.

Tenha cuidado com os grupos e os membros de grupos que parecem estar unicamente interessados em poder. A Bruxaria é sobre poder e pode atrair indivíduos que interpretam essa força como um meio de dominar outros. Vi muitas pessoas ao longo dos anos que quiseram se tornar Bruxos e Bruxas tão somente para satisfazer seus equivocados egos, em vez de desenvolver suas reais identidades como pessoas. Há uma diferença entre o ego e o Eu. Quando o Eu busca o poder é sempre uma força interior, nunca poder sobre outros. Em todos os tempos, cultos religiosos absorveram muitos jovens que sentem uma grande necessidade de ser dominados por indivíduos mais fortes do que eles próprios ou que querem eles mesmos manipular outros e bancar os gurus de indivíduos fracos que carecem de autoconfiança. Embora respeitemos os anciãos na Arte, não os consideramos gurus. As obrigações são repartidas. Nenhum tem poder sobre um outro. E a meta de todos os Bruxos e Bruxas é ser dotado de conhecimento e autoestima. Quem adere à Arte por razões erradas, abandona-a usualmente quando percebe que no Círculo da Bruxa ela deve se apoiar em seus próprios pés e nunca pisando os de outrem. As Bruxas respeitam a individualidade de cada um e atuam de acordo com a regra de "perfeito amor e perfeita confiança".

Uma mulher chamada Linda me procurou há alguns anos dizendo que queria se tornar Bruxa. Recebeu a minha primeira aula de Bruxaria e desapareceu. Pouco depois, era vista percorrendo as ruas de Salem numa capa negra, tentando impressionar forasteiros e turistas com sua "arte mágica". Finalmente, seu comportamento escandaloso começou dando a todas as Bruxas de Salem má reputação, e decidimos que alguma coisa tinha de ser feita para neutralizar essa influência deletéria. Fizemos um conjuro para "mudar" a situação, de modo que não causasse dano a ninguém e fosse bom para todos. Quatro ou cinco dias depois, Linda voltou a me procurar, acenando com uma carta de um namorado na Califórnia, de quem não tinha notícias há sete anos. "Adivinhe para onde estou indo", anunciou orgulhosamente. Um momento de suspense, em que não pude deixar de sorrir intimamente. "Vou para San Diego", informou. Ela está agora casada, tem vários filhos e um bom emprego, e eu suspeitaria de que não está praticando o que equivocadamente pensou ser Bruxaria.

Quando já estudou e trabalhou com um Coven tempo suficiente para convencê-los de que você é sincera, perspicaz e tem as intenções corretas, poderá então ser formalmente iniciada no grupo. Nem toda Bruxa é iniciada num Coven; algumas Bruxas solitárias, por exemplo, praticam a Arte sozinhas e podem até se autoiniciar em uma cerimônia especial a fim de se reconhecerem oficialmente como praticantes da Arte e seguidoras da Deusa. Algumas Bruxas podem se reunir com um grupo (ou grupos) em certas ocasiões, sem que sejam seus membros formais. Para a maioria das pessoas, entretanto, o reconhecimento formal por outras Bruxas é decisivo, porque a identificação com um determinado Coven revigora a nossa identidade pessoal como Bruxas.

Uma parte do meu Ritual de Iniciação é muito semelhante à de armar um cavaleiro. Em nosso Coven, cada membro traz uma tigela de terra fresca de seu jardim ou pátio e despeja-a no Caldeirão. A nova Bruxa coloca-se entre as Altas Sacerdotisas e o Caldeirão e é tocada com uma espada na testa e em cada ombro, enquanto a Sacerdotisa recita: "Eu te nomeio Bruxa. Restitua os teus conhecimentos e energia à Mãe-Terra e ao Cosmo." A iniciada empunha então a espada, coloca-a na vertical diante de seu coração e cabeça, repete a frase e depois enterra a espada, de ponta, na terra do Caldeirão. Ela é então uma Bruxa iniciada em meu Coven, as Pombas Negras de Ísis.

Posso ver no meu Livro das Sombras que levei muitos anos para organizar o meu primeiro grupo. Até então, tinha trabalhado sozinha com as minhas filhas, fazendo magia familiar. Mas os caminhos da Deusa são sempre justos e corretos para cada pessoa, e aqueles anos foram importantes em meu próprio crescimento como Bruxa praticante. Quando o momento amadureceu e os indivíduos certos se juntaram, o Coven nasceu; seu nascimento e crescimento foram repletos de alegria e intensidade. Hoje, somente umas poucas Bruxas do Coven original ainda estão juntas. Outras mudaram-se com suas famílias ou seguiram carreiras que lhes deixavam pouco tempo para o trabalho em grupo. Entretanto, muitas permaneceram em contato conosco e frequentemente alinham seus próprios rituais de modo que coincidam com os nossos e, assim, o nosso trabalho é compartilhado por outras Bruxas em vários lugares do mundo. Sempre que possível, uma ou outra Bruxa voa para Salem de outro Estado, a fim de se juntar a nós.

Requer energia e empenho ser membro ativo de um Coven, porque acabamos intensamente envolvidas em nosso trabalho e nas vidas dos demais membros. Somos um grupo de apoio e uma segunda família umas das outras. Trazemos lágrimas e risos, dores de cabeça e momentos divertidos, alegrias e esperanças para o Círculo Mágico. Quem somos e o que fazemos tornam-se parte da nossa magia, como uma teia tecida com o poder e a personalidade de cada membro. No Coven, adquirimos força umas das outras e nossas vidas enriquecem. No ano passado, nasceram dois bebês do sexo masculino em nosso Coven. Durante nove meses, foram parte dos nossos Círculos Mágicos e todas nós ajudamos a nutri-los quando ainda estavam no ventre materno. Todas fomos parteiras espirituais para esses dois belos garotinhos.

Além do trabalho espiritual e de cura, muitos Covens envolvem-se em alguma forma de trabalho externo na comunidade. Aqueles politicamente mais ativos podem se dedicar ao trabalho de *lobby* em questões de interesse social ou na educação do eleitorado. Outros envolvem-se em passeatas e atividades de protesto sobre questões de meio ambiente, como a segurança de usinas nucleares, a preservação das florestas ou a proteção dos direitos dos animais. As Bruxas urbanas podem atuar como voluntárias junto aos sem-teto em suas cidades, ou em centros de amparo à velhice, serviços de saúde e de pediatria. Os membros do Conselho de Ísis, aqui em Salem, e outros amigos nossos, participaram nos protestos contra a usina nuclear de Seabrook, em New Hampshire, e alguns membros do nosso Coven aderiram aos esforços dos voluntários para ajudar as baleias encalhadas em Cape Cod, permanecendo junto delas, cobrindo-as com mantas e ajudando-as a voltar ao mar.

Muitas Bruxas participam em atividades sociais com membros de seus Covens e suas famílias. Organizam piqueniques e jantares de confraternização ou promovem rituais públicos, como as celebrações do Mastro da Primavera (*Maypole*) nos parques da cidade ou as cerimônias do Solstício do Inverno ou da época de Yule (que coincide com as festividades natalinas cristãs), a Liga das Bruxas convida outros residentes de Salem a juntarem-se ao nosso Círculo Mágico para as celebrações da época e para contribuírem com brinquedos para o hospital de crianças local e centros de família. No Samhain, ou Halloween, meu Coven se reúne em Gallows Hill e realiza uma procissão à luz de velas e archotes até o porto para comemorar todos os que morreram pela nossa liberdade e os nossos direitos. Centenas das que se juntam à nossa marcha não pertencem à Arte, assim como nem todos os que homenageamos. É o espírito daquelas que morreram em Salem que nos move, e assim homenageamos todos os homens e mulheres cujas vidas ou mortes inspiraram outros, como Martin Luther King Jr., Gandhi e todos os que foram condenados à morte por razões políticas ou religiosas.

Algumas Bruxas pertencem a mais de um "Círculo" e podem até dizer que pertencem a mais de um Coven. Entretanto, pertencer a mais de um Coven é difícil devido à dedicação repartida. Nos Sabbats solenes é impossível estar em dois lugares ao mesmo tempo! Algumas Bruxas, porém, têm seu Coven principal, com a qual celebram os Sabbats mais importantes, e um "grupo" secundário e mais flexivelmente organizado, ou círculo de amigas, que se reúne uma ou duas vezes por mês para algum trabalho espiritual mais especializado. Desse modo, uma pessoa pode pertencer a um círculo formado por membros do mesmo sexo e fazer ainda parte de um Coven misto. Em algumas áreas, vários Covens podem se juntar nos mais importantes dias sagrados para um ritual conjunto ou para oferecer cerimônias à comunidade maior, ou "Grove"[4] onde vivem.

Quando folheio meu diário de Bruxa, vejo os nomes de pessoas que abençoaram a minha vida e os meus círculos mágicos ao longo dos anos. Algumas eram companheiras de Coven, outras compartilharam da magia conosco somente em certas ocasiões. Algumas já se foram, mas quando leio o nome de cada uma delas, recordo alguma dádiva inestimável com que contribuíram para o nosso trabalho: uma energia ou espírito, uma voz ou um senso do humor que enriqueceram nossas vidas. Sinto a falta delas.

BRUXAS SOLITÁRIAS

Nem toda Bruxa pertence a um Coven. Com frequência, em áreas afastadas, uma Bruxa podia se encontrar inteiramente só, sem ninguém com quem praticar. Algumas Bruxas optam por trabalhar sozinhas mesmo quando uma cadeia de Covens é uma possibilidade. Certa vez fiz um retiro em Maine a fim de me aproximar mais da selvática e rural região costeira,

---

4. N. do T. nome dado para grupos abertos de prática e/ou sem número predeterminado de membros.

longe do ruidoso porto de Salem e do alvoroço dos turistas. Uma tarde, quando estava sentada num pequeno chalé que era a antiga residência da Bruxa de Porpois Bay, bebendo chá e escutando as gaivotas e o vento, ouvi uma leve batida na porta. Era uma mulher de suave aspecto, chamada Janice, uma Bruxa dos seus 50 e poucos anos, cabelo grisalho e olhos azuis e ternos, que vivia na aldeia de pescadores e me vira caminhando pela praia na manhã desse mesmo dia. Janice tinha sido Bruxa a vida inteira e praticado magia sozinha, usando-a primordialmente para ajudar membros de sua família. Nunca pertencera a um grupo. Viera visitar-me justamente para conversar e trocar ideias sobre a Arte e acabamos trocando livros e chás de ervas. Passamos juntas uma tarde muito agradável. Posso até demorar algum tempo para vê-la de novo, mas a lembrança dela, vivendo e praticando sua magia ecológica e curativa na rochosa costa do Maine, nunca vai me abandonar. Janice está agora no meu Livro das Sombras – uma mulher tenaz e solitária, mas gentil, estudando a Arte por sua própria conta e praticando-a com o melhor de sua capacidade. Devia haver mais Bruxas como ela.

Algumas pessoas acham melhor praticar sozinhas, pelo menos em certos períodos de suas vidas. Mesmo um Coven que prima por suas afinidades sofre, ocasionalmente, em resultado das questões emocionais e pessoais que seus membros levam para o Círculo. E, tal como numa família unida, os problemas de uma pessoa tornam-se problemas de todas. Uma das alegrias do trabalho do Coven, entretanto, é que o grupo fornece um maravilhoso apoio para cada um de seus membros. Mas há momentos em que alguém prefere realizar a magia livre da dinâmica de grupo e das tensões interpessoais que surgem de tempos em tempos e desequilibram as energias de um Círculo Mágico. Isso é ótimo, e uma Bruxa que prefere trabalhar sozinha não deve se sentir como uma cidadã de segunda classe. Não fazemos exigências nem decretamos regras que coajam todas as Bruxas a ingressar numa Coven.

A minha filha Penny prefere fazer todos os seus rituais e sortilégios sozinha, mas ela tem uma maravilhosa habilidade para criar e desenvolver novas Bruxarias que a ajudam em sua carreira e vida pessoal. A ausência de uma Coven em sua vida não impede o seu desenvolvimento como Bruxa. A minha filha Jody, porém, faz parte do meu Coven, e todos os nossos membros se beneficiam de seu enfoque direto, poderoso e eficiente da magia.

Sempre haverá Bruxos solitários na nossa Arte, tal como há autodidatas em todos os setores da vida, e a Deusa necessita tanto da magia solitária quanto da magia em grupo. Uma das qualidades louváveis da Arte é que ela aceita e respeita aqueles indivíduos que preferem praticá-la por conta própria. Não forçamos ninguém a assistir aos rituais ou "serviços de culto" ou "reuniões de oração". Os Sabbats de plenilúnio de um solitário geram potência e desempenham um papel importante no equilíbrio das energias da Terra e atuam para o bem da sociedade, tal como aqueles rituais realizados por Covens completos. E, quando tudo está dito e feito, penso que toda Bruxa deveria, em algum momento, contemplar a Lua sozinha, com os pés bem plantados no chão, ouvindo unicamente a sua voz cantando na noite estrelada.

O CÍRCULO MÁGICO

Lançar um Círculo Mágico cria um espaço sagrado e dá início a um momento sagrado. Para muitas de nós, estar num Círculo é como voltar no tempo original ou no tempo onírico que existiu no começo do mundo. Na linguagem dos contos de fadas, colocamo-nos no instante em que o Universo principiou, o momento a que chamamos "Era uma vez". Sentimos o que Carlos Castaneda, em sua descrição da magia yaqui, chama "parar o mundo". Estamos num anel, segurando-nos as mãos, e situados "entre os mundos" da realidade ordinária e não ordinária. Todos os tempos e todos os lugares se encontram no interior do nosso Círculo, que se converte no centro do Universo para nós. Tal como o Pentáculo, somos a estrela dentro do grande círculo da vida.

Os Círculos são lugares poderosos para realizar trabalhos espirituais e curativos. Ali podemos atrair para baixo as energias celestiais da Lua, dos planetas e das estrelas, e emanar para cima os vastos fluxos de vida que emanam do interior da Terra-Mãe. Tal como Yggdrasil, o nome dado pelo povo nórdico à mágica Árvore do Mundo que une os mundos inferior, central e superior com suas vastas raízes e ramos, o anel dos nossos corpos contém Céu e Terra, e toda a energia flui através de nossas mentes concentradas e equilibradas. Num Círculo, encontramos os Deuses – essas forças arquetípicas que nunca morrem – e em alguns rituais atraímos para baixo o poder do Deus e da Deusa e, assim, convertemo-nos neles. Cantando, dançando ou tocando ritmadamente tambores, a nossa consciência ordinária desloca-se e altera-se, e a nossa percepção torna-se mais centrada em Deus. O humano é elevado; podemos ver mais claramente o significado e o desígnio que servem de esteio ao cosmo. Nesses círculos, quando a consciência está intensamente sintonizada em *alfa*, os sortilégios são muito poderosos. A magia funciona. Os resultados são espetaculares.

Ao lançar um Círculo Mágico, purificamos primeiro o espaço que vamos usar com os quatro elementos: Terra, Ar, Fogo e Água. Caminhamos ao redor da área que vai se tornar o Círculo Mágico levando conosco uma grande tigela de sal e água (representando a Terra e a Água) e um incensório (representando o Fogo e o Ar). Enquanto percorremos a trajetória do Círculo, dizemos: "Pela Água e pela Terra, pelo Fogo e pelo Ar, pelo Espírito, seja este Círculo atado e purificado como desejamos. Assim seja." Depois, a Alta Sacerdotisa, empunhando seu Bastão, caminha na direção dos ponteiros do relógio em redor do Círculo três vezes, dizendo: "Lanço este Círculo para proteger-nos de todas as forças e energias negativas e positivas que possam surgir para nos causar danos. Encarrego este Círculo de atrair unicamente as mais perfeitas, poderosas, corretas e harmoniosas forças e energias que sejam compatíveis conosco. Lanço este Círculo para servir de espaço sagrado entre os mundos, um lugar de perfeito amor e de perfeita confiança. Assim seja."

Depois, convidamos os poderes animais e os espíritos a que se juntem a nós. Do Sul, convidamos o leão; do Oeste, a águia e o salmão; do Norte, o javali, o urso, o lobo e o boi de chifres brancos; do Leste, os pássaros do ar. Convidamos essas criaturas de poder, vigor, visão, coragem e saber mágico para que adicionem suas energias ao nosso Círculo. A seguir, convidamos os Deuses e Deusas Celtas: Cernunnos, ou Cerne, o Homem Verde; o Deus Cornífero; Brigit, Deusa do Fogo, da Família e da Fertilidade; Cerridwen, Deusa da Lua e da Magia, e Feiticeira dos Deuses; Gwydion, Deus da Mágica e Supremo Druida dos Deuses: Dagda, o Pai dos Deuses, e Anu, a Mãe dos Deuses. Pedimos-lhes que nos concedam sabedoria e compreensão para os nossos trabalhos mágicos, de modo que sejam para o nosso bem e para o bem de todos.

Fazemos então a nossa magia para a ocasião. Realizamos os nossos sortilégios. Produzimos curas e rituais de renovação. Compartilhamos nossas esperanças e sonhos umas com as outras.

Os rituais do Coven são extremamente variados. Alguns são experiências dramáticas e poderosas; outros são monótonos e enfadonhos. Isso depende do espírito individual e coletivo dos participantes, da perícia e do senso teatral que a pessoa que conduz o ritual lhe incute, do entusiasmo da ocasião e da capacidade para invocar e trabalhar com as energias espirituais que o Coven atrai para o Círculo. A energia psíquica é intensificada pelo canto, a dança ou a música tocada em instrumentos de sopro, de cordas ou de percussão (flautas, tambores, tamborins, flautas pastoris e guitarras são instrumentos favoritos da nossa Arte).

Quando a energia cresce no Círculo, a líder dirige a consciência dos membros por meio do canto ou pela meditação grupal para que se concentre e se invista no objetivo ou propósito do ritual. Isso pode ser a cura pessoal de um membro do Coven ou de alguém que não está presente; ou um objetivo social, como a paz, a prosperidade da comunidade, a segurança pública, ou uma questão ambiental, como chuva, fertilidade, equilíbrio na natureza, curar os males da Terra. Em meu Coven, também usamos esse tempo e espaço sagrados para que cada membro leia um sortilégio pessoal ou expresse petições e sentimentos individuais que desejamos compartilhar com o resto do grupo.

No Ritual de Puxar a Lua para Baixo, um Alto Sacerdote e uma Alta Sacerdotisa invocam o Deus e a Deusa e recolhem em seus corpos a pura essência do poder divino em suas formas masculina e feminina. Num ritual típico, a mulher segura a Taça de vinho ou de água de uma fonte, símbolo do ventre, da plenitude e da nutrição, e o homem empunha o Athame, a sua adaga ritual, com ambas as mãos, a ponta voltada para baixo, o qual simboliza a energia e a proteção masculinas. Quando ele coloca o Athame na Taça, o casal está reencenando a união das energias masculinas e femininas que são a fonte de todas as coisas vivas. O homem traça um Pentáculo na superfície do vinho ou da água com o Athame, e o ritual de Puxar a Lua para Baixo está completo.

A presença do Deus e da Deusa encarnados nesses dois indivíduos é respeitada por todos os membros do Coven. Os dois celebrantes tornam-se então receptáculos para a inteligência total do Todo. À semelhança de oráculos, ou do que hoje se chama popularmente "canalização", o Bruxo e a Bruxa podem falar pelo Deus e pela Deusa e transmitir conhecimentos e informações ao Coven. Respondem a perguntas sobre questões pessoais nas vidas dos membros, assim como revelam insights e promovem o entendimento sobre os domínios espirituais. Nesses rituais, o Deus e a Deusa podem nos ensinar novos rituais e novos processos para a prática da magia e a realização de curas, ou podem aconselhar o Coven ou seus membros individuais sobre novos trabalhos e iniciativas que devem empreender.

Em muitos ritos, os membros do Coven repartem a tradicional "refeição" de bolos e vinho, cortando e repartindo o pão ou bolo e passando de mãos em mãos a Taça de vinho ou suco para celebrar os frutos da Mãe-Terra. Desse modo, expressamos mutuamente o nosso vínculo comum como criaturas da Terra e filhos e filhas dos Magnânimos, de quem dependemos para o alimento e o nutrimento. Também lembramos a nós mesmos nessa partilha que somos dependentes uns dos outros como irmãos e irmãs, e que devemos nos dar uns aos outros, e à sociedade, para que as pessoas possam viver e ter uma vida abundante.

Quando o ritual termina, a Alta Sacerdotisa caminha no sentido inverso ao dos ponteiros do relógio em torno do Círculo com seu Bastão, declarando que o "Círculo está agora aberto, mas não rompido", e com isso a nossa energia coletiva sai para o mundo a fim de executarmos nossas tarefas. Quando o ritual está concluído, os membros confraternizam socialmente um pouco, antes de se despedirem.

A RODA DO ANO

Os Covens reúnem-se em várias épocas durante o ano, decidindo cada um deles quando e onde se reunirem de modo que seja conveniente para seus membros. Os tempos usuais são a Lua nova e a Lua cheia de cada mês e nos oito grandes Sabbats, ou festivais, do ano. Os Sabbats consistem nos quatro dias de festa da Terra: Samhain (31 de outubro), Imbolc (1º de fevereiro), Beltane (1º de maio) e Lammas (1º de agosto), os solstícios de inverno e de verão (por volta de 22 de dezembro e 22 de junho) e os equinócios de primavera e de outono (por volta de 21 de março e 21 de setembro).[5]

Ninguém sabe que idade têm essas festividades europeias, que podem ter se originado por volta das épocas de procriação dos animais ou da

---

5. N. do T.: no Brasil as datas dos Sabbats se invertem e os dias corretos para as celebrações por aqui são Samhain (1º de maio), Imbolc (1º de Agosto), Beltane (31 de outubro) e Lammas (1º de fevereiro), solstícios de inverno e de verão (por volta de 22 de junho e 22 de dezembro) e os equinócios de primavera e de outono (por volta de 21 de setembro e 21 de março), pois estamos no Hemisfério Sul.

sementeira e colheita de culturas. A Inquisição afirmou que foram sempre festas cristãs e que as Bruxas as perverteram para seus próprios ritos. Historiadores e antropólogos modernos provaram justamente o contrário. Eram festividades pré-cristãs ou pagãs que a Igreja cristianizou. O processo de cooptar festejos mais antigos ainda prossegue. O 19 de maio era a festa céltica de Beltane, tornando-se depois os festejos de Robin Hood, para se converterem numa celebração da Virgem Maria e de São José Operário, e agora adotado pelos soviéticos para homenagear o proletariado e o poderio militar comunista. Como diz Erica Jong: "Os dias festivos tendem a sobrepor-se uns aos outros, à semelhança dos restos de civilização na Ásia Menor."

A maioria dos antigos festivais eram rituais do fogo. A palavra céltica para fogo, *tan* ou *teine*, ainda hoje é evidente em muitos topônimos britânicos, como Tan Hill, que significa Colina de Fogo. Fogueiras eram feitas em colinas e outeiros; os celebrantes levavam archotes, os participantes pulavam frequentemente sobre pequenas fogueiras ou passeavam ao redor das grandes. O fogo dava luz e calor nas noites frias e representava para os povos pré-industriais o princípio fundamental da energia pura. Numa cosmovisão panteísta, o fogo não significava meramente o poder divino, mas também o incorporava. Hoje, os rituais das Bruxas envolvem o uso de velas, lamparinas e criam fogueiras ao ar livre sempre que possível.

O conceito da Roda do Ano baseia-se no princípio de que tempo e espaço são circulares. (A física moderna só recentemente parece ter descoberto isso.) O estudo de Hartley Burr Alexander das cosmovisões ameríndias, The World's Rim, explica como o conceito das quatro direções como delimitação do grande círculo do horizonte obedece a uma certa lógica, fundamentada na estrutura vertical do corpo humano. A nossa compleição quadrangular reflete o nosso sentido corporal e também a nossa percepção do mundo físico. Por outras palavras, vemos naturalmente o espaço dividido em quatro partes: à frente, atrás, à esquerda e à direita. Como forma espacial e visual, esse esquema é natural para se compreender a Terra e a passagem do tempo. As quatro direções – Norte, Sul, Leste, Oeste – são paralelas às quatro estações – inverno, primavera, verão e outono, respectivamente. Conforme Pitágoras e outros filósofos gregos sustentaram, os números são símbolos de ordem; e assim, a Roda do Ano, com suas quatro divisões principais facilmente subdivididas por quatro pontos correspondentes, fornece a ordem das oito grandes festas da Terra e do Céu do ano das Bruxas.

RODA DO ANO DAS FESTIVIDADES DAS BRUXAS

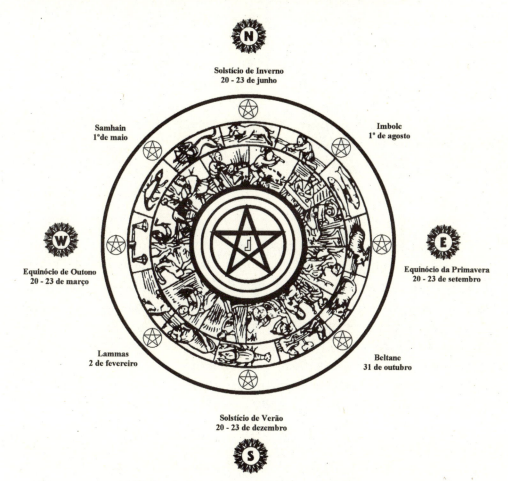

Todo fim é um começo e para as Bruxas isso é Lei.
Por onde se entra, se deve sair.

Os celtas, entretanto, perceberam um padrão ainda mais simples oculto na Roda do Ano: as duas estações fundamentais de fogo e gelo, ou verão e inverno. Na tradição céltica, o novo ano começava em Samhain, 31 de outubro, hoje chamado Halloween, que era para eles o primeiro dia do inverno. Esse dia era um momento poderoso na espiritualidade céltica, pois não pertencia ao ano velho nem ao novo. Estava entre os anos. Era um tempo entre tempo. Não só terminava o ano velho e começava o novo, mas erguia o véu entre os mundos. As Bruxas ainda acreditam que as fronteiras entre o espírito e a matéria são menos fixas nesse momento do tempo e que a vida flui mais facilmente entre os dois mundos. Os espíritos podem visitar o nosso mundo de matéria mais densa e nós podemos fazer incursões no mundo deles para nos comunicarmos com os nossos ancestrais e entes queridos. A grande permuta de energia, tão importante para manter os mundos do espírito, da natureza e dos humanos em equilíbrio, ocorre em Samhain, quando o velho ano flui para o novo. As Bruxas aproveitam esse tempo para se comunicar com o outro lado, recuperar conhecimentos ancestrais e preparar-se para o novo ano.

SAMHAIN

Samhain é a festa céltica dos mortos, venerando o Senhor Ariano da Morte, Samana (os irlandeses chamam de "a Vigília de Saman"). Mas desenvolveu-se numa celebração mais do mundo espiritual em geral do que de qualquer Deus específico, assim como da cooperação em curso entre esse mundo e o nosso de matéria mais densa. As Bruxas ainda deixam "bolos das almas" para os ancestrais mortos, um costume que se transformou na oferta de refeições aos moradores de rua e aos viajantes que se perdem nessa noite. Nos tempos antigos, acreditava-se que se as oferendas e sacrifícios corretos não fossem feitos, os espíritos dos mortos aproveitar-se-iam da abertura na costura entre os mundos para vir causar danos ou maldades aos vivos. A noite ainda retém esse ar ameaçador, mas a maioria das Bruxas não a vê tanto como uma ameaça de ancestrais infelizes do que como a chegada das potências de destruição: fome, frio, tempestades de inverno. Na Roda do Ano, Samhain marca o início da estação da morte: o inverno. A Deusa da Agricultura cede o seu poder sobre a Terra ao Deus Cornífero da Caça. Os férteis campos do verão cedem o lugar às florestas nuas.

Para celebrar esse anoitecer mágico, acendiam-se fogueiras nas *Sídh*, ou colinas das fadas, nas quais os espíritos residiam. Ali moravam os espíritos dos ancestrais e Deuses conquistados nos períodos mais remotos da história e da mitologia.

Pessoas que não participavam nesses ritos, mas não obstante temiam a presença de espíritos hostis na terra dos vivos, tentariam rechaçá-los assustando-os com máscaras grotescas talhadas em abóboras e iluminadas por dentro com velas.

Algumas dessas abóboras aterradoras parecem ser máscaras mortuárias, mas entre os celtas antigos a caveira não era uma imagem assustadora, mas um objeto de poder venerado. De fato, em certas Eras havia um culto muito difundido de caveiras entre as tribos célticas, e vastas coleções de crânios foram desenterradas em escavações arqueológicas. As modernas caveiras e esqueletos das Bruxas não são assustadores, mas um lembrete de nossa imortalidade (assim como de nossa mortalidade), porque os ossos são o que dura por mais tempo após a morte, sugerindo que a existência não termina de uma vez para sempre quando o espírito deixa o corpo. Em culturas xamânicas, uma clássica experiência de iniciação para o novo xamã era "ver" o seu esqueleto, durante um estado de transe visionário, e até assistir ao seu próprio desmembramento por espíritos amigos e ser refeito de novo – outra experiência de renascimento e nova vida que as Bruxas celebram na mais sagrada das noites.

Samhain era uma noite de morte e ressurreição. A tradição céltica diz que todos os que morrem a cada ano devem esperar até Samhain antes de atravessar para o mundo do espírito, ou o País de Verão, onde começarão suas novas vidas. Nesse momento da travessia, podem aparecer o povo pequeno, fadas e os espíritos de ancestrais que ainda têm tarefas por concluir neste mundo. Alguns ajudarão os mortos recentes a deixar o nosso mundo e ingressar no próximo; outros poderão vir para brincar e fazer travessuras. Toda vida e morte humana é parte do grande intercâmbio entre os mundos da natureza e do espírito.

Hoje, muitas pessoas tentam pescar maçãs com os dentes num vasto caldeirão ou barril; a maçã simboliza a alma e o caldeirão representa o grande ventre da vida. A noite é também um tempo para adivinhação, quando o futuro pode ser mais facilmente visto por aqueles que sabem perscrutar os dias por vir. A nova vida do ano vindouro é mais evidente nessa noite especial. Em Salem, não só adivinhamos o futuro, mas o projetamos ao vestirmos trajes que refletem o que gostaríamos de vir a ser ou vivenciar no novo ano. Também vestimos muito laranja para simbolizar as folhas mortas e os fogos minguantes do verão, assim como o negro tradicional para captar e encher nossos corpos com luz nessa época do ano em que os dias estão ficando mais curtos e existe fisicamente menos luz e calor.

YULE

O próximo festival Wiccaniano é Yule, celebrado em torno do Solstício de Inverno. Os antigos acessórios Pagãos como ramos de azevinho, hera, ramos de pinheiro, árvores iluminadas, cerveja quente e vinho temperado com especiarias, porcos assados, enormes troncos Yule, canções e presentes, ainda fazem parte das nossas celebrações. Esse é o tempo em que o sol atinge sua posição mais meridional em sua jornada anual. Quando os povos antigos observaram isso, souberam que em questão de semanas o veriam começar a nascer mais cedo e ligeiramente mais ao norte até seis meses depois, quando estaria nascendo em seu ponto mais setentrional. Apesar de que ainda estão por chegar alguns dos dias mais frios e de temperatura mais inclemente, Yule era uma época de alegria e divertimento.

IMBOLC

Em 1º de fevereiro, as Bruxas celebram no Hemisfério Norte a festa de Imbolc[6], termo arcaico que significa "em leite". É a época em que as ovelhas, se estiverem grávidas, começam a produzir leite – um sinal ainda mais certo da próxima chegada da primavera. A maioria dos povos agrícolas celebra um sinal semelhante de que o inverno está quase no fim: a seiva subindo nos bordos, o retorno de certas aves, o surgimento de uma constelação primaveril no céu do inverno, até a marmota americana buscando sua sombra. A Igreja cultua Santa Brígida por essa época, a versão cristianizada da Deusa céltica Brigit. De acordo com a tradição cristã, Santa Brígida foi a parteira da Virgem Maria e, é claro, as parteiras são um lembrete da nova vida crescendo nas entranhas e aguardando o instante de nascer.

Durante o inverno, quando as pessoas da Idade da Pedra permaneciam amontoadas em seus abrigos ou cavernas, começaram a perceber a necessidade de purificação de um modo mais direto do que durante os meses mais quentes, quando a vida era toda ao ar livre, perto de rios, lagos e

---

6. N. do T.: No Brasil a data de Imbolc é celebrada em 1º de agosto.

aguaceiros. Os ritos invernais de purificação ainda subsistem entre nós. Os cristãos celebram a Candelária a 2 de fevereiro no Hemisfério Norte para lembrar a apresentação de Jesus no templo e o ritual de purificação de sua mãe, de acordo com o ritual judaico (as mulheres eram consideradas impuras após o parto!). As candeias e velas também são abençoadas nessa época e usadas em fórmulas mágicas para a garganta em honra de São Brás, que se acreditava proteger os fiéis que iam à igreja pelos males na garganta, um achaque comum em fevereiro.

No Hemisfério Norte, fevereiro é o coração do inverno, quando os suprimentos de comida se reduzem, os caçadores podem fracassar e a lenha para as fogueiras pode se esgotar por completo. É uma época de grande necessidade de calor, abrigo, vestuário e comida. Em algumas Tradições, os celebrantes passam uma última noite banqueteando-se e divertindo-se antes de se iniciar o período seguinte de jejum e purificação. *Mardi Gras*, o Carnaval, a antiga *Lupercália* romana, a *Festa do Tolos*, ocorrem em torno desse período. As Bruxas trazem refeições comunais para suas celebrações. Damos alimentos para asilos e sopas para os pobres. Veneramos Brigit, não como a parteira da Virgem Maria, mas como a Deusa céltica do Fogo, que pode manter o fogo ardendo nas lareiras durante essas escuras e frias noites.

O EQUINÓCIO DA PRIMAVERA

No Equinócio da Primavera (ou vernal), por volta de 21 de março no Hemisfério Norte[7], tal como no Equinócio de Outono, as Bruxas celebram o grande equilíbrio e harmonia que existe na passagem das estações e nas sequências de noite e dia. É a época do ano em que noites e dias são de igual duração. Os últimos sinais do inverno estão dando lugar à primavera. O gelo derrete, os rios correm cheios, folhas começam a brotar, a grama reverdece uma vez mais, nascem os cordeiros. Nessa época do ano, os antigos povos tribais da Europa homenageavam Ostara, ou Esther, a Deusa da Primavera, que segura um ovo em sua mão e observa um coelho pulando alegremente ao redor de seus pés nus. Ela está de pé sobre a terra verde e usa flores primaveris nos cabelos. As Bruxas esvaziam ovos e pintam-nos

---

7. N. do T.: no Hemisférios Sul, o Equinócio da Primavera acontece por volta de 21 de setembro.

com cores brilhantes, fazendo talismãs para a fecundidade e o sucesso na próxima estação do verão. Iniciamos nossos jardins de flores, legumes e ervas que desempenharão um papel importante em nossos rituais, feitiços e poções.

BELTANE

Em 1º de maio são acesos os Fogos de Beltane[8] e é celebrado o grande ritual da fertilidade do Deus e da Deusa, com mastros enfeitados (*Maypoles*), música e considerável soma de folguedos nos campos verdejantes. Maio é um mês luxuriante. O quinto mês do ano expressa todos os significados sexuais e sensuais do número cinco; os sucos corporais são recarregados; sentimos subir em nós a nossa própria seiva; e os nossos cinco sentidos estão excepcionalmente aguçados e penetrantes. A natureza celebra a grande fecundidade da terra em rituais de sexo, nascimento e nova vida. Homens e mulheres também participam na exuberância da natureza ao ansiarem por unir-se e reproduzir-se. Em antigos costumes e rituais, reencenamos simbolicamente a união da Deusa e de seu jovem Deus Cornífero. E apaixonamo-nos.

Em Beltane, nos vestimos de verde para homenagear o Deus céltico Belenos. Nos tornamos o "povo verde", os pequenos Pãs com máscaras de folhagem, orelhas pontiagudas e pequenos chifres, representando a força vital da natureza, agora mais evidente do que nunca nos campos verdejantes. Acendemos fogueiras (Beltane significa "Fogo de Belenos) e pulamos sobre elas para mostrar a nossa proeza e entusiasmo com a estação que se aproxima. Nas sociedades agrícolas, maio era a época de levar o gado para seus campos de pastagem de verão, que era conduzido entre duas imensas fogueiras a fim de purificá-lo das enfermidades do inverno e de exorcizar quaisquer espíritos maléficos invernais.

No ritual, alguns de nós desempenham os papéis do jovem rei, do velho rei e da rainha dos bosques mágicos. Os nossos cortejos vívidos tornam a contar a história de como nessa época do ano o jovem rei do verão vence o velho rei do inverno e obtém a mão de sua jovem esposa, a Rainha de Maio. Ela é a Terra-Mãe, ainda jovem e viçosa, mas que em breve estará cheia

---

8. N. do T.: no Hemisfério Sul, Beltane é celebrado em 31 de outubro.

de vida e concedendo uma colheita abundante à terra. Na Alemanha, a noite da véspera do 1º de maio chama-se *Walpurgisnacht*, a noite de Santa Valpurga, a versão cristianizada da antiga Mãe Terra teutônica, Walburga.

As forças sexuais da primavera são abundantes por toda parte, popularmente chamadas de "febre de maio". Simbolicamente, celebramos as forças da estação erigindo os mastros enfeitados, ou *Maypoles*, em torno dos quais dançam os jovens de ambos os sexos, entrelaçando fitas multicores, entrelaçando-se eles próprios enquanto revestem os mastros em cores festivas. Um antigo costume diz que os vínculos conjugais estão temporariamente suspensos durante esse mês, e que traz infelicidade casar agora. Por isso ocorre a grande afluência de casamentos em junho.

NOITE DO SOLSTÍCIO DE VERÃO

Celebramos em junho[9] a noite mais curta do ano, denominada Noite do Meio do Verão, quando Puck e Pã e todos os tipos de fadas e elfos andam correndo soltos por toda parte. Com tão pouco tempo para dormir, confundimos sonhos e realidade. Esses dias e noites do Solstício de Verão estão repletos de grande poder e magia. São tempos para realizar rituais prazerosos na estação, quando a vida é mais fácil e há tantas horas de luz diurna que podemos realizar todas as nossas tarefas com tempo de sobra para repousar e nos divertirmos. É uma época de viagens e de grandes festivais ao ar livre, para dormir, cozinhar e comer a céu aberto. Viajamos para nos visitarmos reciprocamente e convocar todas as "tribos" da Tradição Pagã para que venham e se divirtam unidas.

LAMMAS

Quando agosto se avizinha, vemos sinais da primeira colheita e as Bruxas celebram esses primeiros frutos na festa de Lammas[10]. O nosso Círculo ritual é uma expressão de gratidão e de reconhecimento à terra por sua

---

9. N. do T.: no Hemisfério Sul, o Solstício de Verão acontece em dezembro.
10. N. do T.: no Hemisfério Sul, Lammas é celebrado no dia 1º de fevereiro.

abundância, e pedimos que todas as criaturas vivas possam compartilhar dela. É a "Festa do Pão" e sempre colocamos pão fresco, recém-saído do forno, em nossos altares para Lammas. Veneramos as grandes Deusas dos grãos, como Ceres e Deméter. Usamos flores nos cabelos, especialmente flores amarelas para simbolizar a cor do sol quando está em seu apogeu. Em algumas Tradições, essa é a festa de Lughnasadh, celebrando o grande Deus guerreiro celta, Lugh. Em sua honra, fazemos jogos e organizamos eventos esportivos. As competições atléticas têm por objetivo celebrar a plenitude da vida, o vigor e a boa saúde de que as pessoas gozam mais no auge do verão do que em qualquer outra época do ano.

EQUINÓCIO DO OUTONO

Restando apenas três meses mais no calendário céltico, os povos Pagãos trabalham arduamente para a colheita que ainda está por fazer, seja de milho e feno dos campos, ou dos projetos e metas pessoais que planejamos para os meses de verão. Quando o sol atravessa o Equador rumo ao o Sul no Equinócio de Outono, celebramos de novo o magnífico equilíbrio que a Roda do Ano em sua eterna rotação nos promete. Esses equinócios são grandes momentos de que os dias sombrios do inverno, assim como os inebriantes dias do verão, são temporários, de que todas as coisas têm suas estações e nenhuma durará para sempre. A lei da polaridade e do ritmo requer que todas as coisas sejam equilibradas por seus opostos. Nesses dias sagrados, os nossos ancestrais alinham-se psíquica e espiritualmente e equilibram-se no fluxo e refluxo da vida.

À medida que o inverno, primavera, verão e outono vão passando, as Bruxas ainda se religam ao permanente fluir da vida; fazemos nossos planos e assistimos ao seu desenvolvimento. Se alguns deles não frutificam, tentamos de novo. Passamos por tempos de júbilo e mágoa, crianças nascem, idosos morrem e passam para o Outromundo. Todo evento na vida está repleto de propósito e significado. Cada dia, noite e estação tem seu próprio caráter especial. Os rituais nos ligam aos grandes e pequenos dramas do ano, e ao maior ciclo vital. Nós nos unimos ao caráter e ao espírito de cada estação que passa e fazemos magia para transformar nossas vidas, dando-lhes uma profundidade e uma expansividade que, sem rituais e celebrações, jamais alcançaríamos. Até o mais humilde ritual aproveita o momento de poder e mudança, e o celebrante tem parte em algo que é maior do que ele. Alguns diriam que, nesses momentos de êxtase, estamos realmente fora de nós mesmos, e o Deus e a Deusa em nosso íntimo, tornam-se mais brilhantes, mais poderosos e tocamos o Todo.

ALTARES

Toda Bruxa tem um altar onde são colocados um Pentáculo, velas, pedras sagradas, um Bastão, um Athame, incenso e Turíbulo, bem como outros objetos sagrados e pessoais. Com frequência, diverte-me relembrar quantos altares diferentes construí ao longo dos anos. Alguns deles eram altares cerimoniais criados para Círculos, outros eram altares permanentes em minha casa. Toda Bruxa tem um altar em algum local de sua casa. Houve tempos em que vivi em pequenos apartamentos e não podia ter um altar permanente, por isso usava a mesa da cozinha. Hoje tenho um pequeno armário com gavetas e portas para guardar Bastões, velas, pergaminho e outros objetos sacros. No meu quarto de dormir conservo uma espécie de minialtar sobre o toucador, com uma vela cor-de-rosa, um cristal de quartzo, incenso, um Bastão e uma Taça com um jardim de cristal. Esse minialtar é montado para atrair o poder do amor e aumentar a autoestima. Muitas Bruxas usam um toucador ou cômoda para seu altar principal, e o espelho de qualquer desses móveis torna-se o espelho mágico da Bruxa. Embora o ideal seja ter um altar especial, por vezes num quarto reservado apenas para o ritual, a maioria das Bruxas não dispõe de espaço. Mas qualquer lugar que se escolha e designe para ser um espaço sagrado, assim o será.

O incenso é um poderoso instrumento de magia para o espaço sagrado de uma Bruxa, porque a fragrância é um dos meios mais rápidos para alterar a consciência e ingressar num modo sagrado de percepção. A maioria dos grupos espirituais e religiosos usa alguma forma de incenso em suas próprias cerimônias. No momento em que cheiramos incenso de ervas, como olíbano ou mirra, alguma coisa muda em nossa atenção e as distrações do dia começam a desaparecer, de modo que poderemos nos concentrar no trabalho sagrado em curso. Uma doce fragrância impregna o recinto, purifica o ar, cria um espaço sagrado. Com o tempo, o aroma associa-se ao ritual, exatamente como pode ter sido associado no passado a uma igreja ou templo.

As velas também são importantes itens no altar. Uma vela contém todos os elementos: Terra, Ar, Fogo, Água. Este é um simples, mas poderoso instrumento. Tal como o incenso, uma vela acesa altera o estado de espírito de um recinto. Algumas tradições dizem que a vela atrai os bons espíritos.

A magia da vela nos permite iniciar um sortilégio e deixar uma presença viva, física, sobre o altar enquanto nos ocupamos de nossos afazeres. A chama está viva, queimando dia e noite, enviando nossas intenções como luz que toca outra luz em todos os níveis e viaja para qualquer lugar ou à pessoa designada. Católicos e anglicanos adotaram essa prática em suas igrejas, e uma vela é ainda um modo habitual de protegerem suas intenções muito depois de terem rezado. Uma vela continua para nós a nossa vigília. Escolhemos as cores de nossas velas de acordo com uma tabela de correspondências a fim de atrair as influências planetárias corretas. "Vestimos" a vela inscrevendo talismãs, sinais mágicos ou símbolos na cera com uma faca ou outro instrumento adequado, e depois a ungimos com um óleo apropriado. Só então a incumbimos de irradiar as nossas intenções.

Podemos ter tantas velas quantas desejarmos em nosso altar para manter a nossa magia funcionando enquanto estamos fora, fazendo outras coisas. Sempre que passamos pelo altar durante o dia, o brilho da vela chamará a nossa consciência de volta para o propósito de nosso sortilégio e a luz da vela atuará como um laser para concentrar a energia das nossas intenções. Quando adequadamente carregada, uma vela tem sua própria energia para realizar o trabalho de magia.

Em todo altar de Bruxa existe um Athame, uma faca de dois gumes com um punho preto que é usada como um Bastão. Sua ponta funciona de modo muito semelhante ao topo de uma pirâmide; a energia concentra-se na ponta da lâmina e corre por ambos os gumes para a mão e o braço da pessoa que a usa. Do mesmo modo, ele pode dirigir a energia do corpo para a atmosfera. Algumas Bruxas só usarão seus Athames para trabalhos rituais (lançar Círculos, carregar a água da fonte numa Taça, cortar ervas, gravar velas); outras Bruxas usam o Athame para trabalho de "cozinha" e, de fato, podem usar uma faca de cozinha de dois gumes como seu Athame.

A tradição de usar utensílios domésticos como instrumentos rituais remonta à Era das Fogueiras, quando as Bruxas podiam ser perseguidas por ter instrumentos mágicos em casa. Foi então necessário escondermos as nossas ferramentas de trabalho mágico camuflando-as entre objetos domésticos ou simplesmente usando esses objetos. Um pau de vassoura servia, assim, como Bastão ou Vara Mágica. Uma de minhas amigas Bruxas que vive com sua família cristã usa uma colher de pau de sua cozinha como Bastão. Um de meus alunos, que trabalha na construção civil, porta com ele um saca-rolhas especial que encarregou de ser o seu Bastão.

Os Bastões podem ser de qualquer tamanho, desde os pequenos com a espessura de um lápis, até os grandes Bastões de um metro e meio a dois metros de comprimento. Usualmente, são feitos de madeira ou metal; ambos os materiais são bons condutores de energia. Cada madeira ou metal tem suas propriedades especiais, por isso é conveniente ler sobre elas antes de selecionar a espécie de Bastão que se quer usar. Eu possuo diversos Bastões feitos de materiais diferentes. Um Bastão prolonga o nosso braço para que a energia possa ser dirigida para muito além de nós próprios. Ele atua como um laser na medida em que concentra energia e a dirige para um lugar específico. Um Bastão de dois metros dirigirá a energia por sobre as cabeças dos membros do Coven colocados em Círculo, de modo que o Círculo Mágico seja traçado do lado de fora do anel dos corpos. Algumas Bruxas gostam que seus Bastões tenham exatamente a altura delas, podendo então inscrever símbolos ou inserir pedras mágicas em cada uma das pontas do chakra (pontos de poder) que se alinham com os chakras de seus próprios corpos.

Há um debate em curso na Arte sobre o que é melhor: um Bastão que se encontra ou que nós mesmos fazemos, ou um que se compra na loja. Uma amiga minha estava indo a um Shopping Center local a fim de comprar um Bastão e, depois de percorrer todas as lojas de antiguidades e boutiques de presentes onde pensou que talvez pudesse encontrar o que queria, desistiu. Nada lhe satisfazia. Quando retornou ao seu carro, notou que a porta estava entreaberta e lembrou-se de que, quando saiu apressada e bateu a porta atrás de si, ela soou como se não tivesse ficado bem fechada. Sobressaindo da porta do carro estava um galho nas perfeitas dimensões da que pretendia para seu Bastão. Ela decidiu que sua "saída às compras" tinha sido um êxito. Simplesmente o Bastão que lhe apareceu não era para ser encontrado no Shopping Center, mas no estacionamento. A Deusa cuidará de que cada um receba o Bastão certo!

Pontos dos chakras

Pode-se comprar Bastões dispendiosos, com incrustações de gemas e cristais, por até 2.000 a 3.000 dólares numa loja de artigos de Bruxaria; a maioria dos Bastões é, porém, muito mais barata. Não há nada de errado em gastar dinheiro com instrumentos de magia. Artistas que praticam a Arte da Magia fazem artigos maravilhosos, e comprá-los ajuda o sustento de nossos irmãos e irmãs. Muitas Bruxas vasculham lojas de antiguidades em busca de Bastões, Athames, Cálices ou Turíbulos. Faz parte da nossa Arte, creio eu, reciclar o que é antigo e venerável. Os objetos sagrados de tempos antigos são bons lembretes de quem somos e de onde viemos. Pode ser divertido sair à procura de instrumentos. As Bruxas seguem seus instintos na descoberta de instrumentos mágicos, percorrendo atalhos e caminhos que elas pressentem ser os lugares certos para descobri-los. Bruxas estão ligadas ao Universo de um modo especial e o Todo sabe do que necessitamos. Assim, somos propensas a deixar que os instrumentos venham até nós, tanto nos estacionamentos de Shopping Centers quanto em florestas ou em lojas de artigos de segunda mão.

CRISTAIS, PEDRAS E METAIS

Folheando o meu Livro das Sombras, surpreendo-me ao ver como algumas tradições e práticas da nossa Arte se tornaram populares nos últimos 20 anos na cultura geral, em virtude de um renovado interesse pela metafísica e pelas mais antigas formas de espiritualidade. As pessoas costumavam entrar em minha casa, em anos idos, e comentar que eu devo realmente gostar de colecionar rochas e cristais. Isso as deixava usualmente perplexas. Os empregados de uma empresa de mudanças me perguntaram certa vez se eu tinha colocado rochas em algumas das caixas que eles estavam carregando no caminhão. Respondi-lhes que sim e eles abanaram a cabeça, incrédulos. Hoje, penso que menos carregadores abanariam a cabeça. As mesmas pedras e gemas que estavam no meu altar hoje passaram a ser assunto de livros populares, e muita gente as está colecionando. Agrada-me ver isso e dar-me conta de que a maioria das pessoas reconhece que os cristais não são apenas joias, mas condutores de energia, que foi o seu papel tradicional em culturas tribais.

Os cristais têm sido importantes objetos de poder em toda parte do mundo em que são encontrados. O cristal é provavelmente a "pedra branca" que os Druidas usaram na Europa Ocidental. Na Califórnia, cristais de quartzo foram encontrados em sítios arqueológicos que se pensa serem cemitérios pré-históricos datando de cerca de oito mil anos. Os cristais de quartzo têm uma longa história de uso por xamãs e videntes para aumentar sua capacidade de ver espíritos, adivinhar o futuro, sondar o passado e fazer contato com os outros mundos. Uma experiência clássica de Bruxa é fazer uma Alta Sacerdotisa inserir psiquicamente cristais no corpo dela para proteção e poder. Nos nossos Círculos Mágicos, projetamos psiquicamente cristais para ampliar o nosso poder. Nos tempos modernos, descobrimos que, em virtude de os cristais conterem voltagem elétrica, eles são altamente valiosos em rádio, eletrônica e computadores. Qualquer pessoa pode experimentar o poder deles levando dois cristais para uma sala escura e submetendo-os a tensão ao friccionar ou golpear um contra o outro com alguma força. Se conjugarem da maneira correta, centelhas saltarão deles.

Os cristais contêm a energia elétrica que pode ser extraída para comunicação (lembra dos velhos aparelhos de rádio de cristal?), curar, expressar amor e preparar-nos para o êxito no trabalho ou na vida. Muitas Bruxas colocam um cristal em seus Bastões, o que reforça a capacidade do Bastão para concentrar e dirigir energia. Também os usamos em poções e em cordões em torno do pescoço, de modo que ficam acima do chakra do coração. Os cristais constituem um bom presente quando selecionados para um fim e uma pessoa específicos.

Muitas anotações no meu Livro das Sombras envolvem experimentos que eu e outras Bruxas fizemos com cristais. Nós os "plantamos" em nossas hortas na primavera e vemos crescer verduras abundantes e sadias. Colocamos cristais nos quatro cantos de nossos lares para proteção. E quando colocados sobre as partes doentes do corpo, presenciamos rápidas recuperações.

Bruxas usam cristais como joias, junto a outras gemas dotadas de poderes mágicos. As joias são um modo de ter magia sobre o nosso corpo sem que ninguém o saiba, exceto os que estão na intimidade dos processos da Arte da Magia. De modo geral, as joias de uma Bruxa são usadas porque dirigem a energia para várias partes do corpo. Diferentes pedras e metais possuem a capacidade de curar e de aliviar a dor. O cobre, por exemplo, alivia a dor da artrite quando suas propriedades curativas entram em contato com as regiões atacadas. O cobre é governado por Vênus e usado para o amor do indivíduo a si mesmo, o que o ajuda a se curar. As gemas sempre foram usadas em partes do corpo desde os tempos antigos. Hoje, as pessoas ainda as usam, mas sem compreender inteiramente suas propriedades especiais. Um bom livro sobre gemas e pedras preciosas ajuda a fazer uma seleção mais inteligente para colares, brincos, braceletes, anéis, alfinetes e fechos de cintos.

Mesmo sem um conhecimento consciente de pedras, cada um de nós é ainda assim atraído para certas gemas, frequentemente devido a sua cor, formato ou textura. Quando nos perguntam por que favorecemos tal ou tal pedra, limitamo-nos usualmente a rir e a dizer alguma coisa como "Sempre gostei dela". Num nível mais profundo, porém, somos atraídos para certas pedras, porque sabemos, inconscientemente, que elas satisfazem alguma necessidade física ou espiritual pessoal. O costume de usar amuletos da "sorte" remonta a essa profunda verdade: o espírito ou energia das pedras pode proteger, curar ou simplesmente nos fazer sentir melhor.

CÍRCULOS DE PEDRA E OUTROS SÍTIOS SAGRADOS

Pedras especiais e disposições especiais dessas gemas sempre representaram um grande fascínio para as Bruxas e magistas. Nos antigos tempos, as Bruxas designavam os altares ao ar livre por um anel de pedras em torno de uma colina de terra, localizada, sempre que possível, à margem de uma falha geológica. Colinas espirituais e anéis de fadas ainda são encontrados nos campos britânicos e de outros países, e até mesmo os Estados Unidos têm alguns lugares que não foram muito devastados desde os tempos dos pioneiros, quando os primeiros colonos, trazendo com eles antigos hábitos da Arte, construíram colinas especiais, ou altares. Aqui, já encontraram, é claro, as rodas de medicina e as colinas sagradas construídos pelos povos indígenas dos quais as tribos ameríndias descendem. Existe uma tendência recente entre os nativos para construir novas rodas de medicina para cerimônias rituais, e americanos não nativos também adotaram essa prática num esforço conjunto para nos reconsagrarmos e reconsagrar a terra. As Bruxas também fazem Círculos de Pedra ou "plantam" cristais em forma de anel numa área arborizada ou num pátio. No meu altar, eu tenho muitas pedras de vários lugares sagrados de todo o mundo e de locais especiais que visitei.

A Terra inteira é sagrada e tem poder, mas certos lugares foram reconhecidos desde os mais remotos tempos como pontos de incomuns concentrações de energia, que se concentra ao longo de falhas geológicas. A ciência moderna mediu a concentração nos campos eletromagnéticos à sua volta. As Bruxas realizam peregrinações a esses sítios sagrados para efetuar rituais a fim de erguer o véu entre os mundos (frequentemente o véu de nossa própria cegueira humana) e extrair a energia sagrada ali presente. Campos de intensa energia magnética, falhas geológicas e vulcões – lugares onde a Terra está misteriosamente ativa e é perigosa – sempre atraíram os humanos, quer estes tenham ou não consciência da presença de divindades. São, com frequência, lugares de incrível beleza, como Delfos na Grécia ou o Monte Shasta na Califórnia ou os Montes Negros na Dakota do Sul. Hoje, grandes cidades como São Francisco e Nova Iorque estão construídas sobre zonas de falhas, e grandes concentrações de energia humana também ali se captam.

Lugares sagrados e lugares de grande poder e beleza naturais atuam como magnetos sobre as sensibilidades humanas, estimulando a alta criatividade e a intuição espiritual.

Há provas científicas de que sítios sagrados têm poder num nível psicofísico. Investigações recentes mostraram que as tradicionais fontes sagradas e águas curativas no sudoeste americano contêm lítio, um moderno psicofármaco que atua como estabilizador em episódios maníaco-depressivos. Alguns lugares sagrados contêm rochas com altas cargas de minério de urânio, o qual estimula a produção de íons negativos no ar, dando à pessoa uma sensação de bem-estar. Os cientistas também apuraram que, quando as pessoas mergulham em fortes campos eletromagnéticos, começam a se harmonizar com eles. Os campos que têm as mesmas frequências eletromagnéticas que as ondas alfa cerebrais, associadas à criatividade e ao relaxamento, exercem um efeito físico direto sobre o nosso estado psíquico de ser. Em alguns locais, as elevadas concentrações de energia eletromagnética produzem halos em torno dos picos das montanhas, quando se caminha através deles, os nossos cabelos ficam literalmente em pé. Sentimo-nos carregados de energia. Como esses lugares estão de tal modo investidos de energia da Deusa, as Bruxas visitam-nos para inspiração e para ligação com os nossos ancestrais que ali se dedicaram à magia.

MAGIA HERBÁCEA

Ervas e plantas constituem a base para a maior parte de nossos medicamentos hoje em dia, e sempre desempenharam um papel importante nas curas naturais em qualquer cultura. Lamentavelmente, a civilização humana está destruindo as florestas úmidas e grandes matas da Terra num ritmo alarmante, antes que a imensa maioria de ervas, raízes, cascas e flores medicinais seja sequer descoberta e catalogada, muito menos antes que possamos descobrir para que doenças e achaques elas poderiam fornecer a cura. Será o nosso tratamento de câncer, AIDS, doença de Alzheimer e outras sérias doenças indefinidamente protelado porque estamos pilhando, queimando, saqueando e devastando os meios de cura antes mesmo que eles sejam descobertos? Para não mencionar os efeitos calamitosos que a nossa violação das florestas tem sobre a saúde da biosfera!

Embora o valor medicinal e nutritivo de ervas tenha sido muito discutido em anos recentes, o conhecimento de uma Bruxa inclui outro aspecto muito importante a herbalismo – o poder psíquico dos herbalistas para captar a energia invisível da erva. Toda planta tem uma aura, a carga invisível de energia que existe em torno de todas as coisas. É a luz refratada e refletida proveniente de impulsos elétricos, calor e vapor do objeto. Ou, por outras palavras, é simplesmente luz dançando em torno, dentro e fora de todas as coisas. Cada erva tem uma aura ou carga de energia que pode afetar pessoas, lugares e coisas de várias e sutis maneiras. A antiga sabedoria sempre viu correlações entre a astrologia e as ervas, manifestando a influência planetária como cor e luz que interatua com a aura da planta. Dizemos que a erva é "regida"' por um determinado planeta, porque a luz que é refletida e refratada do planeta (ou planetas) está contida nessa erva. (Ver Apêndice.)

A raiz de bardana e o açafrão são dois exemplos ilustrativos. A raiz de bardana é governada por Saturno, Urano e Vênus. Sob a influência de Saturno, pode ser usada para disciplina; de Urano para comunicar ou divulgar alguma coisa ou promover alguém; de Vênus, a raiz de bardana governa o amor sexual, a amizade, o dinheiro, o crescimento, a sementeira, a fertilidade e é auspiciosa para iniciar novos projetos. O açafrão, que é governado por Júpiter, ajuda a alcançar metas, conseguir sucesso, armazenar energia, influenciar pessoas em altas funções e desenvolver as nossas naturezas espirituais. O manjericão, governado por Vênus e Netuno, e encontrado em quase todas as cozinhas, é uma das mais antigas ervas conhecidas em poções de amor. Seu aroma e paladar agradável são populares em molhos e realçam o sabor de muitos alimentos. Mas o verdadeiro segredo do manjericão reside no nível de energia contido em sua aura, o que produz uma sensação cálida e afetuosa no corpo humano.

No capítulo 7 informaremos mais a respeito de ervas, como carregá-las e usá-las em poções e sortilégios.

ADIVINHAÇÃO

Nos meus primeiros tempos de leitura de cartas de Tarô, registrei as sessões com clientes em meu Livro das Sombras, anotando quais leituras decorreram sem incidentes, quais delas ofereceram dificuldades e se foram bem-sucedidas ou fracassaram. Eu estava ainda aprendendo a arte do Tarô e como lidar com homens e mulheres que me procuravam com perguntas acerca de suas vidas pessoais. Era uma experiência que nos dá um sentimento profundo de nossa humildade, servir ao próximo como canal de informação sobre algumas das mais importantes questões de suas vidas. Lentamente, adquiri confiança em minha capacidade para ler para outros e aprendi como apresentar-lhes o que eu via nas cartas sem alarmá-los a respeito de coisas ruins e nem os levar a excitarem-se demais acerca das boas. Cumpre-nos alertar o cliente para os danos potenciais sem projetar a informação de modo que venha a ser verdade. Toda Bruxa tem a obrigação moral de falar a verdade e, no entanto, deve proteger seus clientes de preocupações exageradas ou inconvenientes.

Quando penso nas milhares de pessoas que me consultaram para leituras, não posso deixar de meditar com humildade sobre o papel que uma Bruxa pode desempenhar nas vidas de tanta gente. E tenho perfeita consciência de que sou apenas o elo atual de uma sucessão contínua de Bruxas que remonta ao longo da história, desde a Idade do Gelo e até mais longe. As pessoas sempre procuravam o feiticeiro ou a feiticeira na tribo ou na aldeia quando estavam em apuros, quando precisavam obter conhecimentos ou quando estavam dominadas pelo medo ou dúvida. Lançamos runas ou varetas secas, lemos presságios nos formatos das nuvens, ouvimos respostas a perguntas no sussurro dos ventos no arvoredo ou no som da água caindo sobre pedras. Com a capacidade de alterar a consciência, Bruxas e videntes têm desvendado os mistérios da vida para muitas pessoas.

Hoje, o instrumento favorito para a adivinhação é o baralho de Tarô, que eu concebo como uma chave de computador para a psique. Embora existam muitas espécies de baralhos, datando de há várias centenas de anos, cada um deles contém as imagens e os padrões arquetípicos que falam a partir do inconsciente coletivo. Apesar de diferenças regionais e culturais – e o estilo único que cada artista confere ao baralho que está desenhando –, o Tarô é um instrumento coletivo. O significado de cada carta foi elaborado ao longo dos séculos, quando adquiriu a sabedoria coletiva de nossa cultura em suas numerosas imagens, cores e formas. Hoje, cada carta contém uma carga de energia capaz de penetrar nos domínios psíquicos de significado que estão enterrados no inconsciente, onde passado, presente e futuro se encontram. Cada carta cria energia para o cliente e para o leitor. Alguns professores de metafísica sustentam que o baralho de Tarô contém o conhecimento universal e é o livro da vida, o único livro de que se necessita para solucionar todos os mistérios e adivinhar todas as indagações acerca do Universo.

Outra palavra usada para divinação é a "vidência". Nas tradições célticas, a adivinhação era chamada de "visão". Uma pessoa não necessita de um baralho de cartas ou de uma bolsa de runas para adivinhar. Qualquer coisa serve: penas, voo de aves, pedra, nuvens, as ondulações num lago ou poça de água, as folhas de chá no fundo de uma xícara, as linhas na palma da mão, a refração de luz numa bola de cristal, o tremular de chamas, a deriva da fumaça. Algumas pessoas nasceram com a "visão"; outras desenvolveram-na, por vezes no decorrer de muitos anos, praticando a Ciência da Bruxaria.

A técnica de adivinhação é muito simples, mas nem sempre fácil de aperfeiçoar. Enquanto num estado levemente alterado de consciência, o adivinho espera um sinal ou movimento na pedra, na água ou nas chamas, ou o que estiver sendo usado. E quando finalmente ocorre algum movimento, o objeto de adivinhação responde com um presságio ou sinal. Os principiantes podem não entender imediatamente o significado do sinal, que poderá ser um símbolo e exigirá estudo. Existem muitos e excelentes livros sobre símbolos e seus significados universais que são proveitosos para um principiante. Com o tempo, é claro, cada pessoa aprende o que os símbolos universais significam para ela e como interpretá-los para cada cliente ou questão. Quando registramos os símbolos e meditamos sobre eles num Livro das Sombras, seus significados tornam-se mais claros.

Comecei lendo os objetos que os clientes selecionam de uma grande cesta de amuletos, contendo chaves antigas, conchas, cristais, moedas estrangeiras, escaravelhos de cerâmica, um ovo de malaquita verde, uma pedra lunar, cobre bruto, uma corrente esculpida em pedra e outros objetos. Cada pessoa escolhe os objetos que revelam alguma coisa importante que estava ocultas no inconsciente ou que parece "certa" no momento. Adivinhando com eles e observando a combinação de objetos enquanto num estado mágico de consciência, obtenho muito boas leituras das importantes questões e indagações na mente do indivíduo.

Por que é que as Bruxas dão boas videntes? Qualquer um pode "ler" cartas, mas as Bruxas adquiriram uma reputação muito merecida por numerosas razões. Historicamente, quando a Igreja proibiu os cristãos de fazer trabalho de adivinhação (porque isso ameaçava a autoridade do clero), somente as Bruxas e as ciganas continuaram praticando a arte da adivinhação. Como pessoas à margem da cultura geral dominante, a consciência delas não estava tão condicionada pelas categorias principais do pensamento. Seus pensamentos transcenderam o lugar-comum. Com frequência é necessário ter uma perspectiva levemente distinta para se ver um significado mais profundo nos eventos da vida de uma pessoa, tal como se apresentam nas cartas, runas ou folhas de chá.

Outra razão é que as Bruxas estão bem treinadas no uso de símbolos – em sortilégios, rituais, instrumentos mágicos e práticas espirituais. O talento básico requerido na leitura de cartas, runas ou o *I Ching* é um conhecimento operacional de símbolos. Acreditamos que todo conhecimento é alcançável porque se manifesta por meio de símbolos e metáforas que atuam como uma espécie de chave para os vastos domínios da informação e da sabedoria armazenados no inconsciente. Existem muitas chaves, e um baralho de Tarô é uma delas.

As Bruxas também são competentes no tratamento do fluxo de eventos ao longo do tempo. Sabemos, por nossas experiências em estados alterados de consciência, que o passado e o futuro não existem, exceto no presente (discutiremos a razão científica para isso no próximo capítulo). Só o presente tem poder para nós. Ler cartas de Tarô é um modo de concentrarmos o passado e o futuro num tempo e espaço presentes, onde as perguntas dos clientes encontram suas respostas. Quando alguém chega com perguntas sobre o passado e o futuro, damos as cartas ou as espalhamos confiantes em que podemos ver a informação que o cliente procura. Também sabemos que ele conhece igualmente as respostas e que somos meramente os catalisadores que ajudarão a pessoa a extrair esse conhecimento de sua mente mais profunda, onde aguarda o momento de ser conscientemente conhecido.

Ferramentas, círculos mágicos, bolsas de ervas, sortilégios escritos em pergaminho, uma vela ardendo silenciosamente no meu altar – a Arte dos Sábios é um caleidoscópio de magia e poder em constante mudança. No entanto, sob todos os seus acessórios e equipamentos, a Arte é sempre feita por gente de carne e osso vivendo suas vidas, ora de um modo fácil e bem-sucedido, ora com esforço e luta. Um dos consolos que a Arte me proporcionou, como a leitura do meu Livro das Sombras sempre me relembra, é que nunca estou sozinha. Estou rodeada de ferramentas da magia, símbolos e talismãs da Deusa e do Deus, o amor e o interesse de minhas irmãs e meus irmãos na Arte. Todos estamos fazendo a Grande Obra, cada um à sua própria maneira. No próximo capítulo, irei mostrar como e por que a nossa Obra realmente funciona.

5
A CIÊNCIA DA BRUXARIA

Em meados da década de 1970, a *National Geographic* enviou um de seus melhores fotógrafos, Nathan Ben, para cobrir uma reportagem sobre o verão na costa da Nova Inglaterra. Ele fez uma parada em Salem. Era o mês de junho, a época do Solstício de Verão. Nathan perguntou se lhe permitiríamos fotografar o Ritual do Solstício de nosso Coven, algo que nunca tínhamos consentido antes. Dissemos-lhe que sim, na condição de que mantivesse a câmera fora do Círculo e fotografasse apenas a partir de seu perímetro. Ele concordou e assim foi feito. Na conclusão, ele solicitou que déssemos um passo atrás a fim de bater uma foto do grupo. Abrimos o Círculo e Nathan Ben penetrou na área que tínhamos carregado de energia do Sol e do planeta Júpiter.

As fotos reveladas mostraram um fenômeno insólito. Cada uma das 36 fotos batidas durante o ritual mostrou áreas de luz azul, aumentando de extensão e intensidade a cada foto. Na fotografia final do grupo a luz azul ramificava-se em 12 raios fulgurantes, cada um dos quais seguindo até um membro do Coven. Nos dois meses seguintes, o Instituto Kodak enviou investigadores para perguntarem se eu poderia explicar o que tínhamos feito ali. Eu podia sim explicar, porque a Bruxaria é uma ciência baseada em causa e efeito. Lamentavelmente, como pesquisadores modernos, programados para não acreditar em magia como parte da vida, não puderam reconhecer o processo controlado do nosso ritual e, por conseguinte, foi-lhes impossível entendê-lo. O que ouviram era, para eles, uma deslavada bobagem, e zombaram da minha explicação.

O que eu lhes disse foi o seguinte: naquele solstício, o Sol tinha se alinhado com o planeta Júpiter e nós tínhamos entrado num estado *alfa* para fazer um sortilégio, a fim de que, no ano seguinte, mais pessoas compreendessem a verdadeira natureza da Bruxaria como uma ciência que pode ser usada para curar o Planeta. Alimentávamos a esperança de que a energia de Júpiter, a qual governa pessoas colocadas em posições elevadas, influenciasse homens e mulheres que têm capacidade para realizar reformas significativas. Demos as mãos num Círculo, transferindo a luz azul de Júpiter para os nossos corpos, a fim de que também nós tivéssemos mais influência. Como uma espécie de resposta ao nosso sortilégio, a luz azul de Júpiter apareceu na sala e foi captada na fotografia. Foi isso o que aconteceu e o que disse ao pessoal da Kodak. Nos nossos termos, era simples causa e efeito. Eles ficaram confusos, em consequência de suas noções preconcebidas sobre o que é real e o que é fantasia. Semanas depois, entretanto, eles voltaram e pediram-me que explicasse de novo.

Finalmente Nathan apareceu para me mostrar pessoalmente as fotos e para me dizer que o filme tinha passado por todos os testes possíveis e imagináveis a fim de determinar se a luz azul tinha sido eletricidade estática. Não era. Para que se tratasse de alguma forma de interferência elétrica, as condições climáticas teriam que ter sido secas e frias, semelhantes às da Antártida – não o dia de verão abafado e úmido de Salem. Após intensivos exames, os peritos concluíram que a luz azul estava realmente na sala. A piada corrente no Instituto Kodak era: "Bem, o que será que essas Bruxas estão escondendo debaixo de suas túnicas?"

A maioria das pessoas são muito resistentes a aceitar a magia, porque foram condicionadas desde a infância por uma cosmovisão racional, produto do hemisfério esquerdo do cérebro, no qual os velhos métodos da magia não fazem o menor sentido. Nos escritórios editoriais da *National Geographic* eclodiu uma polêmica sobre imprimir a foto com a luz azul viva. Uma parte dos editores argumentava contra a publicação com base em que a prestigiosa revista não podia validar o que chamavam "Magia Negra" e "Ritual Satânico". Um segundo grupo levou a melhor, argumentando que a foto era histórica e deveria ser publicada, mas para acalmar os céticos, a legenda para a foto incluiu o usual repúdio da mídia: "As Bruxas afirmam que a luz está na sala."

Desde então, os cientistas "descobriram" que Júpiter emite sua própria luz. Com o tempo, descobrirão também que ela é azul.

LUZ

Não consegui convencer os investigadores do Instituto Kodak – ironicamente, uma indústria baseada nos princípios da energia da luz! – de que o meu Coven trabalha com os mesmos princípios. De fato, muito do que eu lhes disse tem sido exaustivamente discutido por físicos e autores científicos em livros como *O Tao da Física*, por Fritjof Capra, e *The Looking Glass Universe* e *Synchronicity: The Bridge Between Matter and Mind*, ambos de F. David Peat. Estes são apenas três dos muitos e excelentes livros que tratam das novas e excitantes descobertas da física subatômica, escritos em atenção ao leitor leigo comum. Um dos mais valiosos livros sobre o assunto, que eu indico como leitura obrigatória a todos os meus alunos, é *Stalking the Wild Pendulum*, por Itzhak Bentov.

Em todas essas obras é demonstrado que o universo físico, tal como descrito pelos físicos contemporâneos, e o universo espiritual, conforme descrito por místicos e sábios de todos os séculos, são notavelmente semelhantes. Em suma, o que estamos descobrindo é que o universo físico e o universo espiritual operam baseados em princípios paralelos que, em última análise, podem ser idênticos. Como explica F. David Peat, as mais recentes descobertas científicas sugerem que a matéria não é mera matéria. Escreve ele: "Em vez de a natureza estar reduzida ao material, a noção de material foi ampliada a regiões de indefinida intangibilidade" (o grifo é de Peat). Por outras palavras, existem qualidades intangíveis, como padrão e significado, implícitas no que parece ser matéria sólida. E subjacentes aos domínios materiais e mentais, estão padrões de informação. A conclusão dessa estupenda descoberta é que existe uma unidade vital no Universo. Diz Peat: "...aí se desdobram harmonias que se estendem por todos os domínios mentais e materiais na forma de padrões e conjunções significativos que atuam como indícios da unidade essencial de toda a natureza."

Portanto, a questão é como ter acesso e trabalhar com esses padrões de informação. E a resposta é, por intermédio da luz. A descoberta de que no nível subatômico todas as coisas materiais são compostas de energia e radiação reforça o que as Bruxas sempre souberam a respeito das coisas físicas – ou seja, que elas irradiam energia. Elas emitem auras. Ervas, pedras, pano, água, animais, a Terra inteira, a Lua e a galáxia irradiam energia. Todas as coisas emitem, refratam e refletem luz. Por "luz" não entendemos apenas aquele espectro de luz visível ao olho humano, mas os raios X, ultravioletas e infravermelhos, o radar, a mesma energia eletromagnética encontrada nas ondas de rádio e televisão. O ponto fundamental é que a energia luminosa está em toda parte e a ciência está descobrindo que tudo o que existe é composto de luz.

Outra descoberta perturbadora dos físicos do século 20 é que o Universo é metamórfico. De acordo com a teoria quântica, a energia subatômica exibe as características de ondas e de partículas, mas não ao mesmo tempo, ou seja, ora assume a forma de ondas, ora a de partículas. Embora as duas manifestações da energia pareçam ser contraditórias, não o são. Elas simplesmente indicam a natureza metamórfica da realidade. Como diz Fritjof Capra, esses "conceitos da teoria quântica não foram fáceis de aceitar, mesmo depois que sua formulação matemática tinha sido completada. Seu efeito sobre a imaginação dos físicos foi verdadeiramente devastador." Imagino que fosse! Os resultados de seus estudos exigiram uma definição radicalmente nova do Universo. O próprio Einstein ficou aturdido com suas implicações. Confessou ele: "Foi como se o chão tivesse sido arrancado debaixo de meus pés, sem que se visse em parte algumas fundações firmes sobre as quais fosse possível construir." A conclusão essencial é que a matéria sólida não existe tal como se nos apresenta. As partículas de que os objetos são feitos não se comportam como os objetos sólidos da física clássica, como uma cadeira ou mesa, por exemplo. As partículas subatômicas são entidades abstratas, e o modo como se apresentam e comportam depende de como as olhamos. Ora atuam como partículas, ora como ondas. O fator determinante é como a nossa consciência as percebe. E essa natureza dual também é exibida pela luz e todas as outras formas de radiação eletromagnética.

Uma revelação ainda mais recente é a teoria quântica do campo, a qual substitui completamente a noção tradicional de que as partículas sólidas e o espaço que as circunda são separados e distintos. O campo quântico, segundo Capra, é "a entidade física fundamental: um meio contínuo que está presente em toda parte no espaço." Portanto, os objetos só lidos são apenas condensações temporárias de energia que entra e sai nesse campo. Isso é muito semelhante ao que os sábios orientais dizem acerca de "forma" e "vazio" serem a mesma coisa. O que parece ser um vazio pode produzir um objeto que é composto do mesmo material do vazio onde aparece. E a consciência é uma parte tão integrante desse processo, que alguns físicos, como Geoffrey Chew e Eugene Wigner, perguntam-se se a consciência não poderia ser essencial para a "coesão do todo". Por outras palavras, a inteligência deixa de ser apenas um traço humano para converter-se num aspecto essencial do Universo inteiro.

Finalmente, os físicos sustentam e confirmam um entendimento do Universo que as Bruxas sempre possuíram e, ao fazerem isso, eles tornaram imensamente mais fácil para nós explicar a nossa magia. Como diz Peat, "O Universo promana de uma fonte criativa... a partir da qual se desenvolvem as ordens da consciência e o mundo material. O núcleo desse movimento e hierarquia de níveis é o significado" ou conhecimento. A consciência em todas as suas formas – humana, animal, vegetal ou espírito – está no âmago do Universo. A consciência, por sua vez, está no âmago da magia e constitui a razão pela qual o seu poder realmente funciona. Por outras palavras, a consciência de uma Bruxa pode efetuar mudanças no mundo físico (ou nos mundos mental e emocional), porque, com base no que sabemos de experimentos subatômicos, o que vemos e como se comporta depende da nossa participação, do nosso esforço, do nosso envolvimento. Supunha-se antes que os cientistas eram meramente observadores do Universo que prestavam atenção e relatavam o que viam. A nova física reprova isso. Os cientistas são participantes ativos, mesmo quando pensam que estão apenas observando. Como diz o físico John Wheeler, "A velha palavra "observador" tem que ser simplesmente riscada dos livros e devemos inserir em seu lugar a nova palavra "participante". Desse modo, passamos a perceber que o Universo é um Universo participatório."

A mente humana é verdadeiramente poderosa, porque é participante, não mera observadora e registradora. A nova física rechaçou a noção cartesiana que dominou o pensamento científico desde o século 17 – a de que o espírito e a matéria são dois domínios separados e distintos. Não são. Como diz Capra, o Universo é "um todo dinâmico inseparável, que inclui sempre o observador de um modo essencial." Não existe descontinuidade entre mente e matéria, nem descontinuidade entre humanos e natureza. Por essas razões, a crença das Bruxas em que o pensamento pode ser projetado no Universo e ter um impacto sobre a realidade externa é perfeitamente compreensível. As projeções pensadas podem se tornar realidades externas, porque não existe separação entre realidade mental e realidade externa.

Nossas mentes podem captar informação de qualquer parte do Universo, porque todas as coisas emitem luz. Até mesmo os buracos negros, segundo parece, emitem partículas luminosas, de acordo com o físico de Cambridge, Stephen Hawking. Embora nada possa escapar ao campo gravitacional de um buraco negro, o seu chamado "horizonte dos eventos", afirma Hawking existir luz no núcleo dessa escuridão aparentemente profunda. E assim como todas as coisas exibem seus padrões de informação e significado quando irradiam energia e emitem luz, nós "observamos" e "participamos", e quando interagimos compartilhamos da energia, do conhecimento e do significado inerentes em toda coisa criada. Todas as coisas estão interligadas, como os sábios e os místicos em todas as tradições religiosas estiveram dizendo durante milhares de anos. Pelo nosso envolvimento ativo na natureza, determinamos o que a natureza é; tomamos as coisas físicas e as convertemos em energia; tomamos a energia e damos-lhe a forma de coisas materiais. Por outras palavras, fazemos magia.

AS LEIS DA BRUXARIA

Nem todos se puseram em dia com a nova física, e isso inclui muitos cientistas. Peat lamenta: "Paradoxalmente, os cientistas ainda não apreenderam as mais profundas implicações de seu próprio objeto de estudo." Muitas pessoas ainda pensam que ciência e magia se opõem mutuamente, sendo a ciência concreta, prática e real, e a magia abstrata, fantasiosa e imaginária. Contudo, nada poderia estar mais longe da verdade. Para os Magos e as Bruxas versados e treinados nos velhos métodos de nossos ancestrais, magia e ciência são fios iguais de poder, tecidos na mesma trama da vida. Sempre foi assim. A magia e as ciências naturais são aliadas e juntas formam a ciência da Bruxaria.

A nova Tradição da Ciência que fundei e venho ensinando em Salem há mais de 20 anos, baseia-se na antiga sabedoria e nos mais recentes desenvolvimentos da física teórica. Combina a nova ciência com as antigas leis da magia, hoje largamente esquecidas, e não ensinadas, por certo, nos sistemas escolares do século 20, com sua prevenção contra o antigo e o sagrado. Usar a ciência como uma abordagem da Bruxaria fornece aos meus estudantes uma sólida base onde se apoiarem. Alguns professores apresentam as nossas práticas e crenças em termos de arte ou religião ou psicologia ou mitologia, e tais critérios têm seus méritos, mas em algum ponto, os estudantes vão inevitavelmente querer saber "como a magia funciona". A ciência é o nosso país; é onde nos sentimos em casa. Apesar das fascinantes, quase inacreditáveis descobertas no nível subatômico, a ciência descreve um mundo coerente.

A Tradição da Ciência baseia-se nos princípios herméticos que são paralelos aos princípios da nova física. Têm suas origens nos ensinamentos de Hermes, conhecido dos egípcios como Thoth, e dos romanos como Mercúrio. Os filósofos neoplatônicos referiram-se a Hermes como "Logos" ou "Verbo-de-Deus-Feito-Carne", e os cristãos aplicaram a Jesus imagens desde há muito associadas a Hermes. Na realidade, Hermes parece ter sido um Deus indo-europeu universal que ensinou astrologia, alquimia e as muitas práticas mágicas que estão no cerne da Bruxaria. Ele parece ter ensinado as verdades universais por toda parte, pois surge até entre os nativos americanos como os ardilosos Deuses Corvo, Coiote e Lebre.

Das sementes intelectuais que ele lançou na consciência humana há tantos séculos, brotaram as ciências modernas da astronomia, química e física.

Pitágoras era versado nos princípios herméticos, tal como os Druidas. Os romanos pensavam que os Druidas tinham recebido sua instrução das Leis Herméticas de Pitágoras, mas provavelmente foi o oposto. Provas mais recentes evidenciam que Pitágoras tinha sido instruído pelas Sacerdotisas Druidas da Trácia. Na Idade Média, o Deus aparece como Hermes Trismegisto, o Três Vezes Sábio, e é através dessa encarnação que derivamos as 7 Leis Herméticas.

Não me surpreende que os físicos modernos estejam verificando os antigos princípios herméticos, pois todas as Bruxas sabem que as relações de terra, mente e espírito, conforme ensinava Hermes, estão radicadas em fato científico.

Os cientistas, que não incorporam suas aptidões psíquicas em seu trabalho a par de sua proficiência racional, tiveram que percorrer penosamente muitos séculos para redescobrir em seus próprios termos as Leis do Universo que as Bruxas conhecem intuitivamente ou lhes foram ensinadas pelos mais velhos em nossa Arte.

Quando falo da Bruxaria como ciência, uso a palavra "ciência" em sua mais estrita forma. A Bruxaria é um sistema baseado em hipóteses que podem ser testadas sob condições controladas. Os sortilégios mágicos ou feitiços são experimentos passo a passo que produzem resultados estatísticos dos quais podemos derivar as nossas taxas de êxito. As ciências físicas mantêm que uma taxa de êxito de 32% estabelece a validade de uma hipótese. Quando ensino ciência da Bruxaria baseada nas Leis Herméticas, os experimentos dos meus alunos mostram uma taxa de êxito de 50% e, com frequência, de 75% a 90%. Por outras palavras, podemos verificar quantas vezes e em que condições o diagnóstico psíquico pode ser realizado, com que frequência uma poção de amor funciona ou que efeito uma Vara Mágica ou um cristal tem sobre o resultado de um sortilégio ou de um ritual. Levamos em conta os ingredientes físicos usados, a data e a hora, as condições meteorológicas, as considerações astrológicas e o estado psicológico ou ânimo da pessoa que faz o sortilégio, porque o experimentador é parte integrante do experimento e, como os novos físicos atestam, afeta o desfecho do experimento.

As 7 Leis Herméticas são a base da Bruxaria. Tal como as leis da ciência física, essas leis formam um sistema que pode ser estudado por quem estiver disposto a se esforçar e a dedicar tempo à prática.

A Lei do Mentalismo. O primeiro princípio hermético é o do mentalismo, o qual estabelece que o Universo é mental, ou a Mente. Como explicado em *O Caibalion* (um claro e conciso tratamento das Leis Herméticas, escrito por três filósofos herméticos anônimos), mentalismo significa que "todo o Mundo ou Universo fenomenal é simplesmente uma Criação Mental do TODO... e que o Universo... tem sua existência na Mente desse TODO". Outra maneira de dizer isso é que tudo existe na mente do Deus ou da Deusa que nos "pensa" para a existência. Toda a criação é composta a partir da Mente Divina, pois a Criação principiou como uma ideia da Mente Divina e continua a viver, a mover-se e a ter seu ser na Divina Consciência. F. David Peat nos diz que as descobertas científicas sugerem agora algo muito similar de que: "Os fenômenos do mundo material têm seu esteio numa ordem generativa e formativa chamada 'inteligência objetiva'." Em *Stalking the Wild Pendulum*, Bentov diz: "O Universo e toda a matéria são consciência em processo de evolução." As Bruxas diriam que essa inteligência objetiva, essa consciência em evolução, é a Mente da Deusa.

Os físicos subatômicos descobriram em seus laboratórios que a "substância" básica do Universo – matéria e energia – é realmente a informação. Aquilo que Peat chama de "informação ativa", ou informação codificada nas estruturas do DNA que forma e modela toda a vida criada. E assim encontramos leis, princípios e informação codificados em todos os cristais, plantas, rochas, gotas de água ou cintilações de vela.

Todo o conhecimento existe na Mente Divina, a qual constantemente flui e reflui em nossas mentes, porque nossas mentes individuais não estão separadas da Grande Mente que nos criou. É claro, não estamos conscientes de "todo o conhecimento" em qualquer momento dado, porque seria uma tarefa exorbitante para nós manuseá-lo e processá-lo. Acabaríamos loucos. Os cinco sentidos e o cérebro humano atuam tanto como filtros quanto como fontes de informação. Eles bloqueiam uma considerável soma de estimulação diária a fim de impedir que sejamos esmagados por todos os conhecimentos que nos bombardeiam de minuto a minuto. Sem filtrar muitas das vistas, sons, cheiros, até ideias, não seríamos capazes de nos concentrar nas tarefas específicas em mãos. Mas sob as condições corretas, podemos moderar esse processo de filtragem ou até desligá-lo e, naqueles momentos de consciência alterada (explorados no capítulo 6), o conhecimento universal torna-se acessível. Abrimo-nos para a Mente do Todo. Deixamos o conhecimento entrar. Deixamos a luz entrar. Estamos iluminados.

A LEI DA CORRESPONDÊNCIA. O segundo princípio hermético é a Lei da Correspondência. "Como acima, é abaixo; como abaixo, é acima." Este é um dos mais importantes princípios da Bruxaria, porque nos lembra de que vivemos em mais de um mundo. Vivemos nas coordenadas de espaço-tempo que percebemos no exuberante plano físico, mas também vivemos num domínio sem espaço nem tempo que é independente do universo físico. Místicos e físicos sabem disso. A nossa perspectiva presa à Terra frequentemente nos impede de enxergar os outros domínios acima e abaixo de nós. A nossa atenção está usualmente tão concentrada no microcosmo que não nos apercebemos do imenso macrocosmo à nossa volta. O princípio da correspondência nos diz que o que é verdadeiro no macrocosmo é também verdadeiro no microcosmo e vice-versa. Portanto, podemos extrapolar conhecimento e sabedoria do conhecido para o desconhecido. Podemos aprender as grandes verdades do cosmo observando como elas se manifestam em nossas próprias vidas. Do mesmo modo, podemos aprender a nosso próprio respeito estudando os mundos turbilhonantes em qualquer outro nível, seja no nível subatômico da matéria e da energia, seja no nível espiritual de anjos e divinas epifanias. Quer ergamos os olhos para as vastas extensões do espaço exterior, quer os baixemos para os vastos espaços internos entre as partículas subatômicas, descobrimos as mesmas verdades e princípios básicos.

Os físicos estão descobrindo a Lei da Correspondência na natureza holográfica do Universo. Um holograma é uma foto criada pela luz de dois feixes de laser: um banha o objeto a ser fotografado, o segundo projeta a luz do primeiro. A interferência desses dois feixes é captada num filme. Quando o filme revelado é iluminado por um terceiro feixe de laser, o objeto original aparece em três dimensões. Por outras palavras, um holograma é criado pela interação turbilhonante de luz de laser. A característica notável de um holograma é que, se for fragmentado num número qualquer de peças, por menores que sejam, a imagem original não é despedaçada, mas duplicada no número de peças que existir. Cada holograma é menor do que o original, mas não perdeu quaisquer detalhes. Cada parte contém um todo completo, porém menor.

As novas definições de espaço e tempo derivadas pela física moderna indicam que cada partícula de matéria contém todas as outras. Por mais surpreendente que isso possa parecer, meramente confirma a Lei da Correspondência: em cada partícula (cada microcosmo) está o resto do Universo (o macrocosmo). Pensando sobre hologramas, o físico David Bohm foi levado a sugerir que, em algum nível profundo de realidade, as partículas não existem como entidades separadas, mas são meras extensões da substância fundamental do Universo, que é holográfica e indivisível. Os místicos e alguns poetas intuíram isso muito antes da física moderna. Escreveu William Blake:

> Para ver o mundo num grão de areia
> E o céu numa flor silvestre.
> Contenha o infinito na palma de sua mão,
> E a eternidade numa hora.

Os hologramas podem finalmente nos ajudar a entender aparições espectrais. Um fantasma pode simplesmente ser um holograma – uma imagem retida num determinado lugar, como uma miragem, sem as substâncias físicas que a constituem. Certa vez eu estava viajando no Death Valley e vi um velho trem correndo pelo deserto e vomitando grossos rolos de fumaça negra. Era uma daquelas velhas "marias-fumaças" que não estavam em uso há gerações. O mais extraordinário é que não existiam ali vias férreas. Eu sabia não estar com alucinações causadas pelo deserto escaldante, porque 15 pessoas que viajavam comigo também viram o trem. De algum modo, a imagem de um trem real de muitos anos atrás ficou retida nesse tempo e lugar e tornou-se visível nesse dia particular. "Como então, é agora" é outra aplicação da Lei de Correspondência.

Eventos históricos podem se imprimir nos campos quânticos em que ocorrem. Um determinado tempo, espaço e evento pode ser "captado" ou "fotografado", por assim dizer, nos campos de energia universal. Mais tarde, a imagem desse evento nesse tempo e lugar pode reaparecer quando a mesma configuração de energia luminosa se repete no lugar onde foi impressa pela primeira vez. O General George S. Patton, por exemplo, podia ver e ouvir batalhas travadas séculos atrás quando caminhava por antigos campos de batalha. É possível que tais manifestações não estejam vinculadas ao seu local original. Se o Universo é tão fluido e interdependente quanto a ciência moderna sugere, e funciona de maneira holográfica, qualquer evento poderá reaparecer em qualquer lugar onde a energia luminosa original tenha sido reativada ou "invocada", para usar uma expressão da magia. Com prática, a mente treinada pode fazer precisamente isso, usando de costume um instrumento como uma bola de cristal ou espelho de Bruxa para focalizar a atenção da vidente e concentrar a energia. Fixando o olhar num cristal ou espelho (ou qualquer outro meio que reflita e refrata a luz) podemos captar imagens de eventos que ocorreram em outras partes do mundo e em outros tempos.

A Lei da Correspondência também dirige as Bruxas para os instrumentos e ingredientes mais apropriados para "ver" e produzir sortilégios. Embora a energia e a informação sejam reproduzidas em todos os planos e níveis da existência, e toda a infinitude esteja contida em cada flor, como diria Blake, a informação e o poder específicos tendem a se concentrar naqueles lugares com os quais têm uma relação natural. Por outras palavras, certas ervas, gemas, lugares, atividades e ferramentas ativam a energia luminosa específica com que estão naturalmente associados. Na tradição herbalista, por exemplo, certas plantas e ervas contêm ingredientes ou qualidades específicos que correspondem a fins específicos. A cor é uma dessas correspondências. As ervas de floração amarela são governadas pelo sol e sua energia cura males que exijam luz solar. As florações roxas da alfaia e azuis-arroxeadas da alfazema são regidas por Urano, as cor-de-rosa por Vênus, as vermelha por Marte, e assim por diante. Os poderes associados a esses planetas podem ser ativados usando a cor apropriada. As Bruxas usam uma tabela de correspondências para encontrar os componentes corretos (cores, ervas, gemas e outros ingredientes) para seus sortilégios e rituais.

No entanto, mesmo sem uma tabela ou lista, podemos descobrir a correspondência correta a partir da própria natureza. As plantas podem contar-nos os seus segredos, porque padrões de informação estão codificados nelas. A informação irradia da planta em sua aura ou campo de energia. Uma Bruxa ou ervanário sensível pode atrair essa inteligência para a sua mente.

George Washington Carver podia fazer isso. Ele tinha uma espantosa relação com as plantas e era famoso por ser capaz de curar plantas enfermas. Quando lhe perguntavam como realizava esses milagres, respondia: "Todas as flores falam comigo e também as centenas de pequenas coisas nos bosques. Aprendi o que sei observando e amando todas as coisas." Carver levantava-se às 4 horas da madrugada para percorrer os bosques, escutando as plantas, porque achava "as horas escuras e calmas de antes do nascer do sol" a melhor hora para dialogar com a natureza. Boa parte de seus conhecimentos técnicos como horticultor e químico provinha de sua capacidade para extrair verdades científicas das próprias plantas. Uma tarde, ele perguntou à planta do amendoim: "Por que o Senhor te fez?" Num estado visionário, a resposta cruzou sua mente num relâmpago: "Compatibilidade, temperatura e pressão." A partir disso, Carver passou a descobrir os muitos usos para o amendoim.

Certa vez, perguntaram a Carver como se convertera num estudioso tão sagaz da natureza. Ele respondeu: "Os segredos estão nas plantas. Para obtê-los é preciso amá-las o suficiente." Quando indagaram: "Além do senhor, quem mais pode fazer essas coisas?", Carver disse: "Todos podem, desde que acreditem." O grande botânico entendeu a Lei da Correspondência: nas simples coisas cotidianas reside a sabedoria e o conhecimento do Universo. As verdades estão acima de nós e abaixo de nós, se quisermos apenas olhar. "Quando toco nessa flor...", disse Carver certa vez, "...estou tocando no Infinito... Através da flor, falo para o Infinito... Isso não é um contato físico. Não está no terremoto, vento ou fogo. Está no mundo invisível. E aquela vozinha suave e calma que convoca as fadas."

São fadas? São as plantas? São os astros? Ou é a voz que ouvimos no vento? Videntes e adivinhos diferem sobre que instrumentos usar, mas o princípio holográfico subjacente é o mesmo: eles, tal como Carver, permitem que o conhecimento e a informação ascendam à consciência. Eles trabalham com uma mente holográfica e um universo holográfico, descobrindo que o que é conhecido em cima pode ser conhecido embaixo.

A **Lei da Vibração**. O princípio hermético da vibração diz que todas as coisas se movimentam e vibram com seu próprio regime de vibração. Nada está em repouso. Dos sistemas solares às partículas subatômicas, tudo é movimento. Em *O Tao da* Física, Fritjof Capra explica que todos os objetos materiais do nosso meio ambiente são feitos de átomos e que a "enorme variedade de estruturas moleculares... não é rígida e imóvel, mas oscila de acordo com as respectivas temperaturas e em harmonia com as vibrações térmicas de seu meio ambiente." A matéria não é passiva e inerte, como nos pode parecer no nível material, mas cheia de movimento e ritmo. Ela dança.

Os cientistas mediram vibrações em laboratório com instrumentos sensíveis que podem detectar padrões de radiação, mas pessoas leigas realizaram experimentos simples com seus próprios meios procurando água ou metais com um Pêndulo ou uma Vara Mágica. O escritor inglês Colin Wilson explica em *Mysteries* que um pêndulo oscilará num maior ou menor arco dependendo da espécie de informação que está captando. O famoso rabdomante inglês T. C. Lethbridge calculou quantas polegadas um pêndulo oscilaria para várias qualidades e depois localizou-as num mapa de círculos concêntricos. Finalmente, determinou os comprimentos de arco para coisas materiais e conceitos abstratos, como amor, ódio, prata, enxofre, ouro, até morte e tempo. Wilson sugere também que os eventos se imprimem num determinado local e um rabdomante proficiente captará as vibrações desses eventos ou objetos estampados mesmo anos depois.

Matéria e energia não só emitem movimento vibratório, mas, de acordo com cientistas modernos, *são* movimento vibratório. Por causa disso, podem ser calculados os índices eletromagnéticos para estruturas moleculares, incluindo as ondas cerebrais em vários estados de atividade mental. As ondas cerebrais correspondem a vários estados de consciência. *Alfa*, por exemplo, representa um regime de 14 a 7 ondas por segundo, o que ocorre quando sonhamos, meditamos ou realizamos trabalho de transe. As ondas *beta* correspondem a estados de alerta e intensa atividade mental. As ondas *teta* ocorrem durante o sono profundo sem sonhos. Examinaremos a importância das ondas cerebrais em relação à Bruxaria no próximo capítulo.

A fotografia Kirlian é outro modo de medir o campo vibratório em torno de objetos. O campo de energia ao redor de plantas, rochas, inclusive o corpo humano, pode ser captado em fotografias especialmente reveladas. Estudos de fotografia Kirlian revelaram um interessante fenômeno a respeito dessas auras. Uma planta que foi recentemente podada continuará emitindo a aura do galho ou folha que desapareceu, o que indica que algumas perturbações vibratórias no campo em torno de um objeto subsistem mesmo depois que o objeto físico deixou de existir. Em outras palavras, o objeto físico imprime sua concentração única de energia no campo que o circunda. Talvez seja por isso que o General Patton podia ouvir e ver exércitos lutando estrondosamente em campos de batalha vazios e o pêndulo oscilante do rabdomante indicará medo e morte num local que testemunhou outrora cenas de violência. A intensa energia emocional e física consumida no decorrer de uma carnificina, estampa-se no meio ambiente. Nenhum evento está perdido no Universo. As vibrações emitidas são eternas. Como Itzhak Bentov diz em *Stalking the Wild Pendulum*, "nós somos seres pulsáteis num Universo vibrante em movimento constante entre o finito e o infinito." Existem algumas provas de que quanto mais intensa for a energia emocional, maior impacto a aura terá no campo energético circundante. Por exemplo, a fotografia Kirlian mostra que a aura em torno das mãos de curandeiros se intensifica durante uma sessão de cura.

As Bruxas sempre souberam que os objetos emitem energia. Também acreditamos que vibrações e auras afetam as mentes e os corpos de outros e influenciam situações. O velho conceito *hippie* de "maus fluidos" e "bons fluidos" não era simples fantasia. Enviamos mensagens e informações pela energia que irradiamos. Eu creio que os estudos de parapsicologia mostrarão finalmente que a base de todas as mensagens telepáticas é essa transferência, ou movimento, de conhecimentos de mente para mente através de ondas luminosas invisíveis.

A LEI DA POLARIDADE. A polaridade é a chave do poder no sistema hermético. Como *O Caibalion* postula, tudo é dual; todas as verdades são meias-verdades; tudo contém o seu oposto; os extremos tocam-se; e todo par de opostos pode ser reconciliado. Saber isso é a chave para fazer o Universo trabalhar para nós em vez de contra nós. Nas palavras de *O Caibalion*, "os opostos são realmente apenas dois extremos da mesma coisa, com muitos e variáveis graus entre eles."

A ciência moderna opera com esse mesmo princípio. Capra chama à unificação de opostos "uma das mais surpreendentes características" da nova realidade. No nível subatômico, as partículas são destrutíveis e indestrutíveis; a matéria resulta ser contínua e descontínua; e energia e matéria são, simplesmente, aspectos diferentes do mesmo fenômeno. Os cientistas, assim como os leigos, tiveram que repensar sua definição de realidade para incorporar o fato de que o que parece ser irreconciliável pode, na verdade, reconciliar-se.

O físico Niels Bohr chama a isso de o princípio de "complementaridade", o qual estabelece que a energia deve ser descrita como partículas e como ondas. Cada descrição é correta, mas só parcialmente correta, e ambas são necessárias para uma imagem completa da realidade. O próprio Bohr sugeriu com frequência que o conceito de complementaridade seria útil fora do campo da física. Provou certamente sua utilidade para expressar as grandes verdades espirituais de todas as idades. Somente por paradoxo os grandes mestres espirituais foram capazes de transmitir suas profundas intuições sobre a natureza íntima das coisas. Disse Jesus que os primeiros serão os últimos e os últimos os primeiros, e que só perdendo a vida ela será salva. Lao Tzu escreveu:

> Curva-te, e permanecerás ereto.
> Esvazia-te, e permanecerás cheio.
> Gasta-te, e permanecerás novo.

As Bruxas usam o princípio de complementaridade, ou polaridade, tal como se manifesta em cargas positivas e negativas. Sabemos que a carga em qualquer coisa pode ser alterada. Nada é fixo. Todos os objetos, estados de ânimo e estados mentais têm polos positivos e negativos, à semelhança daqueles circuitos elétricos entre os quais a energia passa. Muitos sortilégios nada mais são do que a transferência de energias positivas e negativas dirigidas pela consciência. Estamos simplesmente trabalhando com as leis da natureza do modo mais intenso e profundo.

É estimulante saber que a energia vital flui num contínuo entre polos opostos e que nunca nos detemos em qualquer ponto do contínuo. Temos o poder de avançar ou recuar, converter o ódio em amor, o medo em coragem, a dúvida em fé. Aprendendo a "caminhar em equilíbrio", como dizem os índios americanos, podemos impedir que nossas vidas sejam dominadas por qualquer extremo. Com o tempo, passamos a reconhecer o ponto médio entre esses extremos e a nos centrarmos e nos equilibrarmos. *"No meio está a virtude"*, diz um antigo provérbio romano, e a palavra latina *virtus* significa força, vigor. O centro é uma posição forte, porque contém ambos os polos.

É onde vivenciamos a reconciliação de forças opostas, e a reconciliação é a porta para se vivenciar a unicidade com todas as coisas. Nada é mais forte do que isso.

A Lei do Ritmo. Sabemos pela física e pelas Leis Herméticas que tudo está em constante mudança e em constante movimento, e que a realidade se compõe de opostos. A Lei do Ritmo proporciona-nos um importante vislumbre sobre como esses opostos se movimentam. Eles se movem em círculos. Tal como as ondas no oceano, o movimento linear que parece avançar contém realmente milhões de gotas de água, cada uma das quais rodopia em círculos. Uma vez mais, o paradoxo dos opostos. As coisas não são o que parecem!

As coisas recuam e avançam, descem e sobem, entram e saem. Elas fluem e refluem. Mas também giram em círculos e espirais. O ritmo é o movimento medido entre extremos. Como ensinam os sábios orientais, todos os opostos fluem juntos e interpenetram-se, tudo se convertendo continuamente em seu oposto. No dizer do filósofo grego Heráclito, porque tudo está em perpétua mudança, tudo está num contínuo estado de "vir a ser", uma interação *cíclica* de opostos. Chuang Tzu, o filósofo chinês, disse que a própria essência do Tao era o fato de que "aquilo" e "isto" deixam de ser opostos "no centro do círculo que responde a infinitas mudanças". O poeta T. S. Eliot chama de "o ponto morto do mundo em mutação". Mas o "ponto morto" é difícil de realizar, visto que, como nos diz *O Caibalion*, "o pêndulo do ritmo... oscila sempre primeiro para um polo e depois para o outro." Algumas histórias da Criação nos dizem que o criador insuflou o sopro de vida na matéria e a vida começou. Isso não é mera metáfora, pois os astrofísicos estão hoje falando sobre a expansão e contração do Universo. Todo o Universo inspira e expira, lentamente, durante uma eternidade de tempo. Respirar é um processo circular, medido pelo ritmo de inspiração e expiração. A Lei do Ritmo nos assegura que cada ciclo busca sua completação, que a Grande Roda da Vida, embora girando eternamente, está sempre completando um ciclo. A Bruxaria nos treina para encontrarmos o nosso lugar nesse fluxo e nos ensina como dirigir essa energia. É um princípio fundamental da filosofia hermética que a vontade humana pode dominar as forças que nos cercam, mesmo quando trabalhamos com elas. Diz *O Caibalion*, "O pêndulo oscila sempre, embora possamos escapar de ser levados com ele." O segredo consiste em aprender a dirigir a nossa própria energia e a nos dominarmos primeiro.

Para entender as três leis – vibração, polaridade e ritmo –, talvez uma analogia possa ser útil. Considere-se a circulação sanguínea no corpo humano. A vibração é o pulso ou o regime de fluxo medido pela quantidade de sangue que passa num determinado ponto a cada tantos minutos. A polaridade é a direção em que o sangue flui em qualquer ponto dado, isto é, distanciando-se do coração ou regressando a este. O ritmo é a natureza cíclica do fluxo que assegura sempre ciclos completos.

As Bruxas vivem intimamente e em harmonia com os grandes ritmos naturais: as alternações de dia e noite, os padrões atmosféricos em permanente variação, a mudança gradual de uma estação para a seguinte, o perpétuo movimento da vida através de nascimento, crescimento, decrepitude, morte e renascimento. Capra nos informa que "o ritmo de criação e destruição é não só manifesto na mudança das estações e no nascimento e morte de todas as criaturas vivas, mas também a própria essência da matéria inorgânica". A própria essência da realidade, poderíamos acrescentar. Assim como vivemos com a Grande Roda da Vida e da Morte no macrocosmo, também sabemos que ela está igualmente girando no microcosmo de cada molécula. Como não há observadores passivos, a nossa observação das mudanças sazonais é também participação ativa. Observamos e participamos com as fases da Lua, testemunhamos a ascensão e queda das marés da Terra e sentimos as marés em nossos próprios corpos. Meditamos sobre a estrutura cristalina presente em todas as coisas e sabemos que cada fase de crescimento leva à estabilização e, finalmente, à decomposição. E da decomposição surge nova vida.

Houve um tempo em minha vida em que não vivi de acordo com essas três leis. Estava deprimida e irritada com as injustiças e a maldade que via à minha volta, e pensava que manter-me fora de sincronia com a sociedade era a única maneira honrosa de viver. Assim, afastei-me da sociedade e usei meu vestuário negro e meu estilo mágico de vida como Bruxa para erguer muros entre mim e o mundo exterior. Em outras palavras, cultivei o meu próprio ritmo para que a sociedade não pudesse me afetar. Consegui, mas sabia que algo estava terrivelmente errado. Para viver uma vida pessoalmente satisfatória eu precisava ser útil a outrem, o que significava estar em sincronia e me comunicar com a sociedade. Eu precisava descobrir um modo de "ser no mundo, mas não dele", como se costuma dizer. Assim, decidi integrar o ritmo de minha vida aos ritmos da sociedade. Não podia continuar vivendo como um extremo polar em relação ao que via à minha volta. Comecei ensinando e oferecendo meus serviços como curandeira, professora e conselheira. A única maneira possível de ser eficaz era penetrando na sociedade e neutralizando todas as vibrações nocivas que pudesse. Assim fiz a roda de minha vida voltar-se para fora e não para dentro. Consegui obter uma espécie de equilíbrio dinâmico, que é ainda o meu ideal. Mas como todas as coisas contêm seus opostos, o mesmo ocorre com o meu equilíbrio dinâmico.

A **Lei do Gênero**. O princípio hermético do gênero diz que tudo tem componentes masculinos e femininos. Esta lei é uma importante aplicação da Lei da Polaridade. É semelhante ao princípio de *anima* e *animus* que Carl Jung e seus seguidores popularizaram, ou seja, que cada pessoa contém aspectos masculinos e femininos, independentemente de seu gênero físico. Nenhum ser humano é totalmente masculino ou feminino. Embora desenvolvidos como teoria da personalidade, esses insights provaram ser imensamente úteis em outras áreas.

Esta Lei é realmente acerca de força e energia. Em todas as coisas existe uma energia receptiva ou feminina e uma energia projetiva ou masculina, a que os chineses chamam *yin e yang*. De acordo com a Lei da Polaridade, todas as coisas contêm seus opostos e, de acordo com a física moderna, existe uma vitalidade dinâmica entre esses opostos. Portanto, energias masculinas e femininas estão numa constante dança cósmica. Não estamos encerrados num papel de gênero estático, não importa qual o nosso sexo ou com que obstinação tentamos viver de acordo com mitos culturalmente determinados sobre "verdadeiros homens" e "verdadeiras mulheres". É importante para as Bruxas (e todos os que se dedicam à magia) que trabalham em vários estados de consciência, compreender essa polaridade fundamental na psique humana e integrar energias masculinas e femininas em seu trabalho, sempre que necessárias.

A magia é trabalho criativo. Os estudos de criatividade indicam que a androginia é um componente importante no indivíduo criativo. Uma pessoa que reconhece e aprecia a natureza andrógina de sua personalidade, e pode expressá-la, tem maiores possibilidades de ser criativa do que a pessoa cuja perspectiva é estreitada ou limitada por seu gênero físico. Lendas da Criação oriundas do mundo inteiro atestam a importância da androginia na criação do Universo. Narram frequentemente como um ser andrógino divino ou sobrenatural criou o mundo, usualmente com o aspecto feminino ou maternal dominando e manifestando-se como Deusa ou

Grande Mãe. Em algumas dessas lendas, o andrógino original dividiu-se em dois e, assim, machos e fêmeas de todas as espécies estão destinados a perseguir-se mutuamente para recriar a união original. Em outras histórias, o andrógino permaneceu intacto, trouxe a cultura para a Terra e exerceu um importante papel de mediador entre os sexos e os mundos do espírito e da matéria. Em muitas dessas culturas, os homossexuais eram respeitados como curandeiros e líderes espirituais, porque representavam o Deus/Deusa andrógino original.

Uma Bruxa deve aprender a respeitar os elementos femininos e masculinos de sua natureza, embora um ou outro possa não operar num nível plenamente consciente. Pelo ritual e a magia podemos trazer o elemento inconsciente para mais perto da percepção consciente. Uma Bruxa nutre seu *animus;* um Bruxo corteja sua *anima.* Para muitos Bruxos e Bruxas, *anima e animus* tornaram-se guias psíquicos. Todos os atos de geração, regeneração e criação, como sortilégios, feitiços, encantamentos e meditação, envolvem esses dois princípios. Conhecendo como funcionam e seguindo sua orientação, podemos desvendar muitos dos mistérios da vida.

A LEI DE CAUSA E EFEITO. Em sua forma tradicional, a Lei de Causa e Efeito diz que nada acontece por acaso, que para todo efeito existe uma causa, e que toda causa é em si mesmo um efeito de alguma outra causação. A ciência moderna mostrou que, no nível molecular, a Lei de Causa e efeito deixa de funcionar como no macrocosmo. Os novos físicos falam mais de probabilidade do que de previsibilidade. Mas as realidades do mundo subatômico implicam menos a eliminação da lei do que sua redefinição. Como explica Peat, "...a *cadeia* de causalidade é, de fato, uma complexa rede de causação. E quanto mais os limites dessa rede forem ampliados, mais visível se torna que ela se estende à Terra inteira e, em última instância, ao próprio Universo." Esta notável observação leva-o a concluir que se qualquer evento ou fenômeno é examinado minuciosamente, resultará que "tudo causa tudo o mais"! Num sentido holográfico, o todo está em cada parte e tudo interpenetra tudo.

Assim, o antigo princípio hermético segundo o qual tudo tem uma causa e é, por sua vez, a causa de alguma outra coisa, é na realidade mais abrangente e excitante do que parece à primeira vista. As implicações são verdadeiramente surpreendentes. Não estamos descrevendo bolas de bilhar entrechocando-se ou filas de dominós tombando. Não somos indivíduos isolados levando vidas isoladas, exceto pelo ocasional encontro com este ou aquele. Estamos literal e metaforicamente ligados ao Universo inteiro. As nossas ações têm repercussões cósmicas. Isso nos torna tão humildes quanto é profundo o temor reverente que nos inspira do fato de nos apercebermos da influência que possuímos, e da incrível responsabilidade de usar os nossos poderes sabiamente e para o bem de todos.

Os dados indiscutíveis implícitos na Lei de Causa e Efeito nos apontam, como diz Capra, que o Universo não é uma coleção de objetos físicos (como poderia parecer à nossa limitada visão) mas, antes, "uma complicada teia de relações entre as várias partes de um todo unificado." Ou, por outras palavras, um corolário para a teoria de que "tudo causa tudo o mais" é que tudo pode situar-se na interface com tudo o mais, tudo pode influenciar tudo. Aquilo a que as Bruxas chamam de "projeções" – pensamentos e intenções dirigidos da mente para o mundo externo – produzem um impacto definido. Têm um efeito. Influenciam eventos externos. Pela nossa breve recapitulação da física moderna, isso não deve ser difícil de entender. É claro, as técnicas para influenciar outros por projeções mentais devem ser aprendidas e dominadas. Devemos aprender como passar imperceptivelmente pelas barreiras naturais que impedem nossas mentes de perder continuamente o controle do Universo inteiro! Se cada um pudesse estar na mente de todos os outros o tempo todo, seria o caos!

Porém, de igual modo, uma vez que a mente humana pode assumir uma parte ativa no desdobrar dos acontecimentos, não podemos nos render ao caos de nossas próprias vidas individuais. Não podemos nos desculpar ou nos queixar de nossas vidas com o argumento de que nada pode ser feito. Como Bruxas, sabemos que isso simplesmente não é verdade. Há uma solução para cada problema. Uma Bruxa pode se deslocar de um plano inferior para um plano superior, de estar atolada em problemas e dificuldades para um ponto de observação mais elevado onde se converta em agente ativo na teia de relações que pode mudar qualquer situação.

Algumas Bruxas pensam que usando a Lei da Causa e Efeito podem fazer acontecer qualquer coisa que desejem. Mas cumpre-me advertir acerca de tão grandiosas visões de poder. O Poder de uma Bruxa, como o de qualquer pessoa, é controlado pelas esferas de poder e energia acima, abaixo e em torno dela. Embora ela possa ser senhora de eventos num plano, não poderá escapar ao princípio de causação. Ela é meramente um elo num fluxo interminável de poder que impregna o Universo. Além de responsável perante energias superiores às dela própria.

A Lei de Causa e Efeito, como outros princípios herméticos, sugere uma visão de mundo que é simultaneamente reconfortante e estimulante. As Leis Herméticas mostram o desenvolvimento ordenado da vida. Na realidade, nenhum evento "cria" um outro evento a partir do nada. Cada um é uma encruzilhada ou um intercâmbio numa teia de tudo o que ocorreu antes e de tudo o que virá depois. Cada um de nós é o "ponto morto" corrente numa linha de descendência, cujas raízes extensas mergulham fundo no passado e cujos ramos se prolongam até o mais longínquo futuro". Somos parte do interminável fluxo de conhecimentos e sabedoria, configurando-se num momento específico de tempo neste preciso lugar. Mas a nossa consciência não está limitada por tempo ou espaço. Contém todo o tempo e todo espaço. Como disse o filósofo grego Proclo: "Todas as coisas estão em nós psiquicamente e, através disso, somos naturalmente capazes de conhecer todas as coisas."

6
ALFA

Em um salão de jantar do andar térreo do Hawthorne Hotel em Salem, um grupo de renovação cristã reúne-se numa manhã de domingo, após os serviços religiosos na igreja. No segundo andar, juntam-se 30 pessoas a fim de aprenderem os princípios da Bruxaria. Estão começando o seu segundo dia do meu curso sobre a Ciência da Bruxaria. Formam um grupo variado: mãe e filha da Austrália, uma mulher misteriosa do Michigan, um casal de Nova Jersey, um jovem do Maine, um poeta que vive no Vale do Rio Hudson, indivíduos de New Hampshire, da cidade de Nova Iorque e da área da Grande Boston. Alguns são Bruxos e vêm praticando sozinhos ou em seus Covens há anos. Nessa manhã, todos eles farão algo que nunca fizeram antes – localizarão e indicarão o nome de uma doença clinicamente diagnosticada em alguém que nunca viram e acerca de quem a única informação que terão é nome, idade, sexo e local de residência. Cada pessoa terá três casos para analisar. A maior parte dará a solução correta de pelo menos dois dos três casos; a grande maioria, porém, resolverá todos os três.

Susan, uma moradora do interior do Estado de Nova Iorque, interage com Frank, seu parceiro de trabalho neste dia, um programador de computadores de uma firma de publicidade com sede em Boston. Susan preencheu um formulário a respeito de sua irmã Connie. O formulário está em seu colo quando ela se senta em frente a Frank, que tem os olhos fechados. Susan procede uma contagem regressiva para Frank alcançar o *alfa*, a Contagem Regressiva de Cristal, que o grupo aprendeu na véspera. Quando Frank está pronto, Susan lê no formulário: "Connie Walters, idade 40 anos, sexo feminino, Cincinnati, Ohio." Frank permite que Connie apareça na tela de sua mente. Ele prossegue de olhos fechados, ergue as mãos alguns centímetros diante de sua testa e "toca" o cabelo de Connie, tateia o formato da cabeça dela, a textura da pele, a inclinação do nariz. E inicia sua análise:

FRANK:	**SUSAN:**
Cabelo curto.	Certo.
Encaracolado.	Certo.
Castanho claro.	Sim.
Maçãs do rosto salientes.	Correto.
Rosto fino.	Certo.
Cerca de 1,60 de altura.	Bem perto disso.
Ah, um pouco mais alta.	Exato.
Muita energia concentrada perto da sua testa. Ela trabalha com o intelecto?	Sim, é jornalista.
Os braços são agradáveis. Espere um instante! Um deles está fraturado.	

Susan dá então a resposta combinada para "não". Diz ela: "Não tenho essa informação."

"Tem certeza?", persiste Frank. Susan prepara-se para dizer que sim, mas detém-se. Lembrou-se de algo. "Ah, bem, ela quebrou um braço há dez anos."

FRANK:	**SUSAN:**
Foi o que pensei.	Sim.
O braço esquerdo?	

Deixando que suas mãos explorem a imagem de Connie, Frank lhe tateia as costas, examina suas pernas, coração, pulmões e estômago. Nove em cada dez vezes ele obtém de Susan a resposta de "correto" ou "certo"; ocasionalmente, quando ele não acerta, Susan diz para ele olhar "mais de perto" ou "voltar a olhar". Frank assim o faz e vê então o que tinha passado despercebido na primeira vez.

FRANK:	SUSAN:
Ela tem problemas perto da região inferior do estômago e na área pélvica. Está muito quente aí.	Sim, continue olhando

Frank faz uma pausa para continuar explorando essa área. Hesita. Uma expressão grave perpassa em seu rosto. Ele sabe que o que vê e descobre em *alfa* que está certo, mas ainda é novato nisso. É duro para ele confiar em si mesmo, mas decide-se.

"Ela tem câncer."

"Sim, é isso", confirma Susan.

Em toda a sala outros pares estão concluindo seus primeiros casos com os mesmos resultados.

Úlceras hemorrágicas?	Correto
Artrite	Sim
Pneumonia relacionada com AIDS	Hum-hum
Hérnia de disco?	Certo
Doença de Alzheimer	Correto

Depois, de todos os lados da sala, ouço pessoas dizendo "Não posso acreditar!" e "Nunca pensei que pudesse fazer isso e fiz!" E todos querem fazer outro caso. Não tenho certeza do que está fazendo o grupo de renovação cristã no andar térreo, mas no meu seminário de Bruxaria, no segundo dia de um prolongado e intensivo fim de semana, homens e mulheres comuns de todos os setores da vida estão aprendendo algo muito importante sobre eles próprios e o universo que os cerca: Tudo está ligado, todos nós somos um.

O diagnóstico psíquico é efetuado no mundo inteiro por Curandeiros, Bruxas, Xamãs e homens e mulheres de medicina nativos. Entretanto, nos últimos 300 ou 400 anos, caiu em desfavor em muitos lugares, porque a ciência médica passou a dominar o campo da assistência à saúde com procedimentos racionalistas, oriundos do hemisfério esquerdo do cérebro, os quais provaram ser coroados de extraordinário êxito no sentido limitado de reparação do corpo físico. Esse enfoque de "conserto" raramente se dirige ao sofrimento mental, emocional e espiritual que acompanha a doença física. De um modo geral, a comunidade médica de educação ocidental tem rebaixado os aspectos psíquicos da cura, ou ignorados por completo ao promover uma propaganda explícita contra eles, advertindo os pacientes para que não confiem em qualquer diagnóstico ou processo de tratamento que não se baseie no paradigma médico ocidental. Com o passar dos anos, muitas foram as técnicas de tratamento psíquico que se perderam. Não obstante, muita sabedoria curativa sobreviveu, especialmente entre os curandeiros de aldeia nas Filipinas, Indonésia, Austrália e União Soviética. Um crescente número de pessoas está se inscrevendo em cursos e oficinas para aprender sistemas alternativos de cura, tal como estão sendo atualmente ensinados sob nomes tais como *Reiki, Therapeutic Touch* e *Mariel Healing,* para citar apenas alguns.

As fascinantes questões sobre cura psíquica e parapsicologia em geral têm levado à criação de programas acadêmicos e de numerosas cadeiras de parapsicologia em uma série de departamentos universitários de pesquisa. Entre eles, estão os das universidades de Vermont, Syracuse e Califórnia em Davis, o City College de Nova Iorque, e de instituições no Canadá e em outros continentes. Pesquisadores como Lawrence

LeShan, Stanley Krippner, Bernard Gittelson e Jean Achterberg têm escrito extensamente sobre a capacidade da mente visionária para facilitar a cura, mesmo no caso de câncer.

O diagnóstico psíquico e a cura psíquica podem ser feitos pela maioria das pessoas, se tiverem a instrução apropriada e a intenção correta. Estudos com uma seleção aleatória de sujeitos que representam um corte transversal da população indicam que, como diz Gittelson em sua pesquisa *Intangible Evidence,* sobre fenômenos psíquicos, "praticamente todas as pessoas têm alguma aptidão extrassensorial mensurável." As minhas próprias classes e oficinas confirmam isso.

O que surpreende tanta gente é o fato de o poder psíquico ser suscetível de controle e direção, podendo ser, por assim dizer, tirado do bolso e usado quando necessário. Temos sido induzidos a acreditar que o poder psíquico é esquivo, aparecendo e desaparecendo a seu bel-prazer, temperamental e terrivelmente precário, não sendo por isso confiável. Sem dúvida, muitas investigações por cientistas céticos, que estão frequentemente decididos a provar que ele é um embuste, foram incapazes de localizar o poder psíquico ou de explicá-lo de forma adequada. É inteiramente possível, é claro, uma vez que os experimentadores sempre influenciam os resultados de seus experimentos, que uma atitude cética, captada pelo ser psíquico testado, interfira numa demonstração bem-sucedida.

As Bruxas, entretanto, acreditam firmemente que o poder psíquico é confiável. Usamos essa força em nossos feitiços, adivinhação, círculos mágicos e rituais. O poder psíquico – ou mágico – baseia-se na ciência e pode ser ensinado a outros. Tem sido estudado e pesquisado cientificamente de acordo com a orientação que teve como pioneiro J. B. Rhine na Duke University, na década de 1930. Rhine demonstrou que experimentos de funcionamento psíquico podiam ser simples, facilmente controlados, padronizados, repetíveis e sujeitos à análise estatística profissional. Desde então, outros investigadores, como Keith Harary, Charles Tart, Stanley Krippner e Russell Targ desenvolveram estas cinquentenárias técnicas de pesquisa em novos e excitantes métodos experimentais. Há um crescente respeito na comunidade científica por esse gênero de investigação e seus resultados.

ALFA: O ESTADO ALTERADO DE CONSCIÊNCIA DE CADA UM

A Ciência da Bruxaria baseia-se em nossa capacidade para entrar num estado alterado de consciência que chamamos de *alfa*, quando as ondas cerebrais registram de 7 a 14 ciclos por segundo. Como mencionado anteriormente, esse é um estado de consciência associado ao relaxamento, à meditação e à atividade onírica. Os mais rápidos 14 a 30 ciclos do estado *beta* ocorrem quando estamos mentalmente alertas, despertos e empenhados em atividades físicas. Também acompanham a excitação, o medo, a tensão e a ansiedade. As mais lentas ondas *teta*, 4 a 7 ciclos por segundo, estão associadas à sonolência, euforia e tranquilidade profunda. As ondas *delta* de 1 a 3 ciclos por segundo ocorrem no sono profundo e sem sonhos.

Em *alfa*, a mente se abre para formas incomuns de comunicação, como a telepatia, a clarividência e a precognição.

Também podemos experimentar, nesse estado, sensações extracorporais e psicocinéticas, ou receber informação mística, visionária, que não chega através dos cinco sentidos. Em *alfa*, os filtros racionais que processam a realidade ordinária são enfraquecidos ou removidos e a mente é receptiva a realidades não ordinárias. Diz Itzhak Bentov: "O princípio geral subjacente... é um estado alterado de consciência... que nos permite funcionar em realidades que não nos são normalmente acessíveis."

A razão pela qual a informação não usualmente disponível torna-se acessível em *alfa* é porque o próprio cérebro é um holograma. O neurofisiologista de Stanford, Karl Pribram, foi o primeiro a chamar a nossa atenção para isso. Os seus estudos, na década de 1960, levaram-no a sugerir que o cérebro armazena recordações de maneira holográfica. Os cientistas que estudam o cérebro sabiam há anos que as recordações estão dispersas por todo o cérebro, mas ninguém podia elucidar os mecanismos que explicariam o aspecto de "o todo em cada parte" da armazenagem e recuperação de lembranças. Pribram aplicou o conceito de hologramas ao cérebro e argumentou que a teia de impulsos nervosos cobre o cérebro inteiro, tal como os padrões laser atravessam de lado a lado um pedaço de filme. Como toda a informação no Universo está, para começar, em nossas mentes, é simplesmente uma questão de colocar o cérebro no estado apropriado para recuperar essa informação, de um modo semelhante ao de recuperação de uma lembrança armazenada na memória. *Alfa* é esse estado, e o gatilho para a recuperação é a energia da luz. Como disse Bentov, "O Universo é um holograma, e assim é o cérebro, um holograma interpretando um universo holográfico."

Quase todas as culturas têm usado estados alterados de consciência, como *alfa*, para rituais religiosos coletivos, ritos espirituais pessoais, adivinhação e trabalho de cura. O famoso Oráculo de Delfos, por exemplo, entrava em transe antes de poder responder às perguntas que lhe eram apresentadas pelos suplicantes. Na Europa nórdica, as Sacerdotisas da Deusa escandinava Freya praticavam um tipo semelhante de aconselhamento espiritual em que cair num estado de transe era essencial para se receber informação. Somente em estado de transe elas podiam responder às perguntas dos suplicantes. Entre os Sami da Escandinávia setentrional, as jornadas de transe para os outros domínios psíquicos ou mundos do espírito eram iniciadas num estado de êxtase apoiado pelo cântico ritual de um coro feminino. Entre os Kung da África, sessões de cura que levavam uma noite inteira envolviam danças e cânticos a fim de se manter um intenso estado alterado de consciência, até que, como eles dizem, a energia "ferva". Os curandeiros ameríndios usam os tambores e cânticos rituais para concentrar a consciência num estado *alfa* enquanto realizam cerimônias de cura ou buscam visões pessoais.

Num estado *alfa* ocorrem mudanças maravilhosas. Os nossos egos são menos dominantes, pelo que podemos processar a informação em termos diferentes dos de nossa própria segurança e sobrevivência pessoal. O potencial holográfico do cérebro/mente passa a ter plena atuação: as lembranças são mais acessíveis, as ligações entre diferentes peças de informação ocorrem prontamente; o contato com materiais e imagens inconscientes acontece de maneira espontânea. As possibilidades imaginativas são focalizadas com maior nitidez. A compreensão intuitiva da natureza íntima das coisas, os insights, é mais clara. Temos menor consciência das categorias espaço-temporais que usamos para processar a experiência. Como disse Einstein, "tempo e espaço são modos pelos quais pensamos, não as condições em que vivemos." *Alfa* altera as nossas percepções, de modo que nos libertamos desses construtos mentais de espaço-tempo e podemos captar a experiência de outros tempos e lugares. Por essas razões, as Bruxas efetuam a maior parte de seu trabalho mágico em *alfa*.

É de minha convicção que toda a informação e todas as experiências não ordinárias nos chegam em *alfa*, porque toda a informação no Universo (e todos os fenômenos nele contido) consiste em energia luminosa. A luz penetra na glândula pineal, ou Terceiro Olho, localizada no centro da cabeça, entre as sobrancelhas, onde muitos psíquicos dizem ter sensações físicas quando recebem informação extrassensorial. Em alguns estados de transe, os olhos de uma pessoa rolam naturalmente para cima, fixando-se nesse local de poder acima dos olhos.

Situada no centro da cabeça, sob o mais espesso e duro osso do crânio, essa glândula-mestra pareceria estar enterrada profundamente demais para poder receber luz. Durante muitos anos, os pesquisadores souberam que a luz diurna afetava as glândulas pineais de animais, regulando a hibernação e o cio, por exemplo, mas tinham dúvidas sobre se a luz tinha qualquer efeito sobre as glândulas pineais de seres humanos. Porém, recentes investigações científicas indicam que a luz afeta, de fato, a glândula pineal humana, regulando numa base diária sua capacidade de segregação de melatonina, um hormônio que tem importante efeito sobre a produção de outros hormônios. No outono de 1985, celebrou-se em Viena a primeira conferência internacional sobre a glândula pineal, a fim de atrair a atenção para a importância da luz sobre essa glândula-mestra.

Além disso, o termo "Terceiro Olho" não é mera metáfora fantasiosa inventada pelas Bruxas e os psíquicos para se darem um ar misterioso. Os anatomistas acreditam que a glândula é, com efeito, o remanescente de um terceiro olho que nunca se desenvolveu no transcurso da evolução. Desde as mais recuadas Eras, sábios, Magos e Bruxas têm falado do Terceiro Olho como a porta de acesso para todo o conhecimento. Os povos antigos entenderam intuitivamente a importância desse local de poder e reverenciaram-no de várias maneiras. No Oriente é um dos sete chakras. Os monarcas egípcios usavam um ornamento com cabeça de cobra no centro da testa. As Sacerdotisas célticas pintavam a área de azul. As culturas que usam pintura ritual nos rostos realçam frequentemente essa área em frente da glândula pineal para que atraia uma atenção especial.

Das experiências de centenas de pessoas em minhas oficinas, acredito que a glândula pineal não só capta informação visual, mas também percebe sons que não são captáveis pelo ouvido. Ambas as espécies de informação viajam como energia luminosa. É minha convicção de que luz e som não podem ser separados. Quando a luz chega, o mesmo acontece com a visão e o som. É por isso que a informação que recebemos em *alfa* pode ser ou visual ou auditiva. Algumas pessoas são mais propensas a uma do que a outra: algumas têm visões, outras escutam vozes. No início deste capítulo, vimos como Frank recebeu visualmente a maior parte de suas informações sobre o estado de Susan; mas alguns do grupo solucionaram seus diagnósticos ouvindo a informação ao mesmo tempo que a viam.

Como Bruxas, acreditamos estar destinadas a saber como tudo funciona – Terra, Ar, Fogo, Água, estrelas, planetas, espíritos. Esse conhecimento está ao nosso alcance. Além disso, somos *responsáveis* por saber como tudo no Universo funciona, porque somos responsáveis pelo Universo. A nossa missão é ecológica, estamos aqui para equilibrar energias, reconciliar opostos e corrigir erros projetando mentalmente para que todas as coisas sejam corrigidas. É nossa responsabilidade – e sua – promover a saúde e a vida em todas as suas formas.

É isso o que fazemos em todas as grandes datas festivas da nossa Arte. A nossa observância é, na verdade, "uma observação". Em *alfa*, examinamos os campos, as hortas e os jardins, as águas do porto, as ruas da cidade. Cuidamos de nossos "campos" – os campos das crianças, anciãos, pais, políticos, líderes empresariais, não só daqueles campos plantados no solo. Entramos em *alfa* e observamos cada área da vida humana que é importante para nós, de modo que possamos oferecer ajuda quando for necessário, nutrir o que requer crescimento, ensinar e servir aos menos capazes de cuidar de si mesmos. Pensamos frequentemente nos psíquicos como seres com dons e raros, porque eles penetram nessa sabedoria do Universo, mas tal dom não é, na verdade, raro. Todos o possuem e cada um de nós pode reaprender – ou recordar – como usá-lo. Isso pode, entretanto, levar algum tempo, assim como foi necessário para cada um de nós aprender a engatinhar antes que pudéssemos caminhar e correr.

OS PODERES DA COR E DO NÚMERO

Em Salem, ensino um método muito fácil para entrar em *alfa* e ver com o Terceiro Olho, que eu chamo de "Contagem Regressiva de Cristal", um método baseado nos princípios pitagóricos de cor e número. Pitágoras, cuja obra se baseou nas Leis Herméticas, é um dos poucos sábios universalmente reconhecidos como professores de ciência *e* espiritualidade.

Pitágoras nasceu entre 600 e 590 AEC. Era versado no misticismo oriental e ocidental de seu tempo e foi iniciado nas escolas dos mistérios egípcios, babilônicos, caldaicos e de Elêusis. Também estudou as tradições mosaicas com sábios judeus, assim como a Irmandade dos Essênios. Em Crotona, uma colônia grega na Itália meridional instalou sua academia, onde lecionou sua inconfundível marca de filosofia e ciência baseada em matemática, geometria, música e astronomia. Pitágoras considerou essas matérias absolutamente necessárias para o entendimento da existência humana, da natureza e de Deus, a quem descreveu como a Mente Suprema que permeia o Universo como causa de todas as coisas e o poder que há dentro de tudo. Semelhantes às teorias da física moderna, os ensinamentos de Pitágoras postularam que Deus (isto é, o Universo) era circular e composto da substância da luz (ou energia). Também ensinou que a natureza de Deus (ou seja, o Universo) era a substância da verdade, a qual, como diriam alguns físicos de hoje, é o padrão de inteligência objetiva que está subjacente em todos os fenômenos.

A filosofia de Pitágoras baseia-se em números. Com os números de um a dez constituindo a *década* sagrada. Cada número contém poder e significado numa vasta gama de experiência humana. Por exemplo, o NÚMERO UM simboliza o que é separado, inteiro e estável; é o começo e o fim; é a mente. DOIS é a morte, a ciência, as gerações, tudo o que é dual e todos os opostos. TRÊS é a paz, justiça, prudência, devoção, temperança e virtude. O QUATRO abrange a harmonia, o vigor, a virilidade, a impetuosidade e é chamado de "a fonte da Natureza". O CINCO governa a reconciliação, a alternação, a cordialidade, a vitalidade, a saúde e a providência. SEIS é tempo, panaceia, o mundo e a suficiência. SETE é o número da religião, vida, fortuna e sonhos. OITO é amor, lei e conveniência. NOVE simboliza o oceano, horizonte, fronteiras e limitações. DEZ é a idade, o poder, a fé, a memória e a necessidade.

Segundo Pitágoras, a espantosa harmonia no Universo, seja musical ou moral, pode ser explicada e vivenciada como números. Com os anos, passei a preferir o sistema pitagórico, porque a harmonia matemática, quando conjugada com as harmonias da cor, equilibra e centra a mente, tornando-a mais receptiva às harmonias externas do Universo. Incito enfaticamente os meus alunos a estudar o sistema de Pitágoras em maior detalhe e profundidade, para assim aprenderem os fundamentos matemáticos de toda a existência.

Fechando os olhos e decompondo a luz em suas cores componentes, como num prisma, e contando regressivamente de sete a um, podemos baixar as nossas ondas cerebrais de *beta* para *alfa*, o transe ligeiramente alterado para o qual deslizamos durante o dia quando estamos "perdidos" em devaneios, rabiscando numa folha de papel, correndo, escutando música atraente ou meditando. Em todos esses estados, visualizamos espontaneamente, vemos quadros ou escutamos informação. Em *alfa* podemos diagnosticar doenças, enviar energia curativa para outros, absorver conhecimentos importantes, vigiar seres queridos onde quer que vivam, recuar ou avançar no tempo (pois as categorias mentais de tempo e espaço estão suspensas em *alfa*) e criar mudanças no mundo material desde que seja para o bem de todos e não prejudique ninguém.

A sociedade engendrou tabus a respeito desse gênero de trabalho e a maioria das pessoas cresceu com poderosas inibições culturais que as impedem de o fazer. Por exemplo, dizem-nos que ele nos leva a "perder o contato com a realidade", o que é verdade num certo sentido, mas que nada tem de assustador quando nos damos conta de que estamos justamente renunciando ao contato com uma espécie de realidade, por alguns momentos, a fim de podermos nos sintonizar com outras realidades não ordinárias. Também estamos programados para rejeitar qualquer estado que nos pareça "irracional". Os monges Zen, por outro lado, ensinam que um estado de "não mente", como o chamam, não é um vazio absoluto, mas um vazio repleto de potencial ilimitado. À maioria das pessoas educadas em sistemas escolares ocidentais foi ensinada primordialmente, quando não exclusivamente, uma série de qualificações decorrentes da atividade do cérebro esquerdo e caracterizadas pela análise perspicaz, mental e linear. Negligenciamos o desenvolvimento de aptidões baseadas em percepções intuitivas, espontâneas e não lineares, típicas dos processos de pensamento do cérebro direito.

Fomos condicionados, de um modo geral, a não dar valor, apreciar ou induzir atividades específicas que promovem o estado *alfa*: contemplar o vazio por um certo período de tempo, devanear, deixar a mente divagar, observar silenciosamente sem o incessante diálogo interior que conversa e comenta sobre tudo o que vivenciamos. Não recordamos, registramos ou recapitulamos os nossos sonhos noturnos. Verifico haver algumas pessoas muito relutantes em aprender *alfa* e explorar seus potenciais por causa dessas atitudes da sociedade. Com o tempo, a maioria das pessoas supera-as quando se apercebem de que *alfa* é uma fase importante da vida.

De qualquer modo, ingressamos automaticamente em estados *alfa* em vários momentos do dia e da noite, ao passo que seria de nossa responsabilidade aprender a usar *alfa* corretamente. Hoje, a tendência é fugir a responsabilidades em muitas áreas da vida. E suspeito de que as inibições de algumas pessoas a respeito de aprender esse trabalho resultam de se aperceberem, ainda que inconscientemente, de que *alfa* acarreta responsabilidades. Os nossos ancestrais, entretanto, pensavam de modo diferente. Eles sabiam que eram responsáveis pelas sementeiras e pelo tempo que asseguraria seu crescimento, responsáveis pela confecção de suas ferramentas de caça e por atrair os animais que morreriam para alimentá-los. Responsáveis pelo grupo ou clã e por aqueles indivíduos que estivessem doentes, fossem órfãos ou velhos demais para cuidar de si mesmos.

Embora nunca deva ser usado de maneira frívola, não há por que temer a responsabilidade que o uso do *alfa* implica. A lei ética da Bruxaria – como a de outros importantes sistemas religiosos – é não fazer mal a ninguém. Sem a ninguém prejudicar, faça o que desejar. Os poderes do *alfa* são sérios, mas nada há de errado em deleitar-se enquanto os usamos. De fato, eles podem ser divertidos.

Depois que decidi não esconder por mais tempo o fato de que sou uma Bruxa, minha filha Penny e eu estávamos um dia num restaurante de Salem e os outros fregueses começaram a nos olhar com expressões de escárnio, murmurando comentários sórdidos a respeito de minha roupa negra e de sermos Bruxas. Penny só tinha oito anos nessa época e tivera uma semana acidentada com suas colegas de escola que zombavam dela e a insultavam por ser Bruxa. Quando as pessoas das outras mesas começaram a dar risadinhas, eu pude ver uma expressão de chateação estampada no rosto de Penny. Eu fingi não notar os insultos, esperando que ela também os ignorasse. Quando vi que isso não funcionava, sugeri: "Façamos algo mágico." Como estava um belo dia de verão, sugeri: "Que tal um pouco de neve?" Os olhos de Penny cintilaram. Sentadas diante de nossas saladas, fechamos os olhos, entramos em *alfa*, invocamos os elementos e recomendamos que quando a neve chegasse não causasse danos e fosse para o bem de todos. Depois comemos o nosso almoço e fomos para casa.

A meio dessa tarde, uma amiga entrou em minha casa esbaforida, depois de sair do trabalho: "Foi você, não foi?", acusou ela. "Você fez nevar em julho!" Penny e eu nem mesmo tínhamos visto a neve, mas durante toda aquela tarde, no centro de Salem, nevou aqui e ali, enquanto o sol continuava brilhando. Por vezes, precisamos ver a magia funcionando assim, de maneiras espetaculares, divertidas e surpreendentes. Isso provou a Penny que "aquilo em que sua mãe se ocupava" era real, não importa o que os garotos na escola ou os estranhos num restaurante pudessem pensar. A neve de verão em Salem não alterou nenhum grande esquema cósmico e, de acordo com as notícias da imprensa, todos se divertiram. Não prejudicou ninguém e forneceu uma lição sobre a Arte a uma jovem Bruxa apreensiva.

Algumas pessoas dedicam-se superficialmente à Bruxaria pensando que, uma vez adquiridos poderes mágicos, elas estarão aptas a ignorar ou até a subverter as leis físicas do Universo para seus próprios fins egoístas. Que triste despertar o delas quando se dão conta de que estar informado sobre os processos da magia significa trabalhar tanto com as leis físicas quanto com as superiores. Durante os meus primeiros meses em Salem, quando eu tinha muito poucos recursos, tive que encontrar formas de ganhar dinheiro para pagar o aluguel. Não poderia esperar que um feitiço me absolvesse dessa necessidade. No ano passado, quando concorri à eleição para prefeitura de Salem, deixei estupefatos os líderes políticos locais ao propor que limpássemos as águas poluídas do porto de Salem contratando técnicos japoneses especialmente treinados em reverter danos ambientais em vias fluviais urbanas. Não podia esperar um feitiço para isentar os cidadãos de Salem de sua responsabilidade por seu porto. "Por que os japoneses?", perguntaram-me. Eu respondi: "Porque eles são ótimos nisso." Nada de psíquico em tudo isso!

Aqueles que são atraídos para a Bruxaria devem primeiro estar bem conscientes no plano material, entendendo e respeitando as leis naturais da vida. É uma antiga lei da Bruxaria (e uma descoberta moderna da física ocidental) que o espírito e a matéria são uma só coisa. Não podem ser separados. Não é possível viver exclusivamente no nível espiritual, mas a coisa maravilhosa é que não precisamos. Estamos sempre vivendo em ambos os planos. Nunca temos de abandonar o nível espiritual quando nos firmamos no plano material. As Bruxas acreditam que, em última análise, tudo é espírito ou energia. Como Bruxas ou como cientistas, devemos estar conscientes sobre a matéria e o espírito.

A CONTAGEM REGRESSIVA DE CRISTAL

Alfa é o ponto de partida para todas as operações psíquicas e mágicas. É o cerne da Bruxaria. O estado *alfa* é a base científica para a magia. Para desenvolver os próprios poderes psíquicos e aprender os métodos da Arte é imprescindível aprender a controlar *alfa*. O seguinte exercício ensinará a fazer precisamente isso. É simples, mas de extrema importância. Deve-se dominá-lo primeiro antes de passar a qualquer outro feitiço, ritual ou exercício descrito neste livro.

- Leia na íntegra as instruções para a Contagem Regressiva de Cristal repetidas vezes antes de tentar fazê-la. Assegure-se de que está familiarizada com todas as fases antes de começar, porque não poderá deter-se a meio para consultar o livro.

- Para colocar-se em *alfa*, procure um lugar tranquilo, sente-se confortavelmente, feche os olhos e passe um minuto respirando profundamente, relaxando.

- Quando se sentir centrada, ou equilibrada, mantenha os olhos fechados e, com o Terceiro Olho – o olho da mente – visualize uma tela vazia (como uma tela de televisão) cerca de 30 centímetros à sua frente e logo acima das pálpebras. Na realidade, a tela em que o Terceiro Olho projeta imagens cerca toda a sua cabeça como um capacete, mas a maioria das pessoas somente vê imagens no segmento frontal.

- É possível que note os olhos pestanejando um pouco, embora continuem fechados. Eles podem até tender a se revirar de baixo para cima, como se isso ajudasse a ver melhor a tela. Trata-se de um reflexo automático, porque as pessoas estão treinadas para "ver" unicamente com os olhos abertos e fixados no objeto que está vendo. Agora chega o momento de treinar para ver sua mente. Com o tempo, o pestanejar cessará. Não esqueça que em *alfa* não é necessário "ver" com os olhos físicos. Olha-se com o olho da mente.

- Veja em seguida na tela um número SETE em vermelho. Se este não aparecer com facilidade, tente ver apenas um SETE ou apenas um campo vermelho. Se tiver dificuldade em projetar as cores na tela, tente recordar algum objeto que seja da cor que quer visualizar e veja com o olho da mente – por exemplo, um carro vermelho de bombeiros, uma laranja, uma banana amarela. Pratique isso até ser capaz de ver o campo da cor. Com o tempo, será capaz de colocar o SETE no campo vermelho e, finalmente, verá o SETE vermelho.

- Não desanime. Lembre-se de que a sociedade nos disse que não é natural "ver" com os olhos fechados ou que somente sonhos e alucinações – coisas que não são "reais" – aparecem quando fechamos os olhos.

- Quando conseguir ver o SETE vermelho, retenha-o por um momento e depois solte-o. Visualize em seguida um SEIS laranja, retenha e solte. Prosseguir de cima para baixo ao longo do espectro de cores: um CINCO amarelo, um QUATRO verde, um TRÊS azul, um DOIS índigo e UM lilás. Essa sequência cromática é uma realidade científica universalmente reconhecida. Apresenta-se no arco-íris e em

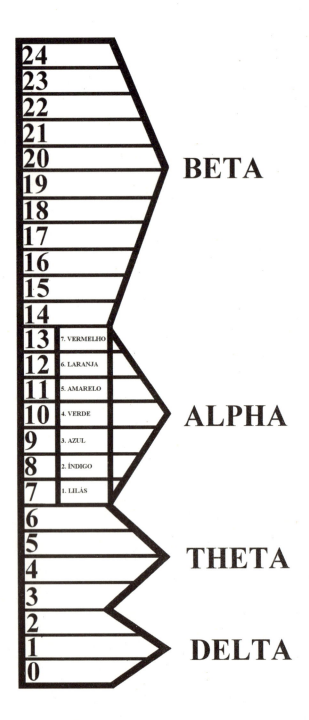

toda decomposição prismática da luz. Esse espectro de cores ou arco-íris é também uma poderosa imagem arquetípica em todas as culturas. É frequentemente um símbolo para outras realidades mágicas e novos mundos. No Gênese, o arco-íris é sinal de um recomeço para a sociedade humana após o Dilúvio – uma promessa do furioso Jeová de que não o faria de novo. A *Rainbow Coalition* na política americana promete uma nova era de harmonia étnica e de cooperação. Os índios norte-americanos viram o arco-íris como um reflexo da unicidade em meio à multiplicidade na natureza e o ideal de paz e equilíbrio entre todas as criaturas. No folclore céltico, o arco-íris indicava a presença do povo pequeno e das fadas e de um "possível" vaso de ouro. Os mitos nórdicos falam de uma ponte de arco-íris, Bifrost, a qual só os Deuses podem atravessar. No folclore moderno, o arco-íris separa a banalidade do Kansas dos esplendores de Oz. Na minha Tradição, o arco-íris é a porta de acesso de cristal para o *alfa*.

- O DOIS índigo é realmente uma cor mais carregada e de nível inferior ao que se necessita, de modo que, quando o um violeta (ou lilás) aparece, a percepção poderá ser sentida ligeiramente realçada.

- Quando se fixar no UM lilás, conte regressivamente de dez a um, mas agora sem cores, para aprofundar o estado *alfa*. Diga então mentalmente para si mesmo, com toda a convicção: "Estou agora em *alfa*, e tudo o que fizer será acurado e correto, que assim seja."

- Neste ponto, será executada a tarefa que tiver sido previamente decidida.

- Tenha em mente que o estado *alfa* não é como estar adormecido. Muito embora tenha sido feita a Contagem Regressiva e você esteja relaxada e tenha os olhos fechados, ainda se encontra no controle total do que lhe acontece. Ouvirá sons à sua volta e terá plena consciência do local onde se encontra. A qualquer momento que sinta como se quisesse sair de *alfa*, poderá fazê-lo. De fato, a qualquer momento que sentir que quer recomeçar, você pode.

- Quando tiver concluído a sua tarefa e desejar retornar ao que a ciência chama o nível *beta* das ondas cerebrais, ou à consciência normal, apague com as mãos o que está na tela.

- Depois, ainda em *alfa* e de olhos fechados, dê-se uma total desobstrução de saúde da seguinte maneira: coloque a mão uns 15 cm acima da cabeça, a palma voltada para baixo. Depois, num movimento suave, abaixe a mão na frente do rosto, peito e estômago, ao mesmo tempo que volta a palma para fora e estende o braço para a frente. Diga para si mesmo: "Estou me curando e a minha saúde está totalmente desobstruída." Isso deve ser feito todas as vezes que se preparar para sair do *alfa*. Por meio desse simples procedimento, serão eliminadas quaisquer energias perniciosas que estiverem presentes e você projetará uma imagem forte e saudável de si mesmo. Em seguida, conte lentamente de um a dez, depois de um a sete. Não é necessário ver cores quando se conta progressivamente, uma vez que se está voltando à luz plena e as cores convergirão por conta própria assim que abrir os olhos.

- Pode-se, é claro, interromper o *alfa* repentinamente e simplesmente abrir os olhos, mas não aconselho isso. Ser arrancado de forma brusca de um sono profundo ou sonho é sempre desorientador, e algo parecido ocorre quando se sai do *alfa* depressa demais. Conte progressivamente, abrindo os olhos devagar e percebendo a si mesmo na sala.

- Esse procedimento básico para ingressar em *alfa* é a chave para todo trabalho futuro na nossa Arte. Pratique-o (assim como a meditação seguinte) todos os dias, durante cinco semanas, pelo menos, a fim de o aperfeiçoar. Quando se sentir mais à vontade e proficiente na contagem regressiva para o *alfa*, entrará neste estado com extrema facilidade e se sentirá perfeitamente confortável nele. E assim deve ser, pois *alfa* é um estado natural, no qual se ingressa todo dia ou toda noite em sonhos e devaneios. A única diferença é que com a Contagem Regressiva de Cristal estamos controlando e usando esse estado consciente e deliberadamente para trabalho psíquico.

A MEDITAÇÃO DA MAÇÃ

Há muitas tarefas que podem ser executadas em *alfa*, mas para principiantes, a Meditação da Maçã é uma boa prática. A maçã é sagrada para as Bruxas na tradição céltica, porque a macieira floresce no Paraíso, que no folclore galês chama-se "Avalon" ou "Terra da Maçã". Quando se corta uma maçã ao meio, descobre-se um Pentáculo de sementes no centro: cinco sementes marrons formando uma estrela de cinco pontas. É interessante assinalar que a tradição cristã escolheu a maçã para substituir o "Fruto da Árvore do Conhecimento", sem nome definido, que Eva ofereceu a Adão, uma decisão que à conectou ainda mais a sabedoria da nossa Arte à prática do mal. Uma versão mais recente do uso da maçã para ligar a Bruxaria à prática do mal é o filme de Walt Disney, *Branca de Neve e os Sete Anões*. A rainha má transforma-se numa Bruxa perversa e envenena a maçã para dar à Branca de Neve. É tempo de redimir a maçã como o fruto sagrado que sempre foi na tradição céltica.

Para fazer esta meditação, entre em *alfa* conforme explicado anteriormente. Quando estiver firmemente assente em *alfa*, veja a tela e coloque nela uma maçã. Ponha-a claramente à vista, examine-a cuidadosamente, observe seu tamanho, forma, cor, o talo, quaisquer folhas, manchas, machucados, orifícios de lagarta. Depois, estenda as mãos (ligeiramente acima dos supercílios, à sua frente) e tateie a maçã com os dedos médio e indicador. Essas pontas dos dedos contêm pontos de acupressão que ativam o Terceiro Olho. O cego, cuja sensibilidade tátil é extremamente elevada e pode com frequência "ver" ou "ler" cores, formas e contornos, usando somente os dedos. A ponta do indicador é para "ver" e "ler". A ponta do dedo médio ajuda a memorizar e recordar.

Assim, anote o formato da maçã, sua temperatura, textura e grau de firmeza.

Visualize em seguida a maçã cortada ao meio. Examine-a mais de perto. Veja o Pentáculo de sementes.

Quando tiver terminado, mantenha os olhos fechados e com as mãos apague a maçã da tela. Depois faça a contagem progressiva e abra os olhos.

Sempre que ensino esta meditação em minhas aulas, cada aluno descreve uma maçã diferente, sendo a razão disso o fato de que cada uma delas é uma maçã *real* que vem de algum ponto além da tela mental. Com frequência, alunos céticos pensam estar meramente imaginando maçãs. Caso alimente no começo uma pequena dúvida, não se preocupe com isso. Continuando a fazer esta meditação e a seguinte, você vai perceber gradualmente de que tudo o que vivência em *alfa* é tão real quanto a realidade comum. Você está vendo, de fato, uma maçã real. Quando continuar realizando este exercício durante as primeiras semanas, vai notar que não é a mesma maçã que aparece todas as vezes. O tamanho, formato, cor e idade de cada maçã pode variar consideravelmente. Você não a está compondo. Está usando como fonte a presença de uma maçã real que existe no tempo e no espaço.

VIAGEM MENTAL

Este exercício vai ajudar a provar que a informação que se recebe em *alfa* provém do mundo externo e não está sendo meramente forjada.

Entre em *alfa* usando a Contagem Regressiva de Cristal. Quando estiver relaxado, projete em sua tela uma loja que nunca visitou antes em sua cidade. Escolha uma loja real, numa rua ou num local específico de um Shopping Center. É mais fácil usar uma loja pequena de uma só sala ou uma boutique, em vez de uma grande loja de departamentos.

Veja-se, com o olho de sua mente, parando na frente da loja. Depois entre. Olhe à sua volta psiquicamente. Examine a planta do andar. Observe os balcões, onde estão e o que contêm. Note as cores na loja, os cartazes nas paredes, onde estão as caixas registradoras e as vitrinas no centro da loja. Use as mãos para sentir e ver os artigos na loja. É claro, talvez, não se veja tudo na primeira visita psíquica. Podem ser obtidas apenas algumas impressões, umas poucas formas e cores. Não entre em detalhes antes de ter sido feito um quadro completo. Deixe vir o que vier. Recorde-se de que sua mente não possui essa informação antes de sua visita psíquica. A informação vem à sua mente *porque* você está psiquicamente presente na loja.

Quando sentir que já viu tudo o que iria ver hoje, apague a loja com as mãos, faça a contagem progressiva e abra os olhos.

Depois escreva o que viu ou desenhe um diagrama para não esquecer nada. Quando tiver tempo, visite a loja que viu em sua tela mental e confirme quantos dos detalhes são exatos. Não fique desapontado se eles não forem todos 100% perfeitos. Tenha em mente que você viu a loja numa determinada hora de um determinado dia. Pode ter mudado entre esse momento e a sua visita física. Por exemplo, pode ter visto em sua tela um milkshake e surpreender-se com o que estaria fazendo numa boutique de roupas. Talvez uma freguesa tivesse entrado com ele. Pode ter detectado uma cor vermelho-viva atrás do balcão que não existia durante sua visita física. Talvez o vendedor estivesse usando naquele dia um suéter vermelho.

O trabalho psíquico requer prática. Levará algum tempo para aprender como avaliar suas experiências. Note sempre quantas vezes "acertou em cheio" e dê-se por satisfeito mesmo que isso ocorra poucas vezes. Penso que ficará surpreso ao descobrir que seus acertos são, em geral, da ordem de 50%.

A MEDITAÇÃO DO SOL EGÍPCIO

Esta meditação é maravilhosa para a renovação de energias físicas e psíquicas. Após um longo dia de trabalho, uso-a com frequência para me revitalizar antes de uma noite de aula ou de uma reunião com meu Coven de Bruxas. Também pode ser a primeira coisa que se faz pela manhã, antes de começar as tarefas e ocupações do dia.

Faça a Contagem Regressiva de Cristal para entrar em *alfa*. Quando estiver pronto, veja um fulgurante sol psíquico brilhando uns 2 metros acima de sua cabeça. Note como pulsa sua energia dourada. Veja o poder solar que se desprende dele, ávido por repartir-se com todas as coisas vivas.

Com o tempo, vai notar seis raios de luz solar, semelhantes a raios laser, lançados em sua direção. Eles deixarão o globo incandescente e descerão para seis áreas do seu corpo.

O primeiro raio penetra sua cabeça e vai até à glândula pineal, o seu Terceiro Olho. O segundo raio entra no chakra da garganta, onde está localizada a tireoide. O terceiro raio corre ao longo da garganta. O quarto raio penetra no Plexo Solar entre a caixa torácica e o estômago.

Em seguida, erga as mãos, as palmas para cima, como na pose egípcia para orar. Ambas as mãos devem estar no nível dos ombros, as pontas dos dedos apontadas para fora, para a direita e para a esquerda. Deixe agora que o quinto e o sexto raios penetrem no centro das palmas das mãos.

Quando os seis raios tiverem penetrado em seu corpo, sinta os raios dourados fluindo em seu sangue, seu sistema nervoso, subindo e descendo ao longo da coluna vertebral, para cada célula de seus músculos, para cada órgão interno. Finalmente, você sentirá uma sensação de formigamento nas pontas dos dedos. Pode ser uma sensação gelada ou quente. Toque os pés um no outro e cruze as mãos sobre o peito. Com os olhos ainda fechados, retenha a luz no interior de seu corpo. Banhe-se em seu cálido fulgor, deixando-o renovar suas energias por todo o tempo em que isso lhe for agradável. Diga repetidas vezes para si mesmo: "O Sol me dá energia física e psíquica." Mantenha-se nessa postura entre 10 e 15 minutos e vai se sentir plenamente energizada no corpo, mente e aura.

ALFA INSTANTÂNEO

Os estados de *alfa* mais profundos requerem a Contagem Regressiva de Cristal num lugar sossegado. Lamentavelmente, isso nem sempre é possível. Eis um método para entrar instantaneamente em *alfa* tendo em vista as tarefas rápidas, quando não se pode ficar de olhos fechados, como enquanto dirige um carro ou caminha por um supermercado cheio de gente. O *alfa* instantâneo é ótimo para encontrar lugar em um estacionamento ou obter uma mesa no restaurante. Mas antes de tentar o *alfa* instantâneo, deve-se praticar a Contagem Regressiva de Cristal e os três exercícios anteriores durante algumas semanas, até se sentir à vontade e confiante no uso do *alfa*.

Em primeiro lugar, se programe para o *alfa* instantâneo e isso, é claro, requer o mergulho num profundo estado *alfa* com a Contagem Regressiva de Cristal.

Quando estiver em *alfa*, cruze o dedo médio da mão esquerda sobre o topo do indicador e deixe-os assim. Isso ativará a glândula pineal. Pode ser que tenha até uma sensação de energia na área do Terceiro Olho enquanto mantiver os dedos cruzados. Repita para si mesma que, cruzando os dedos, desencadeará o estado *alfa* instantâneo. Diga: "Eu cruzo os meus dedos e estou em *alfa* instantâneo." A mente é como um computador e, uma vez que tenha sido programada essa instrução, estará apta a ingressar em *alfa* num instante com os olhos abertos, bastando cruzar os dedos e formular a intenção de ingressar nesse estado.

Depois, faça a contagem inversa e estará pronta para usar o *alfa* sempre que necessitar e rapidamente.

Um bom uso de *alfa* instantâneo é para encontrar lugar em um estacionamento. A umas duas quadras do seu destino, cruze os dedos e, na tela de sua mente, visualize um lugar vazio para você estacionar. (Nunca visualize um carro deixando o lugar. Isso é manipulativo demais.) Quando chegar, a vaga vai estar esperando por você.

Certa vez eu estava indo almoçar com três Bruxas no mesmo carro e chegamos ao restaurante para encontrar todos os estacionamentos da rua lotados. Rimos quando nos demos conta de que nenhuma de nós tinha se dado o trabalho de arranjar lugar. Cada uma pensou que as outras o faria. Assim, enquanto demos a volta na quadra, cada uma de nós usou *alfa* instantâneo para obter um lugar para estacionar. Quando passamos de novo em frente ao restaurante, havia quatro lugares esperando por nós numa fila para estacionar! Mas só usamos um.

A MEDITAÇÃO DA ESTRELA COR-DE-ROSA

Autoestima e amor-próprio corretos estão no âmago da magia bem-sucedida e de uma existência não menos bem-sucedida. Uma Meditação da Estrela Cor-de-Rosa é um requisito prévio para todos os feitiços – saúde, riqueza, amor, proteção, êxito –, porque fortalecerá a convicção de que é correto ter essas coisas. A autoestima é básica para a Bruxaria, porque a magia só pode ser feita por pessoas que sabem ser dignas disso. Se elas possuem autoestima, não se sentirão culpadas por ter coisas materiais ou por ter talento para criar e possuir uma fortuna própria. No fim das contas, não se pode contribuir para a boa fortuna de outros se não possuir nada para repartir. Use a Meditação da Estrela Cor-de-Rosa para esclarecer a mente a respeito desses assuntos e para eliminar os obstáculos mentais que impedem a magia bem-sucedida.

Deite-se, feche os olhos e faça a contagem para *alfa*. Visualize o céu e o cosmo. Veja a luz do Universo, o Deus/Deusa, a Força, o Todo ou qualquer outro nome que prefira dar à Fonte de todas as coisas vivas. Veja a luz branca que provém dessa fonte penetrando em cada um dos seus pés.

Em seguida, permita que a luz percorra o seu corpo, detendo-se momentaneamente em cada chakra para conferir poderes a eles. Veja os sete chakras como cristais coloridos na mesma sequência das cores da Contagem Regressiva do Cristal. Os pés são vermelhos, o baço laranja, o Plexo Solar amarelo, o coração verde, o pescoço azul, a testa índigo e o alto da cabeça lilás.

Quando a luz branca sai pelo alto da cabeça, torna-se uma prateada flor de lótus desabrochando no sistema solar. A sua consciência pode viajar até essa flor, cujas pétalas o empurram suavemente pelo espaço.

Viaje para além do sol e de todos os planetas. Voe entre as estrelas e os planetas que ainda não descobrimos. Penetre em novos e desconhecidos sistemas solares muito além do alcance dos telescópios e sistemas de radares terrestres. Quando olhar à sua frente, veja uma brilhante estrela cor-de-rosa, cujos raios se prolongam além do espaço. Viaje em direção a essa estrela cor-de-rosa e, quando os seus primeiros raios tocarem você, sinta a força a atraindo para ela, impelindo-a cada vez mais na direção do seu centro. Você vai se sentir aquecida e eufórica com essa luz cor-de-rosa. Ela surge de todas as partes do seu corpo. Os raios impregnam todo o seu ser e emanam como asas. Você sente uma autoestima e um amor totais por si mesma. Você está agora em unidade com o Universo inteiro, o Todo, o Deus/Deusa. Você e o cosmo existem em perfeita harmonia e perfeito amor.

Enquanto está ainda no interior da estrela cor-de-rosa, estenda as mãos e colha dois punhados de luz cor-de-rosa e, após isso, tome a decisão de voltar à Terra. Com a luz cor-de-rosa no corpo e nas mãos, flutue de volta à Terra, observando pelo caminho os planetas, sóis, estrelas e outros corpos celestes, à medida que passa por eles. Regresse à Terra e reentre em seu corpo físico pelo alto da cabeça.

Com os olhos ainda fechados, veja duas pessoas a quem gostaria de dar um presente de amor-próprio e retrate-as em sua tela mental. Apanhe um punhado de luz rosada e diga o nome de um indivíduo, ao mesmo tempo que coloca a luz no interior do seu Plexo Solar. Depois observe o corpo da pessoa converter-se em luz cor-de-rosa, enquanto ela se espalha por todo seu corpo. Faça o mesmo para a outra pessoa.

Dê-se então a total desobstrução de saúde e faça a contagem de regresso ao estado *beta*.

ENCONTRO COM SUA/SEU *ANIMA/ANIMUS*

Conforme vimos no capítulo anterior, o princípio hermético de gênero nos diz que cada um de nós é masculino e feminino. Fisicamente, contemos cromossomos X e Y e hormônios masculinos e femininos. Psíquica ou espiritualmente contemos energia masculina e feminina, como ocorre com todas as coisas criadas, como ocorre com o Criador/Criadora. Usualmente, nossos *anima* ou *animus* – o oposto do que somos no plano biológico – mantém-se relativamente oculto e inconsciente. E, no entanto, a magia, que é trabalho da consciência, requer que incorporemos energias masculinas e femininas à nossa Arte de um modo deliberado. Isso significa que devemos promover o encontro com nossos *anima* ou *animus*, e desenvolver um relacionamento viável com ele ou ela. Eis uma meditação para fazer justamente isso.

Deite-se, feche os olhos e conte regressivamente para alcançar o estado *alfa*. Na tela de sua mente veja uma abertura natural na terra, como uma gruta, um tronco oco de árvore, a toca de um pequeno animal, um poço ou um manancial. Se essa abertura existir na realidade ordinária e se você mesmo já a tiver visto em alguma oportunidade, será ainda melhor. Deve ser também um lugar onde você se sinta confortável. Mas se não conhece nenhum lugar assim, deixe que qualquer um apareça em sua tela mental, tal como deixou aparecer uma maçã.

Gaste alguns instantes olhando para a abertura, observando o que ela tem ao redor. Seja tão sensorial quanto possível: veja objetos e cores, note os cheiros; sinta o ar, a temperatura, escute os sons ou ruídos. Entre em seguida na abertura, deixando que sua consciência desça através dela. Uma vez dentro, estará num túnel. Avance túnel abaixo, notando a atmosfera, a textura das paredes, a quantidade de escuridão ou luminosidade. Pouco depois de ter iniciado a descida, verá uma luz. Encaminhe-se na direção dela. Note de que cor ela é. Quando atravessar essa luz deixará o túnel e estará numa sala.

Procure uma cadeira e sente-se. Olhe à sua volta, notando os móveis e objetos da sala, as cores, as paredes, a quantidade de luz. Numa parede verá uma porta fechada que dá para uma janela de uma sacada. Dirija-se para ela, abra-a e entre na sacada. Você está olhando para o Universo, como se tivesse entrado na plataforma de uma astronave. Explore o Universo o mais distante que puder. Adquira a percepção do tremendo poder, energia e luz que pulsam em todo o cosmo. Respire fundo meia dúzia de vezes e deixe que essa energia penetre em seu corpo. Depois recue e feche a porta atrás de si.

Regresse à sua cadeira. Sente-se. Peça à *anima/animus* que apareça. Seja paciente. Em alguns momentos a porta se abrirá e *anima/animus* entrará.

Ofereça-lhe uma cadeira e travem um conhecimento mais íntimo. Você pode querer passar alguns momentos apenas olhando para o espírito/corpo que ele/ela terá. Observe como ele/ela se veste. Fique atento ao rosto, às mãos e ao formato geral do corpo.

Pergunte ao *anima/animus* por que nome ela/ele quer ser chamada/o. Diga-lhe que precisa da energia dela/dele na sua magia. Pergunte ao *anima/animus* o que está precisando de você. Fale sobre todas essas coisas para que se conheçam melhor.

Quando tiver terminado, a(o) *anima/animus* se levanta, retorna à sacada e fecha a porta. Quando você voltar a abrir a porta, ele/ela terá desaparecido.

Quando estiver pronta para sair, procure em torno da sala a luz colorida que assinala a entrada do túnel. Passe por essa luz, percorrendo rapidamente o túnel até emergir na abertura onde começou.

Depois apague a sua tela, dê-se uma total desobstrução da saúde e conte o regresso ao estado *beta*.

Sugiro que essa jornada ao *anima/animus* seja feita uma vez por semana, durante várias semanas, usando cada sessão para se conhecerem mutuamente e para criar uma relação de trabalho. Descubra por ele/ela como pode introduzir sua energia em todos os aspectos de sua vida. A maioria das pessoas descobre que a(o) *anima/animus* é o seu primeiro guia espiritual. Ele ou ela pode apresentá-lo a outros.

A maior parte dos guias espirituais, sejam eles *animam/animus*, um animal de poder, um anjo ou um personagem mítico, necessitam tanto de nós quanto nós deles. Muitas Bruxas e xamãs afirmam que não descobriram seus assistentes espirituais, mas que os assistentes espirituais os encontraram. Os espíritos guardiões estão ansiosos por nos encontrar; os animais de poder virão atrás de nós e nos ajudarão se nos mantivermos receptivos ao mundo natural e não obstruirmos os nossos sentidos e as nossas mentes com distrações frívolas da vida moderna. Uma Bruxa conserva seus animais familiares à sua volta, porque eles nos sintonizam com o mundo natural e com o espírito que o impregna. Continue olhando e escutando. Há rostos e vozes nas nuvens. O estrelado céu noturno está vivo, palpitante de risos e cânticos.

Estabeleça um relacionamento recíproco com os seus ajudantes espirituais desde o início. Adquira consciência de como se ajusta na missão e nos propósitos deles e esforce-se por ser um parceiro ou companheiro para os seus guias espirituais. Devemos provar-lhes que compreendemos a natureza recíproca do Universo – que estamos todos relacionados.

UM LEMBRETE

Magia é a capacidade de alterar a consciência de acordo com à nossa vontade. Entretanto, é mais do que simples racionalização de desejos. As leis da Bruxaria são as leis da magia. Derivam dos sete princípios herméticos que os cientistas estão agora descobrindo que funcionam no plano físico. Eu sugeriria que se você quer se tornar competente nos antigos processos dos nossos ancestrais e nas mais modernas práticas científicas, deve meditar sobre os sete princípios herméticos e praticar as meditações e exercícios deste capítulo. Somente a prática fará de você uma Bruxa – ou Bruxo – competente. Comece com tarefas razoáveis para um principiante, como encontrar lugares em estacionamentos ou descobrir objetos perdidos, comunicar-se com outras pessoas ou cuidar da saúde sua e de sua família. Não espere que dardejem raios das pontas de seus dedos, por enquanto, nem imagine que poderá mudar alguma vez as leis físicas da natureza.

CODA: A CIÊNCIA COMO ESTEIO DE TODAS AS PRÁTICAS RELIGIOSAS

Muitas vezes me perguntam como as pessoas podem praticar a Ciência da Bruxaria e ainda reter sua filiação nas principais correntes religiosas. Muitas das Bruxas de Salem são católicas, protestantes e judias praticantes, algumas até Zen-budistas. Mas isso não é incomum. Por exemplo, sempre existiram Bruxas cristãs. O que aconteceu aos povos indígenas da América do Norte e do Sul, África e Polinésia vitimou também a cultura Pagã na Europa Ocidental – os missionários cristãos "converteram" os povos pré-cristãos e as práticas mágicas misturaram-se. A Magia Cristã e a Magia Pagã atuaram lado a lado, e só os missionários foram enganosamente levados a pensar que o batismo varria as antigas crenças e práticas. Durante a Era das Fogueiras, muitas famílias de Bruxas aderiram oficialmente à Igreja e acataram o calendário cristão dos dias santos, mas ainda conservavam a velha magia nos lares: ervas, nós, óleos, velas, feitiços e, ocasionalmente, um Círculo Mágico sob a Lua. As Bruxas que preservaram a antiga sabedoria praticavam frequentemente os rituais em segredo.

Ainda hoje, muitas pessoas cristãs confiam nos poderosos feitiços e sortilégios da nossa Arte remanescentes de outrora. Enterram uma tesoura aberta junto à soleira da porta para afastar os inimigos ou penduram uma ferradura sobre portas ou camas para neutralizar a energia negativa. Mulheres penduram ervas secas e pedaços de cascas medicinais em suas cozinhas sem realmente saberem o porquê. Para muitos indivíduos essas coisas não passam de velhas superstições que "fazem a gente se sentir melhor". Quando feitas sem um conhecimento de sua base científica, só funcionam em parte.

O meu curso de Ciência da Bruxaria não faz prosélitos. Não quero que as pessoas renunciem às suas religiões. Elas podem aprender a Arte e aplicá-la às suas próprias formas de oração e ritual em suas igrejas e sinagogas. As Leis Herméticas são universais e o esteio para todo trabalho espiritual sério, seja ele pagão, cristão, budista, muçulmano, judaico. Por exemplo, se as orações, novenas, missas, litanias, rosários, santinhos, velas, imagens, medalhas, incenso e outros artigos religiosos da fé católica funcionam, é porque os cristãos os usam em *alfa*. Todos os instrumentos sacros funcionam se a pessoa estiver num estado de espírito sagrado que permita à luz penetrar na glândula pineal, alterar a consciência e ligar seus pensamentos e intenções com a mente do Universo.

Aqueles que escarnecem dos adoradores da Lua, dos cultuadores do Sol e da eficácia dos objetos sagrados, orações e ritos, esquecem um crucial fato científico: a energia da luz é a fonte da vida, da inteligência e de todo o conhecimento. Quando abrimos a glândula pineal ao transferir a nossa consciência para o *alfa*, a luz entra e traz consigo saber e entendimento. Essa é a base de toda religião – deixar a luz entrar, deixar a Sabedoria Divina invadir-nos. Os místicos em todas as religiões falam de estados *alfa* de consciência e do fascínio da Luz Divina, embora o façam em termos de suas próprias metáforas e imagens. À maneira deles, aprenderam como entrar em *alfa* quando rezam ou prestam culto. Aprenderam como se tornarem indivíduos iluminados.

As pessoas religiosas que não têm aptidões para o *alfa* meramente recitam suas orações de maneira mecânica e rotineira, ou confiam a Sacerdotes e pastores a tarefa de realizar rituais e orações em nome delas. Quando suas indagações espirituais não conseguem dar-lhes respostas ou produzir resultados, elas recorrem a oráculos ou leitores para lhes darem informações sobre as questões mais prementes de suas vidas. Nove de cada 10 pessoas que me procuram para leituras na loja Crow Haven Corner durante os fins de semana são cristãos em busca de respostas que poderiam ter encontrado por si mesmos, se tivessem mestres espirituais em suas próprias comunidades religiosas que lhes ensinassem técnicas práticas para entrar em *alfa* e ir depois diretamente à fonte, como fazem as Bruxas.

A Inteligência Superior (seja qual for o nome que se dê – o Todo, Deus/Deusa, o Tao, a Força) sabe mais do que nós. Só ela vê o grande quadro. Ela é o grande quadro. Embora o *alfa* abra os nossos olhos para um segmento maior do quadro, nunca poderemos vê-lo em sua totalidade nesta vida. As pessoas de todas as persuasões religiosas podem pedir conhecimento e compreensão. Mas para as Bruxas, pedir não é suficiente. Devemos trabalhar para isso em *alfa*. Devemos usar tanto as leis físicas quanto as metafísicas para enriquecer nossa vida e informar o nosso entendimento.

7
A VIDA DE UMA BRUXA: MAGIA COTIDIANA

A vida de uma Bruxa está repleta de magia e poder. Não reservamos o exercício de nossa Arte apenas para certos dias da semana ou épocas do ano. A maioria vive a vida de uma Bruxa completa e totalmente, dia após dia e noite após noite, quer despertas ou adormecidas, pois até os nossos sonhos têm poder. Cada hora e minuto está cheio de magia e significado, e não existe nada que aconteça, de bom ou mau, que não seja parte da Arte. A vida de uma Bruxa está repleta de encantamento. Neste capítulo observaremos a magia cotidiana que enriquece a vida de uma Bruxa: feitiços mágicos para a saúde, prosperidade, proteção e amor. No próximo capítulo consideraremos as etapas mais marcantes da vida: nascimento, casamento, criação dos filhos e morte.

PRINCÍPIOS BÁSICOS

Existem diretrizes e princípios básicos que se aplicam a todos os trabalhos de magia. Se forem aprendidos primeiro, fornecerão um fundamento sólido para todas as práticas da Arte. São providências simples, mas necessárias para a magia bem-sucedida: instalar um altar, criar um círculo, escrever um feitiço, determinar os melhores momentos do mês para feitiços e cozinhar uma poção protetora.

INSTALAÇÃO DE UM ALTAR

Se possível, coloque o altar de modo que, quando estamos de pé em frente dele e de frente para ele, nos situemos também de frente para o Norte, a direção do mistério e da constância. Algumas Bruxas preferem ficar voltadas para o Leste, o lugar da nova luz, do frescor, do renascimento e dos começos. Seja qual for a direção escolhida, cumpre conhecer os poderes e significados que ela contém. É importante firmarmo-nos geograficamente pelo modo como o altar está posicionado e construído. Quer seja redondo, quadrado ou retangular, o altar está no centro das quatro direções e cada direção deve estar nele representada de uma forma ou de outra.

As Tradições variam quanto aos elementos, cores, animais ou espíritos que guardam as quatro direções, bem como os símbolos ou talismãs que devem ser usados para representá-las. Eu instalei o meu altar com Terra ao Norte, Fogo a Leste[11], Ar ao Sul e Água a Oeste. Os arcanjos são Uriel, que coloco no Norte para a Terra, Miguel no Leste para o Fogo, Gabriel no Sul para o Ar e Rafael[12] a Oeste para a Água.

Todos os elementos e espíritos permanecem em cada direção geograficamente, e as estações do ano e as horas do dia se relacionam também com cada quadrante. Lembre-se de que, tanto num nível subatômico quanto num estado místico de consciência, tempo e espaço não existem conforme os conhecemos; o altar no Círculo Mágico situa-se fora de tempo e espaço. Existe mais de um modo de estabelecer os quartéis de um altar, e não há por que temer a perturbação de forças cósmicas no caso de se esquecer algum detalhe. O importante é que o altar de cada Bruxa consubstancie todos os quatro elementos e as energias espaço-temporais que têm importância para ela ou para sua magia pessoal.

Um modo de representar os elementos no altar é com pedra ou óleo para a Terra, uma vela para o Fogo, incenso ou uma planta aérea para o Ar, e uma Taça ou Cálice de água, naturalmente, para a Água.

---

11. N. do T.: a maior parte das Tradições clássicas da Bruxaria, no entanto, colocam o Ar no Leste e o Fogo no Sul e mantém as demais correspondências como assinaladas aqui pela autora. Porém, isso pode variar substancialmente de uma Tradição para outra. Não há uma norma ou padrão e variações são encontradas nos diferentes ramos da Arte.

12. N. do T.: o uso de arcanjos na Arte é visto pela maior parte dos Bruxos como algo incompatível com a Bruxaria, por tratarem-se de seres espirituais ligados às tradições religiosas judaico-cristãs.

O PODER DA BRUXA | 189

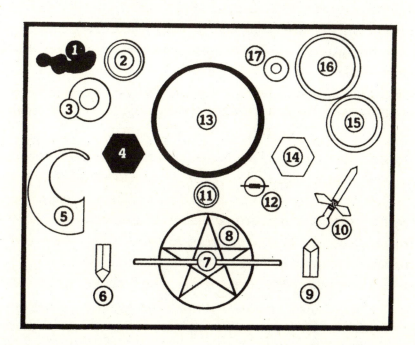

1. Coral Negro
2. Taça
3. Poção Protetora
4. Vela de Cera Virgem Preta
5. Trompa de Chifre
6. Cristal de Quartzo (apontado na sua direção)
7. Bastão (ou Vara Mágica)
8. Pentáculo de Altar
9. Cristal de Quartzo (apontado na direção oposta a você)
10. Athame
11. Estátua da Deusa
12. Sino
13. Turíbulo (para incenso)
14. Vela de Cera Virgem Branca
15. Pote para cinzas
16. Pote de Incenso
17. Óleo do Altar

Coloque um Pentáculo no altar para definir o centro. A ponta deve estar posicionada para cima, apontando o Norte. Acima do Pentáculo coloque um Turíbulo para queimar incenso. Ponha uma vela preta à esquerda do Pentáculo e uma vela branca à direita. O altar é um local de poder, um condutor ou circuito em contato com energias que impregnam o Universo, e as velas preta e branca são usadas para dirigir a energia. As Bruxas acreditam que a energia entra pela esquerda e sai pela direita. Isso tanto é verdadeiro para o corpo humano quanto para um altar – a energia entra pela mão esquerda, por exemplo, e sai pela mão direita. Uma vela preta atrai energia, tal como a absorve em todas as cores da luz. Uma vela branca reflete todas as cores da energia luminosa e funcionará assim como um transmissor, irradiando a energia oriunda do altar. Pedras, ervas, cores e talismãs sobre o altar também devem refletir esse circuito básico esquerda- -direita. Cada item corresponde aos fins para os quais estamos trabalhando. Carregue-os (ver adiante) para captar ou emitir energia e coloque-os à esquerda ou à direita do altar. Por exemplo, se está trabalhando um feitiço para progredir em sua carreira ou conseguir um melhor emprego, poderá carregar lápis-lazúli, canela ou cravo-da-índia para esse fim, colocando-os do lado esquerdo. Esses ingredientes estão associados a Júpiter, o planeta que rege carreiras e empregos. Do lado direito estaria a turquesa ou a ametista, carregadas para enviar o seu feitiço através do mundo onde a energia cumprirá suas ordens. Também poderia pôr uma vela azul-royal à esquerda e uma vela turquesa à direita.

Coloque itens de proteção de cada lado do altar, como coral negro ou sal marinho. A necessidade de proteção em torno de um altar é frequentemente mal interpretada. Não estamos preocupadas com monstros ou demônios que tentem interferir na nossa magia. A magia nunca é realizada num estado de medo, mas alegremente e com uma sensação de prodígio. Pelo contrário, protegemos o nosso trabalho de energias e forças que possam ser conflitantes com as nossas intenções, como as influências astrológicas que não estão em sincronia com o nosso feitiço ou outros trabalhos de magia em curso na área cujo propósito divirja do nosso. Por vezes, nós próprias trazemos estados de ânimo ou intenções contrárias (usualmente na forma de distrações mentais) para o nosso círculo ou altar, e usamos itens de proteção para neutralizar também suas influências.

CARREGANDO INSTRUMENTOS

Um capelão católico num hospital de Boston me procurou para instrução, porque, no dizer dele, passava boa parte do tempo administrando a extrema-unção a convalescentes e sentia que a Igreja Católica não lhe dissera o suficiente sobre as ferramentas espirituais, como os santos óleos, o olíbano, a mirra e as velas por ele usados nos ritos finais. A Bruxaria dispõe de técnicas poderosas para "carregar" (energizar) objetos sacros, e mostrei-lhe como carregar seus óleos e velas para torná-los condutores mais eficientes tanto da energia sagrada quanto da dele próprio. Hoje, ele sente que seu trabalho com as pessoas convalescendo e suas famílias é muito mais satisfatório para todos os envolvidos.

Carregar um instrumento é um método de transferência de energia de nós mesmos e do cosmos para um artigo que será usado com finalidades mágicas. O primeiro instrumento a ser carregado é o Bastão ou Vara Mágica com que se lançam os Círculos Mágicos. Entretanto, é uma espécie de armadilha, porque todas as ferramentas devem ser carregadas dentro de um Círculo Mágico e, no entanto, o Círculo é lançado com um Bastão, Espada ou Athame. Se tiver amigas que são Bruxas, pode pedir-lhes que façam um Círculo para você poder carregar seu Bastão. Ou poderá fazer um Círculo especial com sal marinho, que pode ser comprado na seção de especialidades de um armazém, nas lojas de alimentos naturais ou na loja de artigos de Bruxaria da sua localidade.

O CÍRCULO DE SAL MARINHO

Antes de fazer o Círculo, instale o seu altar (com o Bastão e todos os instrumentos de que necessitará) no interior da área onde pretende traçá-lo. Você não vai poder atravessá-lo de dentro para fora depois de lançado. Se fizer isso, romperá a energia do Círculo e vai ter de recomeçar tudo novamente. Isso inclui até um ombro ou uma mão que possa sobressair, de modo que deverá certificar-se de que o seu Círculo é suficientemente amplo para o trabalho que precisa fazer.

Para criar o Círculo tradicional de três metros, use uma corda de 1,38 m de comprimento e prenda uma extremidade dela no centro do espaço onde quer fazer o seu Círculo. Quando se colocar na ponta livre da corda e a usar como um compasso, pode traçar com ela um círculo perfeito de 9 pés (2,75 m) de diâmetro. Localize o norte magnético com uma bússola e comece deixando cair sal marinho num círculo, caminhando no sentido dos ponteiros do relógio. Após completar um círculo, trace um outro círculo cerca de 30 cm dentro do primeiro, e depois um terceiro, 30 cm dentro do segundo. Você deve ter o seu altar, o Bastão e todos os instrumentos de que necessitará dentro do Círculo antes de começar.

Quando tiver o círculo demarcado com sal marinho, pegue em seu Bastão, entre em *alfa* (de olhos fechados) e examine o Bastão psiquicamente para qualquer energia incorreta. Mesmo que o seu Bastão tenha sido recentemente feito de materiais novos, podem existir energias que são inadequadas para o trabalho mágico, não energias necessariamente perniciosas, apenas inadequadas. Observe a aura do Bastão para determinar as energias a serem removidas. Ver uma aura é muito semelhante a ver a fruta na Meditação da Maçã.

Deixe a aura aparecer na tela de sua mente. Algumas pessoas acham que ajuda pensar em suas telas como computadores, de cujo arquivo retiram uma informação chamada "aura". Uma aura apresenta-se como uma luz irradiando em torno do corpo físico ou objeto.

Com os olhos ainda fechados, segure o Bastão com ambas as mãos e, com movimentos alternados, afaste as energias indesejáveis enquanto diz, "Eu neutralizo qualquer energia incorreta neste Bastão." Depois, coloque uma pitada de poção protetora (ver a pág. 201 para a receita) no Bastão. Segure de novo o Bastão com as duas mãos, feche os olhos e veja a sua própria aura. Deixe-a circular à sua volta e entrar no Bastão. Observe sua aura misturar-se com a do Bastão. Note como ambas ficam mais brilhantes e mais fortes, expandindo-se no espaço circundante. Então diga, "Eu carrego este Bastão para catalisar todos os meus pensamentos e atos por minha vontade. Peço que isso seja correto e para o bem de todos. Que assim seja."

Esse procedimento é basicamente o mesmo para carregar qualquer ferramenta, erva, artigo de vestuário ou de joalheria, ou qualquer objeto que você queira encher com sua própria energia, a fim de que tal instrumento se converta num objeto mágico capaz de levar a efeito seus feitiços. Entre em *alfa* e observe o objeto, buscando energias incorretas ou inadequadas. Se o objeto é pequeno, segure-o em sua mão esquerda e cubra-o com a mão direita. Afaste a energia incorreta com a mão direita, para que se dissipe no cosmo, onde não terá efeitos negativos. (A energia incorreta só é prejudicial porque se encontra no lugar ou objeto errado. Uma vez removida, a energia é simplesmente energia.) Depois, volte a checar a aura do objeto para se certificar de que é puramente a dele, de que não tem qualquer interferência estranha. Feche os olhos e observe sua aura e a dos objetos fundirem-se, tornando-se uma só. Quando as auras combinadas estiverem fortes e brilhantes, declare o propósito com o qual carregou o objeto e diga que essa energia está agora fixada e protegida de qualquer energia contrária que puder agir contra o propósito do objeto. Um modo alternativo para neutralizar quaisquer energias incorretas numa ferramenta ou objeto, consiste em colocar um pouco de poção protetora nele antes de carregá-los para o fim específico.

CARREGANDO ERVAS

As ervas devem ser primeiro carregadas ou catalisadas antes de as usarmos em poções e filtros. Um catalisador é qualquer agente que induza ou aumente a taxa de inter-relação entre uma substância e outros agentes. Na magia herbária, a aura proveniente de nossa energia mental atua como um catalisador sobre a aura em torno de ervas, raízes ou flores. A aura da erva é como um pacote de luz que contém informação de um ou mais planetas. Quando se carregam ervas, raízes ou flores para que realizem uma intenção mágica específica, e depois as misturamos numa poção, criamos mais poder. A energia das auras combinadas confere poder a nossa magia.

O modo de catalisar a energia de uma erva consiste em tomar um punhado dela (ou a quantidade desejada), segurá-la na mão esquerda e sentar-se calmamente com os olhos fechados. Entre em *alfa* e depois visualize e diga em voz alta o que quer que essa erva faça. Dirija, então essa imagem mental para a mão e a erva, focalizando nela a consciência. Feito isso, veja em seu olho da mente a aura de seu próprio corpo ao redor da mão e visualize em seguida a fusão das duas auras. Concentre-se na pessoa, lugar ou coisas que gostaria de ver a erva influenciar. Depois de ver tudo concluído no olho de sua mente, o feitiço está feito. Repita em voz alta a intenção mágica que deseja concretizar e diga: "Peço que isso seja correto e para o bem de todos. Que assim seja." Esse feitiço durará quatro dias se ervas, folhas ou flores tiverem recebido a carga. Raízes, casca de árvores, madeira, sementes, grãos e bagos permanecem carregados de três meses a um ano. Gomas e resinas mantêm suas cargas durante anos.

Pode-se usar essas ervas, raízes ou flores carregadas, levando-as conosco em bolsas de pano nas cores apropriadas, ou podemos queimá-las em carvão como incenso para libertar as energias. Ou deixe-as numa Taça aberta em sua casa ou escritório para emitir ou captar o que você quiser. Embora seja verdade que muitas ervas podem ser tomadas internamente para fins médicos, as poções e os filtros mágicos que constam deste livro não devem ser ingeridos, de forma alguma. A magia ervanária discutida neste capítulo é para preparar ervas unicamente para usar fora do corpo humano, colocando-as na roupa que vestimos, deixando-as em casa ou queimando-as como incenso. Assim que se tornar mais proficiente em nossa Arte, poderá querer carregar ervas no Círculo Mágico de uma Bruxa e em conjunção com as horas e os dias planetários corretos.

LANÇANDO UM CÍRCULO

Expliquei o método para criar um Círculo no capítulo 4, mas aqui estão resumidos os passos básicos para ajudar você a recordar:

1. Retire todos os animais e crianças pequenas da área e qualquer mobiliário que não queira que fique dentro do seu Círculo.
2. Instale o seu altar antes de lançar o Círculo.
3. Localize o norte magnético com uma bússola, segurando o Bastão afastado do seu corpo, entre em *alfa* e veja a aura do Bastão irradiando a partir dele, sobretudo na ponta.
4. Visualize a ponta do Bastão criando um Círculo de luz e energia, como um laser, enquanto você caminha três vezes, no sentido dos ponteiros do relógio, em torno da área. A circunferência traçada pela ponta do Bastão será o limite do seu Círculo. Projete luz branca a partir do Bastão a fim de criar o Círculo de energia. Veja em sua mente o Círculo como sendo geometricamente perfeito e diga para si mesmo que é assim.
5. Percorra uma segunda vez o Círculo e diga em voz alta: "Eu lanço este Círculo para me (ou nos) proteger de todas as energias e forças negativas e positivas, em qualquer nível, que possam surgir para me (ou nos) causar dano. Só atraio para este Círculo as energias e forças que estão certas para mim (ou nós) e são as mais corretas para o meu (ou nosso) trabalho."
6. Percorra o Círculo uma terceira vez e diga: "Eu criei um espaço sagrado. Que assim seja."

7. Invoque as quatro direções e as energias dos elementos, anjos e os poderes que residem neles usando o Athame, o Bastão, a Espada ou o dedo indicador para desenhar um Pentagrama Invocante quando olha de frente para cada direção. Use um encantamento ritual invocatório ou um que tenha escrito para si mesmo.
8. Para abrir um Círculo, erga o Bastão sobre a circunferência do Círculo e, começando pelo norte magnético, caminhe uma vez ao redor, no sentido inverso ao dos ponteiros do relógio, enquanto diz: "Envio este Círculo para o cosmo, para que realize a minha (ou nossa) solicitação. O Círculo está aberto, mas não rompido."

ESCREVENDO FEITIÇOS

Um feitiço é enviado para o Universo com o objetivo de efetuar alguma mudança. No meu Coven, sempre escrevemos primeiro os nossos feitiços e reservamos alguns momentos para os ler umas às outras antes de lançar o nosso círculo. Se uma das Bruxas do meu Coven lê o seu feitiço no Círculo diferente do que tinha lido anteriormente, nós a interrompemos e assinalamos não ter sido essa a maneira que ela havia concordado. É muito importante que um feitiço seja redigido corretamente, porque você obterá o que pediu e deve ter muito cuidado para alcançar aquilo que realmente queria e não alguma coisa muito diferente.

Por exemplo, uma Bruxa de Salem que tinha sido vice-presidente de um banco escreveu um feitiço para se ver livre de todas as suas contas. Ela escreveu "ter todas as minhas contas pagas". Pouco depois, começou recebendo contas de que se esquecera, como uma antiga taxa escolar que totalizava alguns milhares de dólares, honorários médicos e até uma amiga a quem pedira dinheiro emprestado há vários meses apareceu em casa para lhe lembrar da dívida. Ela então se viu atolada em contas e teve que contrair um empréstimo a fim de as liquidar todas. Ela obteve o que pediu, mas não do modo que pretendia. Por isso é importante ver seu feitiço escrito e analisar com cuidado a forma como foi redigido. Escreva os feitiços em papel pergaminho ou em folhas soltas de papel de carta sem linhas, de cerca de 10 a 12 cm. Nunca use papel reciclado, porque o que aí esteve escrito previamente, fosse o que fosse, será trazido para o seu Círculo e poderá conter energia que conflita com o objetivo do feitiço. A fórmula que usamos é esta: "Peço em nome de (Deusa/Deus ou o Todo) que a mim (indicar o seu nome) seja concedido (indicar aqui o seu desejo)... Peço que isso seja correto e para o bem de todas as pessoas. Que assim seja."

No lugar do nome da Deusa ou do Deus, pode escolher qualquer nome ou forma da divindade com quem você trabalha. Como o nome do meu Coven é Pombas Negras de Ísis, nós escrevemos os nossos feitiços nos nomes de Ísis e Osíris. O uso desses nomes não significa que estejamos cultuando os antigos Deuses egípcios. Usamos esses termos no sentido hermético de união das forças das polaridades, masculina e feminina, semelhante ao *yin* e *yang*. Para nós, os nomes da Deusa e do Deus são forças energéticas que captamos para fazer a nossa solicitação através do feitiço. Como também trabalhamos com as tradições druídicas dos celtas, usamos às vezes os nomes de Cerridwen, Cerne e Brigit. O ponto importante é que você conecte suas intenções com o Universo, o Todo, ou Inteligência Total, seja qual for a forma como o conhece.

Sybil Leek costumava adicionar uma pequena estrofe aos seus feitiços que dizia:

> De nenhum modo este feitiço
> Reverterá ou fará recair sobre mim
> qualquer maldição.

Escrevemos frequentemente os nossos feitiços em rimas simples para nos ajudar a recordá-los mais tarde, e porque um feitiço falado que rima traz consigo o poder do canto, o qual infunde em nossa consciência a potência do que estamos dizendo. Eis um simples poema para um feitiço a fim de trazer sonhos agradáveis para a pessoa amada.

> Estrela cadente
> Em uma iluminada estrada
> Destrua e dissolva
> Toda ira instalada.
> Solte a poeira estelar,
> Lance seu raio admirável,
> Conceda ao meu amor
> Um sonho agradável.

Os feitiços rimados não precisam ser grande poesia. Use imagens e rimas que soam poderosas a seus ouvidos. Não se preocupe se a métrica de um feitiço é imperfeita.

No Círculo, fazemos a leitura dos nossos feitiços em voz alta, porque o som é um instrumento de manifestação. Depois, ou queimamos os feitiços em potes para cinzas usados exclusivamente para queimar feitiços, ou o levamos conosco depois de sair do Círculo. Por vezes, também carregamos um talismã, pedra, vela ou erva, para reforçar o feitiço ou usá-lo conosco como um lembrete.

Na primavera, próximo da festa de Beltane (1º de maio)[13], colocamos as cinzas reunidas no decorrer do ano anterior sobre nossa fronte. A área escurecida atrai mais luz para o Terceiro Olho. Esse antigo costume de ungir a testa com cinzas na primavera foi cooptado pelos cristãos e transferido para a Quarta-Feira de Cinzas, como um lembrete de sua mortalidade. Fazemos isso na primavera para lembrar-nos de uma nova vida e ressurreição.

O TEMPO CORRETO

Você fará feitiços e Círculos Mágicos em diferentes alturas do mês e épocas do ano. Alguns períodos são mais auspiciosos do que outros para certos tipos de feitiços e rituais. De um modo geral, o mês tem duas metades – o período do crescente lunar e o do minguante lunar. O quarto crescente é a melhor época para fazer um feitiço para o crescimento, começo, criação, iniciação aperfeiçoamento. Durante o minguante lunar, fazer feitiços para banir o mal, reduzir ou remover obstáculos ou doenças, neutralizar inimigos e apagar prejuízos. Os três dias seguintes ao aparecimento no céu da Lua nova, quando ela parece no céu como um fino fio logo após o pôr do sol, são os períodos mais poderosos para um feitiço em prol do crescimento e dos começos. Os dias que antecedem de imediato o plenilúnio são os mais poderosos para feitiços que envolvam a frutificação e a conclusão. A Lua negra, ou a escuridão lunar – as três noites em que a Lua não é visível devido a sua proximidade do Sol – é

---

13. N. do T: no Hemisfério Sul, Beltane é celebrado em 31 de outubro.

o período mais auspicioso para banir e neutralizar feitiços. Também é aconselhável consultar um calendário astrológico para determinar em que signos a Lua estará durante o mês ou de quais planetas ela estará mais próxima. Se um feitiço é realizado durante um período em que a Lua está num signo ou em conjunção com um planeta que é favorável ou compatível com o propósito do feitiço, a probabilidade de que ele funcione é muito maior. O que acontece no macrocosmo acontece no microcosmo. O espaço exterior é também o espaço interior. Os grandes movimentos celestiais correspondem a movimentos dentro de nós. Os padrões arquetípicos nos astros participam do mesmo poder que as imagens arquetípicas em nosso inconsciente pessoal e no inconsciente coletivo. Em outras palavras, existem símbolos comuns na mente, no Céu e na Terra. Num universo holográfico, existe uma grande unidade de objetos e símbolos, e fazemos bem em lançar mão deles em nossos feitiços e rituais, representando-os sob padrões celestiais que reforçam as nossas intenções.

Os padrões astrológicos também influenciam a eficácia dos trabalhos mágicos, de modo que quanto mais soubermos sobre astrologia e pudermos usá-los em nossos feitiços e rituais, melhores e mais eficazes estes serão. Numa emergência, é claro, podemos fazer um feitiço a qualquer momento. Para compensar uma falta de conhecimentos sobre astrologia, uma Bruxa pode solicitar que somente as influências astrológicas mais corretas e poderosas entrem no Círculo e que as nocivas permaneçam fora dele. Uma Bruxa poderosa, cuja magia é pura e concentrada, terá êxito independentemente dos signos, planetas ou fases da Lua.

NOTAS SOBRE ALGUNS INGREDIENTES

Eis algumas descrições breves de certos ingredientes menos conhecidos que uma Bruxa usará em suas poções:

As Bruxas usam verbena para reforçar o poder psíquico e levam-na numa bolsa preta mágica; espalham-na ao redor das velas no dia 2 de fevereiro a fim de garantir o poder para o ano seguinte. O chá de verbena era outrora bebido a fim de moderar a hemorragia excessiva.

O pelo de lobo é usado para proteção. Nos tempos medievais, o seu cheiro, quando transportado numa bolsinha mágica, impedia que outros animais nas florestas se aproximassem. As Bruxas também sabem que o lobo é um animal gregário que protege o seu próprio clã; por isso invocamos o seu espírito para nos proteger em nosso trabalho.

Patchuli é uma erva que tem o aroma de solo fresco e de jasmim. É usado por muitas Bruxas como poção de perfume, gerando amor e proteção.

A cinco-em-rama é uma planta que tem cinco folhas lobadas. Simboliza o Pentagrama.

A raiz e o pó de hidraste são governados por Júpiter. As Bruxas andam com eles e os usam frequentemente em feitiços a fim de serem admiradas pelos que ocupam posições de poder. Nós também penduramos a raiz em nossos lares ou escritórios para trazer sorte. O hidraste é também uma erva curativa, sendo usada para cicatrizar ferimentos.

É frequente as Bruxas colocarem sementes de mostarda em suas caixas registradoras para atrair dinheiro. Pode também conservar algumas sementes na carteira.

As Bruxas usam o chá de camomila para curar as afecções da garganta ou os fortes acessos de tosse; também carregamos os nossos saquinhos de chá de camomila num Círculo para produzir conforto material.

Urzes são sempre plantadas no jardim de ervas de uma Bruxa, para ser depois secada e pendurada de cabeça para baixo no lar a fim de trazer sorte. Um pouco de canela no café da manhã faz o mesmo efeito.

O visco era chamado de "panaceia" pelos Druidas. Os meus ancestrais o colhiam nos carvalhos sagrados na Inglaterra e o deixavam cair sobre um tecido virgem. É usado o ano inteiro, mas é carregado durante o Solstício de Inverno para reter sua potência total. É uma planta do sol e traz saúde, riqueza e poder.

As flores de hibisco são secadas pelas Bruxas para se obter um pó que é usado em cartas e pacotes enviados aos entes queridos muito distantes. Diz-se que o hibisco e a papoula vermelha fazem com que um duende venha da Lua sussurrar coisas ternas ao ouvido daquele a quem amamos quando ele está dormindo, e este sonhará conosco enquanto o duende lunar estiver sussurrando o nosso nome.

POÇÃO DE PROTEÇÃO

Você deve ter sempre uma poção de proteção no seu altar. Eu uso os seguintes ingredientes para a minha:

2 a 4 xícaras de água de uma fonte
1 colher de sopa de limalha ou aparas de ferro
1 colher de chá de verbena
2 colheres de sopa de sal marinho
2 colheres de sopa de mirra
2 colheres de sopa de olíbano
1 pitada de pelo de lobo. Tem que ser de um lobo vivo que esteja na muda (pedir a um dos tratadores do zoológico local que lhe consiga).

OPCIONAL: uma pitada de poeira de uma sepultura. (Recolha um pouco de poeira da lousa de uma sepultura de alguém a quem reverencia por coragem ou bravura; não use uma pá, pois poderia ser detida por perturbar uma sepultura; reponha sempre alguma grama que possa ter sido arrancada.)

Carregue todos os ingredientes e coloque-os numa panela esmaltada ou de ferro que você use exclusivamente para cozinhar a poção de proteção. Dê uma fervura em fogo brando. Entre em *alfa* instantâneo e movimente as mãos no sentido horário sobre a poção enquanto diz: "Encarrego esta poção de me proteger (e a quem eu designar) de quaisquer forças positivas ou negativas que venham para causar dano."

Conservar a poção de proteção numa garrafa ou jarra. Sempre que precisar, coloque um pouco em ambos os pulsos, na testa e na nuca. Também poderá passá-la nos pneus do seu carro antes de iniciar uma longa viagem, ou em suas portas e janelas para proteger de intrusos.

LEMBRETES IMPORTANTES

Guarde na mente os sete pontos seguintes, quando estiver fazendo feitiços:

1. Realizar todos os feitiços e rituais dentro de um Círculo Mágico.
2. Realizar todos os feitiços em *alfa*.
3. Peça sempre ao Deus ou Deusa que cada feitiço ou ritual seja feito de um modo "que é correto e para o bem de todos".

4. Seja cuidadoso com o que projeta, porque o obterá, mas pode não acontecer na forma que você pretendia. Por exemplo, não projete simplesmente seu pedido para ter um milhão de dólares. Pois você poderia recebê-lo como indenização por um acidente de automóvel que lhe deixou paralítica. Declare sempre que o que está pedindo é correto e para o bem de todos. Também poderá estipular que o feitiço lhe seja totalmente aceitável, sob todos os aspectos, e que o dinheiro venha de uma forma segura e correta.
5. Algumas pessoas tentam "negociar" com uma inteligência superior com o intuito de assegurar o bom funcionamento de seus feitiços. "Ó, meu Deus", dizem em suas preces, "se eu ganhar o prêmio de um milhão de dólares da loteria, nunca mais pedirei nada." Claro que pedirá! Nunca se limite. Uma mãe cristã pedia em suas orações na igreja, todos os domingos, para que seu filho entrasse na Universidade, prometendo ao seu Deus que ela trabalharia em três empregos se o rapaz fosse admitido. Sua projeção se concretizou e o filho partiu para a Universidade. E fiel à promessa, arranjou dois empregos em *part time*, além do seu emprego regular, para poder pagar os estudos do filho. Um mês depois, o rapaz tinha pintado os cabelos de verde, abandonado a Universidade e seguido de carona para a Califórnia, a fim de viver numa comunidade budista. A mãe teve de ficar com os três empregos para liquidar as mensalidades de todo o semestre letivo. Embora essa mulher não tivesse considerado suas orações como uma forma de Magia Negra, ela estava tentando manipular a vida de outra pessoa sem saber se o projeto era realmente correto ou necessário. Suas orações não foram ditas num espírito de correção e para o bem de todos. O filho dessa mulher nunca quis ir para a Universidade e ela nunca tinha querido trabalhar em três empregos. As Bruxas diriam que ela interferiu com o carma de seu filho.
6. Não temos que fazer um feitiço para projetar dinheiro com frequência, porque o que queremos poderá estar ao nosso alcance sem comprá-lo. Por exemplo, se quiser viver numa casa melhor, projete-se vivendo nela em vez de receber o dinheiro para comprá-la. Talvez não precise de dinheiro. Pode acontecer de conhecer e casar com alguém que tenha essa casa. Ou arranjar uma amiga com quem rache as despesas de aluguel. Ou você pode ganhar uma casa

ou conseguir comprar uma sem qualquer pagamento de entrada. E não elimine a possibilidade de um inesperado presente. Por vezes, ao projetar psiquicamente algo, acontece que isso nos chega como um presente de alguém ou em resultado de uma situação que nunca sonhamos sequer que pudesse ocorrer. Certa vez eu quis ir à Inglaterra, mas não tinha dinheiro. Pouco depois de criar um feitiço para chegar de alguma forma à Inglaterra, uma companhia britânica de produtos químicos me contratou para efetuar alguns diagnósticos psíquicos de seus empregados, a fim de determinar se eles estavam envolvidos em roubo ou mau uso de substâncias do estoque da empresa. A empresa pagou a minha viagem à Inglaterra. Certa vez, meu ex-marido estava ajudando amigos a construir um lance de escadas e precisaram de mais três sacos de cimento para concluir o trabalho. Mas como era um feriado, não puderam ir à loja de materiais de construção para adquirir os sacos adicionais. Quando fizeram uma pausa para fugir do sol escaldante, ele disse: "Puxa, se ao menos tivéssemos mais três sacos de cimento..." Instantes depois, uma mulher elegantemente vestida chegou num Cadillac, abriu o porta-malas e disse: "Eu vi vocês trabalhando aqui, então eu trouxe estes três sacos de cimento que me sobraram de uma obra e estavam jogados num canto da minha garagem há meses. Não tenho onde usá-los. Talvez vocês possam aproveitá-los." O meu ex-marido pensou que tinha havido "intervenção" minha, mas o que houve, na realidade, foi uma projeção de seus próprios desejos.

7. A inveja é um monstro de olhos verdes que pode diluir e bloquear até os melhores feitiços. Não tem lugar na magia. Até mesmo a inveja inconsciente da boa sorte de outra pessoa pode arruinar um feitiço. Ocasionalmente, discutia minhas projeções ou realizações com outras pessoas e sentia a inveja delas. Pessoas invejosas podem neutralizar ou enfraquecer a nossa magia, assim como pode fazer o mesmo nosso próprio ciúme ou inveja. Seja discreta ao discutir iniciativas ou realizações pessoais. Não se vanglorie. Outras pessoas fazendo magia para a mesma coisa poderiam trabalhar contra você. E se você fizer magia contra os objetivos de alguém, está praticando Magia Negra.

FEITIÇOS DE PROTEÇÃO

Todas as criaturas vivas possuem meios para se proteger: presas, garras, espinhos, camuflagem, velocidade, sentidos agudos de visão e audição. O plano da Deusa é que enquanto uma espécie tiver uma finalidade, ela sobreviverá. A Deusa não abandonou qualquer planta ou animal para viver num meio ambiente hostil sem os meios adequados à sobrevivência. Até mesmo os seres humanos podem se proteger do perigo, dano ou maldade. Já que as nossas estruturas corporais não são, com frequência, tão poderosas ou sensíveis quanto as de nossos irmãos e irmãs no reino animal, temos a inteligência e o engenho para moldar o nosso meio ambiente e criar as ferramentas necessárias à sobrevivência: muros e cercas, fechaduras nas portas de nossas casas, armas. Além do instinto de sobrevivência, foi-nos ensinado desde criança a cuidarmos de nós próprios e a evitar tudo o que nos possa causar danos. A maioria foi instruída a não falar com estranhos, a não atravessar uma rua sem olhar, a não se aventurar sozinha em bairros perigosos, a não sair com tempo frio sem agasalhos. Muitas dessas coisas são ditas pelo senso comum; outras são fruto da sabedoria tradicional transmitida de geração para geração.

A grande maioria das pessoas não foi, porém, ensinada a se proteger através da magia, como trabalhar com as forças superiores a fim de mantermos nossas vidas em harmonia e equilíbrio, ou nos escudar dos ataques perniciosos, tanto físicos quanto psíquicos. As Bruxas sabem que somos responsáveis pela nossa segurança e bem-estar. Também sabemos como promover a nossa felicidade e como nos defender sem causar danos a outros. As pessoas que se dedicam à Bruxaria não compartilham das crenças muito difundidas em alguns sistemas religiosos e éticos de que os seres humanos são vulneráveis e impotentes, de que as nossas vidas estão determinadas pelo destino, ou por um Diabo, ou por forças poderosas demais para que possamos entendê-las. Consideramos certos sofrimentos como partes inevitáveis da vida, mas não nos resignamos a sofrer os males que nos atingem como se fossem fruto da vontade divina. E não aceitamos o sofrimento como sendo uma espécie de punição cármica para o mal que fizemos em vidas passadas.

As Bruxas não dão a outra face. Nem somos dadas a tomar atitudes irrefletidas ou impetuosas. Somos adeptas, isso sim, da "resistência ativa", um método para neutralizar a energia nociva e polarizar uma situação de modo que ninguém possa nos causar dano. Resistimos ativamente aos esforços para nos magoar ou contrariar sem ferir ninguém em troca. A lei das Bruxas é que tudo o que for emanado a partir de nós nos será devolvido em triplo. Isso vale para as energias boas e más. Certa vez, uma das minhas alunas estava se divorciando de seu marido de 27 anos e disse-me que estava "devolvendo a energia má que ele lhe mandava, para dar-lhe uma lição". Fiquei horrorizada, embora pudesse simpatizar com as necessidades e a ira dessa jovem. Porém, disse-lhe que nenhuma de nós sabe que lições outra pessoa está nesta vida para aprender. Temos dificuldades em compreender as lições que, segundo se presume, nós mesmas teremos que aprender! Não podemos especular sobre as intenções da Deusa a respeito de qualquer pessoa, por melhor que a conheçamos.

NEUTRALIZAÇÃO DE DANOS

Existem muitos métodos, para neutralizar a energia perniciosa de outra pessoa. O modo mais simples é entrar em *alfa* e ver a pessoa ou situação ameaçadora com o nosso Terceiro Olho e depois nos vermos pintando um gigantesco "X" branco sobre ela. Repete-se isso até que a cena perniciosa tenha sido bloqueada por completo. Diz-se então. "Eu neutralizo isto", quando tivermos tapado com os nossos "X" a cena ou pessoa.

Outro método é usar *alfa* para visualizar a pessoa perniciosa e então nos vermos envolvendo todo o corpo dela, da cabeça aos pés, num feixe de luz branca. Pedir sempre, entretanto, que essa projeção seja feita corretamente e para o bem de todos. Eu uso essa técnica quando vejo terroristas ou assassinos nos telejornais ou quando leio sobre atrocidades semelhantes na imprensa. É um excelente meio de nos envolvermos magicamente no bem-estar de nossa própria cidade ou província, ou mesmo em assuntos de âmbito nacional. É semelhante às projeções feitas por grupos de oração que se reúnem e rezam pela libertação de reféns ou a captura de um criminoso ou um fim para problemas de drogas em seu bairro.

É claro, não podemos assumir os problemas do mundo inteiro. Precisamos ser seletivas e concentrar a nossa energia em determinados pontos. Usualmente, as Bruxas neutralizam o dano e realizam trabalhos curativos num nível pessoal e local – com suas famílias, amigos e vizinhos.

O FEITIÇO DA GARRAFA

Este feitiço pode ser usado para neutralizar o poder daqueles que pretendem nos causar danos físicos, ou prejudicar a nossa reputação ou, de uma forma ou de outra, produzir uma ameaça à nossa segurança. Você necessitará de:

4 colheres de sopa de olíbano ou mirra
4 colheres de sopa de limalha negra de ferro (existente em lojas de cerâmica onde é usada a siderita)
4 colheres de sopa de sal marinho
4 colheres de sopa de pó de rizoma de lírio (ou musgo de carvalho)
1 vela branca
1 garrafa com rolha ou tampa
Almofariz e pilão
Papel de pergaminho
Tinta preta ou esferográfica preta
Fio preto

Misture o sal marinho, o pó de rizoma de lírio e a limalha de ferro numa tigela. Depois, corte um pedaço de pergaminho que caiba na garrafa e escreva com tinta preta, "Eu neutralizo o poder de (escrever o nome do adversário) para me fazer mal. Peço que isso seja correto e para o bem de todos. Que assim seja."

Enrole o pergaminho, ate-o com o fio preto e coloque-o dentro da garrafa, preenchendo-a com os ingredientes secos. Depois, pegue a vela branca e, enquanto gira a garrafa no sentido inverso ao dos ponteiros do relógio, pingue a cera sobre a rolha para vedá-la. Finalmente, enterre a garrafa num lugar secreto onde não possa ser perturbada nem desenterrada por animal ou pessoa. Este feitiço é como um gênio na garrafa. Nunca deve ser solto ou o poder do feitiço estará perdido.

FEITIÇO DE POLARIDADE

Sentimos com frequência existir algum desequilíbrio energético numa sala, casa ou situação, mas não estamos certos do que possa ser ou do que fazer a respeito. Quando isso acontece, use este Feitiço de Polaridade para equilibrar a situação. Entre em *alfa* e visualize uma vela branca ardendo à sua frente. Observe cuidadosamente a chama e note se ela começa a se dissipar, mover-se, duplicar-se ou a mudar de alguma maneira. Se ela arde de maneira constante e com brilho consistente, a energia está equilibrada. Entretanto, se sofre qualquer alteração, está presente uma energia instável, possivelmente prejudicial. Para corrigi-la, imagine um Bastão com uma esfera em cada extremidade. O Bastão deve estar numa posição vertical. Coloque a energia instável na esfera do topo, visualizando-a como uma cor ou uma textura que considera desagradável. Na esfera de baixo, coloque sua imagem oposta à energia que será equilibrada. Mentalmente, faça girar o Bastão num ângulo de 180 graus enquanto diz para si mesmo: "Eu polarizo a energia (nesta sala, espaço, etc.). Ela está agora corrigida e equilibrada." Retire o bastão de sua visão mental e veja de novo a vela. Sua luz permanecerá estável e brilhante.

O ESCUDO PROTETOR

No meu curso sobre a Ciência da Bruxaria, ensino aos meus alunos principiantes um método para se protegerem onde quer que estejam e de qualquer espécie de dano físico ou psicológico. Trata-se do mais básico feitiço protetor na Arte, mas não subestime a sua eficácia. Eu o chamo de "escudo protetor".

Entre em *alfa* e, no seu nível mais profundo, imagine um escudo protetor à sua volta que se assemelha a um ovo. Límpido, refulgente, cristalino. Veja-o tornando-se cada vez mais brilhante e mais forte ao redor de todo o seu corpo, até ser grande o bastante para ficar sempre fora do alcance das pontas dos seus dedos, seja qual for a direção em que estenda os braços. Quando vir claramente o escudo oval, repita várias vezes o seguinte: "Este escudo me protege de todas as forças e energias positivas e negativas que vêm para me fazer dano. Peço que isso seja correto e para o bem de todos. Que assim seja."

Costumo sempre colocar um escudo protetor ao redor do meu carro ou de qualquer veículo em que eu viaje. Coloco também esse escudo à minha volta e das pessoas que estão comigo. Acredito firmemente que tenho evitado assim terríveis colisões em várias oportunidades, quando os carros pareciam passar através um do outro em vez de se chocarem. Você pode colocar escudos em torno dos membros de sua família, do seu lar e das vizinhanças. Entre periodicamente em *alfa* e inspecione as condições de seus escudos. Embora eles possam permanecer, necessitam ser ocasionalmente reforçados. Pode-se repetir as seguintes afirmações periodicamente num nível *alfa* para reforçar o seu escudo protetor. Se elas não se ajustam à situação, use-as como modelos para criar as suas próprias:

- Pensamentos ou sugestões incorretos ou perniciosos não terão poder nenhum sobre mim em qualquer nível mental.
- As recordações indesejáveis não mais me afetam de maneira incorreta.
- Estou protegido de forma correta de todas as energias e forças positivas e negativas que possam me trazer danos.

Os escudos protetores nos defendem de muitas maneiras. Além de serem uma barreira real aos perigos físicos, saber que se vive dentro de um ovo de segurança nos torna mais sensíveis para captar o perigo em todos os níveis. Certa vez, quando frequentava o ginásio, passei um fim de semana com uma amiga em Las Vegas. Ela passava suas noites passeando de carro pelo deserto com um séquito de rapazes amigos seus. Era a coisa mais agradável de se fazer nesses tempos! Juntei-me ao grupo na primeira noite, uma clara noite de Lua cheia. Assim que eles entravam na planície desértica, apagavam as luzes dos faróis. Eu ia apertada no banco traseiro, literalmente no colo de alguém, e não podia ver em que direção seguíamos; mas, de súbito, fui invadida por um indefinível mal-estar, com uma forte sensação de perigo iminente. Supliquei ao rapaz que conduzia o carro que parasse. Ele concordou, com um comentário de desprezo me acusando ser uma "gatinha medrosa". Mas quando paramos e se acenderam os faróis, vimos que o carro estava a menos de dez metros de um barranco que descia entre oito e dez metros ladeira abaixo.

Uma Bruxa de Salem estava certa vez viajando em seu carro para ir visitar uma amiga no Maine. Com a atenção concentrada na estrada, ela sentiu alguém ou alguma coisa bater-lhe no ombro. Ela então reduziu a velocidade para ver o que poderia ser, uma vez que estava sozinha no carro. Isso aconteceu por diversas vezes. Num determinado ponto, ela entrou no acostamento e parou por alguns instantes, a fim de checar o banco traseiro e acalmar o nervosismo. Nada encontrou. Voltou à rodovia interestadual e começou escalando uma acentuada subida íngreme, conduzindo lentamente, porque estava prevendo o tapinha fantasmagórico em seu ombro. Quando chegou ao topo da colina viu uma colisão múltipla de 14 carros, no local onde um caminhão com reboque tinha derrapado, provocando o engavetamento. Felizmente, ela ia numa velocidade suficientemente moderada para evitar ser o carro número 15. Não só o escudo protetor mantém o mal a uma distância segura, mas pode psiquicamente nos dar informação que nos ajude, como neste caso, para que possamos captar, prestar atenção e usá-lo de maneira a garantir a nossa segurança.

AMULETOS E TALISMÃS

Desde os mais remotos tempos, os seres humanos têm usado amuletos (fetiches de animais, plantas, partes do corpo) e talismãs (formatos geométricos) para se protegerem do mal. Encontramo-los nos remanescentes de antigas culturas e ainda hoje os vemos pendendo de pulseiras e braceletes para dar sorte. Alguns deles são parte integrante da cultura de um povo. Os italianos, por exemplo, usam um amuleto na forma de um chifre que representa a energia espiral dos chakras do corpo. Os árabes usam muitos talismãs, sendo um dos mais comuns a "Mão de Fátima", uma representação da mão da filha de Maomé, Fátima, com um olho no centro. Os turcos e os gregos usam colares de contas de vidro azul para simbolizar olhos que vigiam o mundo com intenções protetoras. Em nossa cultura, um pé de coelho e uma ferradura são amuletos protetores. Outros talismãs e amuletos são pessoais e só possuem significado para o indivíduo que os usa.

Tradicionalmente, as Bruxas têm encontrado proteção em uma variedade de amuletos e talismãs, sendo o Pentáculo o mais comum e importante. Outro favorito é o Selo de Salomão, dois triângulos sobrepostos, um apontado para cima, o outro para baixo, dentro de um círculo. Esse talismã representa o dinamismo mecânico da Terra e protege suas estruturas. É especialmente bom para proteger carros e equipamentos que funcionam com motores.

Outro talismã que uso para proteção é o Tetragrammaton, um triângulo equilátero amarelo inscrito com as letras hebraicas para o quádruplo nome do Deus judaico. Se você desenhar um Tetragrammaton no chão com giz e o deixar por quatro dias, será avisado acerca de um dano a caminho. Verifiquei que a advertência chega usualmente por via verbal, quando alguém me alerta a respeito de mexericos ou conversas hostis. Também pode indicar a origem desse falatório nocivo.

PROTEGENDO O SEU LAR

As Bruxas têm muito cuidado em proteger seus lares. Isso já era verdade mesmo antes da Era das Fogueiras, mas ganhou maior premência durante esses pavorosos séculos. Pergunto-me muitas vezes quantas Bruxas mais teriam sido capturadas e executadas se não se protegessem. Quer vivamos sozinhas ou com as nossas famílias, salvaguardar a santidade e a segurança dos nossos lares é muito importante para nós. A ferradura da sorte originou-se por causa das propriedades protetoras do ferro, que é regido pelo planeta Marte e desbarata as energias nocivas. Uma prática tradicional era pendurar a ferradura sobre uma porta ou num galpão com a parte aberta para cima, a fim de que a energia perniciosa entrasse por um lado, desse a volta e saísse pelo outro. Ao derrubarem velhas casas coloniais na Nova Inglaterra, os operários descobriram ferraduras escondidas nas paredes, ali colocadas provavelmente pelos proprietários originais que temiam ser descobertos praticando a Bruxaria, se as exibissem abertamente.

Os pregos de ferro também dispersam o mal. Velhos pregos dos trilhos ferroviários ou os pregos feitos à mão em épocas pregressas fazem maravilhosos amuletos de proteção. Carregue-os primeiro e pregue três deles no batente da janela, um em cada canto inferior e o terceiro no centro do topo, de modo a formar um triângulo. Isso protegerá a janela. Se você estiver construindo uma nova casa, deposite quatro pregos carregados nos cantos das fundações. Ou se viver numa casa mais velha, coloque simplesmente quatro pregos carregados com sua energia nos quatro cantos do sótão ou do porão. Seu lar estará então "bem selado" contra quaisquer forças maléficas. Outro feitiço eficaz de proteção do lar usa uma representação mental da pirâmide de Quéops, que as Bruxas reconheceram há muito por seus poderes mágicos, tal como foi reconhecida pelos egípcios que a construíram. As estruturas triangulares são exaltadas até mesmo na física por sua força e poder. Entre em *alfa* e visualize a pirâmide com seus quatro lados iguais feita de um brilhante, transparente ou claro cristal de quartzo. Posicione a pirâmide sobre sua casa com uma das paredes alinhada com o norte magnético. Peça que essa pirâmide de energia luminosa proteja a você e ao seu lar, e os conserve em segurança. Peça que isso seja feito corretamente e para o bem de todos.

Eu adiciono um pouco de poder aos feitiços de proteção de meu lar visualizando um dragão adormecido com seu reluzente corpo verde enroscado ao redor de minha casa. Ele aguarda e só vai despertar quando alguém se avizinhar para fazer mal. Em lendas antigas, o dragão adormecido guardava o tesouro acumulado na montanha ou no castelo. Hoje, o nosso tesouro é a nossa família e os entes queridos. Conheço Bruxas que preferem algum outro espírito animal ao dragão. Você pode usar qualquer poder animal que lhe acuda ou que você convoque para esse fim específico.

No lado interno da porta da minha cozinha tenho um filtro protetor que mantém o mal distante há muitos anos. (Um filtro é como uma poção, exceto que os ingredientes não são cozidos.) Você vai precisar de:

5 gotas de óleo de patchuli
3 gotas de óleo de olíbano
6 partes de pó de sândalo
1 parte de pelo de lobo
2 partes de folhas de cinco-em-rama
4 partes de mirra em pó

Misture os ingredientes secos, depois coloque os óleos. Ponha o filtro numa bolsa de musseline preta e pendure na porta. Certifique-se de que estará mantido fora do alcance de crianças e animais.

ATAQUE PSÍQUICO

Quase diariamente encontro pessoas convencidas de que alguém as "enfeitiçou" com uma praga. Elas interpretam todos os desastres naturais de suas vidas em termos da maldade alheia. Desemprego, doença, solidão e relações difíceis são vistos como o resultado de ataque psíquico ou maldição familiar oriunda do velho país. Médiuns sem ética podem até incentivar esse medo, dizendo aos seus clientes que alguém, de fato, os amaldiçoou e às suas famílias, mas por um preço exorbitante o médium se colocará à disposição para acender uma vela ou fazer o que for necessário para eliminar a praga.

Pouquíssimas pessoas sabem o que o ataque psíquico realmente é. Apesar das imagens criadas pelos diretores de cinema e pelos novelistas tremendamente populares do gênero horror, a maioria das pessoas não está correndo qualquer perigo real de ataque psíquico. É muitíssimo mais provável que as pessoas sejam prejudicadas por seus próprios pensamentos vulneráveis do que por pragas de inimigos que usam malevolência ou espetam alfinetes em bonecas. Pragas, maldições e feitiçaria maléfica existem, mas os praticantes inescrupulosos que são versados nessas formas de abuso são poucos e muito distantes uns dos outros. A maioria das pessoas passará pela vida a são e salvo, sem os encontrar nunca.

Devemos estar realmente de sobreaviso é para os nossos próprios pensamentos e ações (e para os dos outros) que podem irrefletidamente projetar situações nocivas em nossas vidas. Os desejos malévolos da maioria das pessoas não se destinam a fazer mal e, de fato, provam ser inofensivos. Isso é porque muito poucos dos nossos pensamentos são absolutos e concentrados. Sentimentos contrários de culpa ou amor diluem as intenções malévolas da mente e, assim, diluem a energia hostil. Entretanto, um pensamento vigoroso, absoluto, e uma forte intenção perversa podem realmente causar dano.

O melhor meio para se proteger do ataque psíquico, seja na forma de uma praga, seja de uma projeção de pensamento maléfico, é estar ciente dessa possibilidade, recusar-se a aceitá-la e, depois, fazer algo positivo para neutralizá-la. Neutralize o poder do seu "inimigo" pintando psiquicamente sobre ele um grande "X" branco, como ensinamos anteriormente neste capítulo. Acione o seu escudo psíquico quando alguém disser alguma coisa perniciosa ao seu respeito. Além disso, visualize as energias protetoras que o seu Pentáculo atrai para o seu corpo e sua mente quando você escuta ou vê algo maligno.

Existem muitas maneiras de nos protegermos psiquicamente, mas se você pensar que ainda está correndo um verdadeiro perigo, procure a ajuda de outros. Peça aos membros do seu Coven que o ajudem ou a outras Bruxas que façam um feitiço em seu benefício ou lhe enviem proteção oriunda dos seus respectivos Círculos Mágicos. Também podem preparar para você um talismã, filtro ou amuleto especial. De todo modo, não esqueça o meio mais óbvio de se proteger de um dano físico: chamar a polícia.

Nem todo dano físico provém de outros. Devemos assumir a responsabilidade pelo infortúnio se ele nos atinge e não ficar buscando fora de nós próprios os bodes expiatórios. É sempre mais fácil responsabilizar outros por nossas dificuldades do que assumir a responsabilidade pessoal por nossa própria vida. Em alguns casos, quando você é a causa de seus problemas, pode até necessitar de ajuda profissional para repor sua vida em boa forma. Uma visão de fora, de uma Bruxa, sensitiva, terapeuta ou um conselheiro, pode ser tudo o que você precisa. Com frequência, estamos demasiados perto dos nossos próprios problemas para vê-los como eles realmente são – causadores de danos a nós mesmos.

RIQUEZA E PROSPERIDADE

As Bruxas precisam ter consciência da prosperidade como fator indispensável. Riqueza e prosperidade pessoal são essenciais para uma vida plena e feliz. Embora eu nunca defenda que o dinheiro se converta no foco primordial da vida – e ele certamente não é a meta primordial da vida – tampouco podemos viver uma vida plenamente humana e produtiva se tivermos de nos preocupar o tempo todo sobre onde iremos conseguir dinheiro para a nossa próxima refeição, ou como comprar roupas para os nossos filhos, ou como garantir-lhes a escolaridade. Muitas Bruxas acreditam erroneamente que, como muitas de nossas tradições provêm de áreas rurais pobres da Europa, devemos continuar vivendo um estilo de vida que reflita a pobreza dos nossos ancestrais. Eu discordo. Aquelas que querem tomar por modelo os nossos antepassados devem lembrar-se de que muita gente rica também praticou a nossa Arte.

Algumas tradições espirituais valorizam a pobreza ou o espírito de pobreza como um ideal. Concordo com a mensagem subjacente nessas crenças de que o objetivo primordial da vida é espiritual, não material. Para algumas pessoas muito dedicadas, uma vida de pobreza ou de renúncia aos bens materiais pode ser o caminho certo em determinados períodos de suas vidas, e o exemplo delas pode servir como inspiração para outras. Mas nem todas se sentem com vocação para viver uma vida de pobreza, sobretudo a pobreza abjeta que tolhe o desenvolvimento de nossos talentos e a nossa capacidade para servir os outros.

É muito difícil equilibrar as necessidades espirituais *e* materiais. A Lei da Polaridade sugere que tanto a riqueza quanto a pobreza extremas não são naturais. A obsessão com a riqueza e a pobreza autoimposta podem ambas privar o espírito humano de sua capacidade de desenvolvimento e evolução. Como Bruxas, procuramos viver num meio-termo. É tão errado entregar o nosso último tostão quanto não entregar absolutamente nada. Cada um de nós encontra-se num determinado lugar de um caminho espiritual, e cada um de nós deve viver, ao mesmo tempo, num mundo material. Assim, cada um de nós deve obter o equilíbrio adequado para poder prosperar como ser espiritual e físico.

Durante muitos anos, foi para mim um motivo de preocupação se deveria cobrar honorários às pessoas que se matriculavam em minhas aulas de Bruxaria. Tal como muitas outras em nossa Arte, eu pensava que aceitar um pagamento significava, de certo modo, comprometer a minha responsabilidade moral de compartilhar os meus conhecimentos com outros. Ao mesmo tempo, porém, fiquei muitas noites sem dormir pensando sobre como iria pagar as minhas contas. Após lutar financeiramente durante algum tempo, dei-me conta de que, se quisesse continuar lecionando, teria de cobrar por isso. Uma coisa deveras surpreendente aconteceu então. As minhas alunas pareciam dar agora mais valor às minhas aulas e levá-las mais a sério. Também exigiam uma melhor qualidade de ensino, uma vez que estavam pagando por ele um dinheiro arduamente ganho. Tornei-me melhor professora, mais profundamente consciente da transação que estava sendo feita entre mim e minhas alunas. Elas pagavam os meus honorários, eu ensinava-lhes a Arte da Magia. Além disso, o meu amor-próprio cresceu quando percebi de que havia pessoas dispostas a pagar em dinheiro o que eu tinha a oferecer-lhes. Os meus honorários nunca foram exorbitantes, mas sempre me emociono com algumas estudantes, em todas as classes, para quem o pagamento constitui um verdadeiro sacrifício. Para elas, esse sacrifício vale a pena, e eu sei que é minha responsabilidade fazer com que realmente valha a pena para essas pessoas.

Leia as seguintes afirmações sobre riqueza e dinheiro. Muitas delas fazem parte da nossa chamada sabedoria popular. Aponte suas respostas imediatas e intuitivas a cada uma delas. Não gaste tempo demais analisando-as. Apenas leia cada uma e veja se concorda ou discorda dela.

- Os gananciosos são hedonistas.
- O dinheiro corrompe.
- O dinheiro é a raiz de todos os males.
- Não é preciso dinheiro para ser feliz.
- As melhores coisas da vida são gratuitas.
- O rico tende a ser corrupto e egoísta.
- Para percorrer um caminho espiritual é necessário renunciar aos bens materiais.

Se você tende a concordar com esses comentários, pode estar criando obstáculos psíquicos à prosperidade ou talvez se fixando em atitudes que a impedirão de avançar em seu emprego, de receber heranças ou simplesmente de ganhar dinheiro o bastante para viver com conforto ou sustentar sua família. Mas é possível neutralizar essas atitudes e reprogramar seu pensamento. A magia monetária e os feitiços de prosperidade projetarão os confortos materiais e a riqueza de que necessita e, ao mesmo tempo, vão lhe ensinar a aceitá-los. Nesse meio tempo, repita as seguintes afirmações até que se tornem parte de sua consciência. Elas atrairão em breve para a sua vida tudo o que precisar para melhorar sua situação financeira:

- O dinheiro nos habilita a obter bens e serviços de que necessitamos e nos ajuda a fornecer esses serviços a outros.
- O dinheiro é uma forma aceitável de intercâmbio em todo o mundo.
- O dinheiro é neutro e pode ser usado para o bem.
- Eu crio a minha própria situação financeira.

Quando nos apegamos a crenças de que não merecemos um melhor carro ou uma casa melhor, ou de que não estamos qualificados para merecer uma promoção, projetamos essas crenças em nossa vida e elas se concretizam. Por outro lado, se podemos usar *alfa* para obter uma vaga no estacionamento, nada impede que se use para aumentar a nossa renda ou obter um melhor emprego. Se você merece uma vaga no estacionamento, e o Todo providencia isso, não será também merecedor de um bom emprego? A maioria das coisas que acreditamos nunca poder alcançar na vida nos escapa justamente porque nos convencemos de que não as merecemos e, por conseguinte, paramos de trabalhar para adquiri-las. Não existe diferença real em manifestar o desejo de uma vaga no estacionamento ou de um milhão de dólares na conta. Os únicos limites à nossa magia de Bruxas são aqueles que nos impomos a nós mesmas, e eu cheguei à conclusão, depois de lidar com todas as espécies de pessoas ao longo dos anos, de que todas as nossas limitações resultam de uma ausência de autoestima.

Uma vez mais, a autoestima e o adequado amor-próprio constituem o cerne de uma magia bem-sucedida e de uma existência vitoriosa. A Meditação da Estrela Cor-de-Rosa (pág. 180) é um requisito prévio para todos os feitiços monetários, porquanto estimula a autoestima e cria uma forte imagem do Eu. Isso fortalecerá a sua crença de que é correto possuir riqueza e saúde pessoais e compartilhá-las. Lembre-se de que todo o "Eu creio" deve ser convertido num "Eu sei". Uma coisa é crer em algo, outra é realmente conhecê-la.

Por vezes, projetar energia para obter um dinheiro necessário pode operar aparentes milagres. Anos atrás, quando minhas filhas e eu mudamos para a nossa nova casa, o dinheiro era curto. Paramos num restaurante para o almoço e quando olhei para o menu dei-me conta de que não poderíamos almoçar, porque nos faltavam uns dez dólares. Jody, que estava nessa época com nove anos, sentiu pena de mim e pude ver, pela interrogação em seu olhar, que ela queria ajudar. Disse-lhe que precisaríamos de mais dez dólares para pedir o almoço. Ela olhou para o seu prato fixamente e eu senti que estava projetando energia para obter o dinheiro. De súbito, uma cédula de 10 dólares veio flutuando pelo ar até o prato dela. A garçonete que estava junto à mesa, aguardando o nosso pedido, viu a cédula e a nossa surpresa, mas nada disse. Nós olhamos em volta para ver se alguém tinha deixado cair a nota por engano, mas estávamos sentadas numa mesa no centro da sala e não havia ninguém perto de nós.

UMA LISTA DE DESEJOS MÁGICOS

Para fazer uma lista de desejos mágicos, recoste-se e pense durante uns 15 minutos nas coisas materiais de que necessita. Faça uma avaliação real do que precisa, descarte o que não for verdadeiramente necessário, selecionando apenas aquilo que deve possuir. Escreva então um feitiço, pedindo em nome de uma fonte superior os itens de que necessita. Faça a lista deles e leia-a em voz alta. Ao recitar a lista, você estará carregando suas intenções com vibrações vocais e a projeção é fortalecida com energia mágica. Queime a lista, carregue-a consigo ou guarde-a num lugar que contém magia para você.

A LISTA DA LUA DE CRISTAL

Se projetar uma lista de desejos em conjunção com as fases da Lua, aquilo a que chamo uma Lista de Lua de Cristal, terá ainda mais possibilidades de ver seus sonhos se concretizarem. Inicie o feitiço na primeira Lua cheia após o dia do seu aniversário a cada ano. Compile a lista unicamente com objetivos materiais que quer ou de que precisa. (Coisas intangíveis como amor e felicidade podem ser projetados usando outras meditações.)

Recite a lista em voz alta, declarando em nome da Inteligência Superior que, em seu entender, faz sentido ser invocada para atender os seus pedidos.

Anos atrás, eu estava realizando um trabalho de consultoria psíquica para uma grande companhia na Inglaterra, período durante o qual a minha filha Jody tinha projetado em sua Lista da Lua de Cristal o desejo de obter um relógio Rolex. Quando regressei a Salem, havia um pacote esperando por mim, remetido pela companhia inglesa. Como eu já recebera os meus honorários, fiquei intrigada com o que poderia ser aquilo. Era um presente extra: um relógio Rolex. Como eu nunca pude usar relógios, porque a minha energia mediúnica parece estragar sempre os mecanismos de relojoaria, decidi dar o Rolex de presente a Jody, ignorando que poucos dias antes ela tinha projetado energia para a obtenção de um na sua Lista da Lua de Cristal. Que feliz surpresa para ambas!

FEITIÇOS DE PROSPERIDADE COM ERVAS

As ervas governadas por Júpiter atrairão dinheiro e prosperidade. (Ver a lista de plantas no Apêndice) O cravo e a canela podem ser carregados para um feitiço e, por vezes, adicionados a alimentos. Escutelárias e favas de cumaru não são comestíveis, mas podem ser usadas numa bolsa azul-viva ou púrpura para trazer sorte, dinheiro e influência. A raiz de valeriana atrairá dinheiro; a rama do trevo vermelho atrai clientes para os seus negócios e o visco acarreta sucesso, fortuna e riqueza.

Num almofariz, triture canela, cravos, madeira de sândalo, sementes de mostarda e favas de cumaru até ficarem em pó. Borrife o pó nos lugares onde costuma guardar dinheiro, como uma bolsa ou carteira, gaveta de caixa registradora ou cofre. Ou ande com o pó numa bolsa de lamê dourado ou azul-claro.

FEITIÇO DA ERVA E DO CRISTAL

A seguinte mistura pode ser usada em feitiços para trazer prosperidade e ganhar dinheiro de formas inesperadas. Os ingredientes incluem:

4 a 5 favas de cumaru
1 raiz de hidraste
1 colher de chá de sementes de mostarda
3 xícaras de sal marinho
1 cristal de quartzo claro

Cobrir o cristal com o sal marinho durante 12 dias, depois passá-lo sob água corrente para recarregar sua força elétrica. Colocá-lo com os outros ingredientes numa tigela e segurá-la em sua mão esquerda. Entrar em *alfa* e carregar o cristal e as ervas para trazer-lhe dinheiro ou riqueza de um modo que é bom para todos. Depois, colocar todos os ingredientes numa bolsa de lamê dourado.

UM PERFUME CHAMA-DINHEIRO

A seguinte poção para dinheiro pode ser aplicada nos pulsos, testa e Plexo Solar para reforçar seus feitiços. Também é de grande auxílio esfregar pequenas quantidades dela nos canhotos de depósitos bancários, propostas de emprego e qualquer correspondência que trate de dinheiro. Misturar os ingredientes numa panela de aço inoxidável ou esmaltada. (Não usar panelas de ferro, exceto para poções de proteção. O ferro neutraliza e difundi a energia. Uma panela de alumínio vai envenenar o líquido.) Carregue de energia cada um dos seguintes ingredientes:

2 xícaras de água de fonte
4 ml de óleo de heliotrópio
Urze ou óleo de urze
Paus de canela
Joia de ouro (não folheada a ouro) ou prata
2 colheres de sopa de sal marinho
Saquinhos de chá de camomila (para que as folhas se mantenham filtradas)
Trevo vermelho (em bolsa de musseline crua)

Coloque todos os ingredientes carregados numa panela e misture-os bem. Leve a mistura a fogo brando e depois desligue o fogão. (Se possível, use fogão a gás ou a lenha, pois os fogões elétricos podem interferir com a energia.) Se você tiver uma cédula de elevado valor nominal, como

100 dólares, coloque-a no fogão ao lado da panela, mas não a deixe pegar fogo! Por vezes, é preciso gastar dinheiro para fazer dinheiro, mas não deve ter que *queimar* dinheiro para obter dinheiro! Grave a palavra *dinheiro* ou *riqueza* numa vela dourada, amarela ou azul-clara e, enquanto a poção está esquentando, segure a vela acesa sobre a cédula. Ou coloque a vela num castiçal e amontoe dinheiro ao redor dele. Quando tiver acabado, terá uma poção que pode ser aplicada em seus pulsos, testa e Plexo Solar. Limpe bem as joias e use-as como de hábito. As joias ajudam a carregar a poção e, consequentemente, transmite a energia do feitiço para o dinheiro. Usá-las trará prosperidade.

UM FILTRO PARA DINHEIRO

Eis uma receita para um filtro que pode ser usado para atrair riqueza, alimento, vestuário e todos os bens necessários.

1 colher de sopa de sementes de mostarda amarela
1 colher de sopa de visco
1 colher de sopa de açaflor
1 colher de sopa de trevos

Adicionar:

10 gotas de óleo de laranja doce
10 gotas de óleo de madeira de sândalo
10 gotas de óleo de jasmim

Misturar bem esses ingredientes com:

1 colher de chá de mirra
1 colher de sopa de olíbano

Misture todos os ingredientes e concentre suas intenções na finalidade do feitiço. Coloque suas mãos em concha em torno dos ingredientes e carregue a mistura declarando o que quer que seja realizado. Diga, "Eu designo que estas ervas me tragam (declare o que quer). Que este feitiço assegure que as mudanças resultem em ganhos e benefícios. Peço que este feitiço seja correto e para o bem de muitas pessoas. Que assim seja."

CORES PARA A PROSPERIDADE

Certas cores do espectro atraem a abundância. Misture essas cores em seu guarda-roupa, móveis de casa e de escritório ou no carro. As seguintes cores são especialmente propícias para prosperidade:

- Azul-royal, púrpura e turquesa – as cores de Júpiter – favorecem o sucesso e influenciam pessoas em posições elevadas. Também trazem boa sorte.
- Ouro e amarelo – as cores do Sol – favorecem a saúde, a riqueza e promovem o sucesso e as vitórias. O elemento ouro traz vigor físico. O amarelo traz notícias, informação e, algumas vezes, fofocas.
- Verde, rosa e cobre são as cores de Vênus. Representam dinheiro, crescimento e fertilidade. Essas cores trazem prosperidade e crescimento nos negócios e iniciativas profissionais.

FEITIÇO DA VELA PARA DINHEIRO

Um eficiente feitiço com vela para riqueza e prosperidade utiliza duas velas pretas, uma vez que o preto absorve todas as cores e energias no Universo. Grave o seu nome e as palavras "dinheiro", "fortuna", "riquezas" ou qualquer outra palavra de poder ao longo das duas velas. Depois, acenda-as e segure-as com firmeza em suas mãos até sentir o pulsar latejante por baixo dos dedos – um sinal de que a sua aura está se misturando com as auras das velas e de que as suas intenções estão firmemente impregnadas nelas. Projete o que quer, dizendo: "Estas velas me trazem fortuna e riquezas." Quando terminar, apague a chama com uma colher, um abafador de vela ou com os dedos (nunca com o seu sopro, o que mudará o rumo do feitiço). Inicie o feitiço em um domingo, quinta-feira ou sexta-feira, pois esses dias honram o Sol, Júpiter e Vênus, respectivamente. Reacenda as velas todas as noites, até terem ardido por completo. A repetição diária aumenta a eficácia do feitiço e a sua consciência de prosperidade pessoal.

MAGIA E JOGOS DE AZAR

Uma palavra a respeito de jogo e magia. Sempre gostei de jogar na loteria estadual de Massachusetts, mas jamais ganhei "megaprêmios". É excitante participar de um evento em que milhares de pessoas estão projetando para obter o mesmo resultado final. Um grande número de participantes nivela as probabilidades psíquicas e torna o jogo limpo. As loterias e outros jogos podem ser maneiras divertidas de usar as suas energias para manifestar dinheiro; deve, entretanto, jogar com moderação. Além disso, eu não acredito em sorte. As pessoas que ganham fazem-no para um fim. Tudo resulta da energia e dos feitiços autodirigidos, e é para um fim específico, embora nem sempre saibamos qual era esse fim. As Bruxas não têm qualquer monopólio sobre a loteria e, até onde me é dado saber, não estão açambarcando o mercado financeiro. A maioria das pessoas que ganham não são Bruxas, mas seus prêmios resultam de suas próprias projeções, tal qual as das pessoas que praticam magia. Quando se trata de coisas importantes na vida, como a segurança financeira, todos nós podemos focar poderosamente. As únicas diretrizes que eu aconselharia para esse jogo e outros jogos de "azar" seriam o uso de moderação e nunca apostar dinheiro de que você ou sua família tenham necessidade.

AMOR

O amor é a parte mais mágica da vida humana. Enamorar-se é como ser enfeitiçado. Estar enamorado é uma espécie de encantamento que transforma as nossas vidas e nos faz sentir tão bem que esperamos desesperadamente que esse sentimento jamais acabe. Quando estamos enamorados, vivenciamos o grande elo cósmico que nos vincula não só àquele a quem amamos, mas a todos os outros. Quando amamos, o nosso coração se expande e sentimos o nosso amor alcançar as fronteiras da própria Terra e atingir os mais recônditos e distantes lugares do Universo. O amor é algo que queremos naturalmente compartilhar e, nesse sentimento universal, sabemos, no mais fundo de nossos corações, que o amor é a força ou o poder supremo no Universo. Ao que damos o nome de "Deus" ou "Deusa".

Como o amor é a própria matéria-prima da magia, as Bruxas sempre foram procuradas por quem deseja encontrar um amante, ou necessita de ajuda para atrair alguém, ou busca um modo de melhorar e fortalecer relações. Todas as semanas, a maioria dos homens e mulheres que vêm me ver na loja Crow Haven Corner para leitura de Tarô ou de amuletos, ou para aconselhamento psíquico, têm perguntas a fazer sobre suas vidas amorosas. Com cada uma dessas pessoas sempre começo com o básico: amor-próprio e autoestima. Tal como na riqueza, assim no amor: não se pode realizar magia nem adquirir o que quer e necessita se não possuir, antes de tudo, um saudável amor-próprio. O respeito a si mesmo e a autoconfiança são necessários para uma magia bem-sucedida, assim como são indispensáveis a uma salutar perspectiva psicológica. Os dois caminham de mãos dadas. Sem eles, não podemos realizar uma vida fecunda e gratificante. Se você não ama a si mesmo nem se considera amável e atraente, os outros tampouco o julgarão assim; nem tampouco se enamorarão de você. O velho ditado popular de que todo mundo ama uma pessoa que já está amando é verdadeiro. O amor é contagioso. Ame a si mesmo e aos outros, e o amor se propagará.

É numeroso o contingente de pessoas que buscam desesperadamente a poção certa, o feitiço ou o encantamento correto, ignorando que o poder subjacente em qualquer poção, feitiço ou feitiço reside no próprio coração delas. A minha filha Jody chama a essas pessoas de "viciadas em amor", tentando isto, experimentando aquilo, realmente viciadas nos mecanismos da magia do amor sem descobrir jamais o segredo que faz a diferença – o amor-próprio e a autoestima que só elas têm condições de cultivar em si mesmas. A maioria dos feitiços de amor duram apenas quatro dias. Quando um "viciado em amor" vem até a loja Crow Haven Corner, em sua terceira semana, buscando ainda a erva ou o incenso correto, Jody sugere usualmente outra tática. Ou o desejado "Sr. Fulano" ou a desejada "Sra. Beltrana" não é realmente a pessoa certa, ou os consulentes precisam fazer primeiro alguma magia em si mesmos para se tornarem mais atraentes, mais desejáveis e mais amorosos.

O amor é uma escolha! Uma escolha que fazemos todas as manhãs. Ou tomamos a decisão de amarmos a nós mesmos e a todas as coisas que nos rodeiam no mundo, ou não. Devemos começar por nós e deixar que o nosso amor flua para o Universo que nos cerca, e só então o amor atuará como uma espécie de rede para capturar o indivíduo certo. Nenhum verdadeiro amante nos esvaziará jamais de amor. Se ele ou ela o fizer, desconfio que teremos encontrado um "vampiro do amor", não uma criatura realmente enamorada. Nós teremos sempre mais amor do que qualquer indivíduo pode consumir, e saber isso nos dá uma posição de poder a partir da qual trabalhamos. Amar-se a si mesmo e ao mundo é o bolo; o amor de alguém é a cobertura, o glacê do bolo. Se um caso termina e você fica sozinha, ainda está rodeada e protegida por uma cortina de amor-próprio e de amor universal, da qual pode derivar felicidade e força suficiente para seguir em frente na vida, procurando talvez um outro parceiro.

EXERCÍCIO DO ESPELHO MÁGICO

Amor-próprio significa olharmos para nós mesmas e dizer que gostamos do que vemos. O melhor instrumento mágico para isso é o espelho do banheiro, com a qual nos miramos todas as manhãs ao nos levantarmos. Histórias de fadas, lendas e tradições populares estão repletas de espelhos místicos e mágicos. Nós, Bruxas, continuamos essa tradição de olhar em espelhos mágicos como ritual cotidiano para nos conhecermos e focalizarmos no que somos e no que queremos vir a ser. Um banheiro não é vulgar demais para esse fim. Carregue o espelho. Coloque nele um talismã, amuleto ou fetiche. Transforme-o, dando-lhe outra finalidade diária além de ajudá-la a se pentear ou a fazer sua maquilagem.

Entre em *alfa* instantâneo enquanto escova os dentes ou lava o rosto. Depois, olhe para o seu reflexo diretamente nos olhos e diga em voz alta: "Eu amo você. Você é sensacional. Você é bela, Você pode fazer tudo o que quiser. Você é especial. Você é absolutamente perfeita." É claro, você pode reescrever essas frases, se desejar, mas *não* deve diluí-las! Não importa se elas soam ridículas ou que tola você pensa ser quando as diz; tem que dizê-las com toda a intenção e determinação, com plena convicção. Se você se sente constrangida a respeito de outras pessoas ouvirem, feche a porta do banheiro ou ligue o rádio. Deixe que o seu constrangimento lhe sirva de advertência para o tanto que precisa deste exercício, porque um dos objetivos é superar essa timidez, a qual está provavelmente dificultando sua capacidade para irradiar as qualidades que o tornarão atraente e amável aos olhos dos outros. Pratique diariamente esse Feitiço com o Espelho Mágico. Nunca deixe de fazê-lo, mesmo depois de ter encontrado quem o ame. Esse esforço diário vai reforçar todas as suas relações. À medida que aumenta o seu amor-próprio e a sua capacidade de autoapreciação, todas as suas relações vão se tornar mais carinhosas. O tempo que você investe amando a si mesma de um modo saudável e construtivo vai se manifestar em outros que investirão o tempo deles amando você.

UM FILTRO DE AMOR

Eis a receita de um feitiço que atrairá o amor para a sua vida em geral. Deve-se trazer num filtro.

1 colher de sopa de folhas de patchuli
1 colher de sopa de flores de hibisco
1 colher de sopa de milefólio
1 colher de sopa de flor de maracujá
1 colher de sopa de folhas de morango
1 colher de sopa de damiana
1 colher de sopa de agripalma
1 colher de sopa de flores de papoula
4 raízes de Adão e Eva
1 colher de sopa de pó de ligústica

Adicionar:

20 gotas ou mais de óleo de rosas
10 gotas de óleo de morango
8 gotas de óleo de musk
5 gotas de óleo de patchuli

Misturar com:

2 colheres de sopa de rizoma de lírio florentino

Misture bem todos os ingredientes e canalize as intenções de seu feitiço dizendo em voz alta "Peço que um namorado ou um companheiro apaixonado seja atraído para mim e que o amor se instale entre nós. Peço que isso seja correto e para o bem de todas as pessoas. Que assim seja." Visualize a pessoa específica que deseja atrair ou a espécie de pessoa que procura. Seja específica sobre aquilo que não quer atrair antes de fazer o feitiço. Ande com esse filtro numa bolsa de pano vermelho ou cor-de-rosa. Lembre-se de que é a energia e a aura das ervas, não o aroma, que atrai.

É sempre importante focar em uma pessoa que seja correta para você, ainda que não saiba exatamente o que a palavra "correta" possa acarretar. Por exemplo, se você focar em uma pessoa específica, pode ser que ela venha, talvez, com problemas de alcoolismo, parentes deploráveis, uma ex-esposa amarga, filhos desobedientes ou problemas de dinheiro. E a família dessa pessoa também vai conviver com você, o que pode se tornar uma interferência em suas vidas. Podemos nunca ver completamente o caminho que percorremos, de modo que devemos avançar com cautela. Parte de uma bem-sucedida magia de amor consiste na capacidade de ser suficientemente desprendido para poder renunciar aos desejos do seu coração, se necessário for, a fim de não estorvar a sua vida com todos os problemas do pretendente, ou a vida da pessoa com todos os seus problemas. Devemos tentar sempre ver as coisas a longo prazo. Assim, faça a sua projeção para encontrar alguém que será certo para você em todo e qualquer aspecto.

MAGIA DA BELEZA

A beleza pode ser apenas aparente, mas a magia dirige-se ao centro do nosso ser. Quando as duas se misturam, temos a perfeita combinação para atrair o amor. Homens e mulheres usam algum tipo de maquiagem como forma de magia na Bruxaria. Não estamos sozinhos nisso. Ameríndios, polinésios, os antigos egípcios, os chineses e japoneses, os povos tribais africanos também usaram ou usam maquiagem e pintura corporal para fins mágicos. O uso da cor afeta o nosso comportamento e as disposições emocionais.

As origens da tatuagem remontam às antigas práticas mágicas de pintar desenhos e talismãs na pele, seja para fins cerimoniais temporários, seja permanentemente. Desenhar e pintar são, em si mesmos, atos mágicos, e a imagem que é aplicada no corpo atrai e reflete a energia luminosa que ativa a magia. Pode-se usar símbolos clássicos, como estrelas, luas, sóis, os logos masculino e feminino, ou escrever um feitiço em alguma parte do corpo onde ninguém o veja (por ora!).

Delinear os olhos imita a Deusa, que é frequentemente retratada com grandes e característicos olhos, capazes de verem através do espaço e do tempo, assim como do nosso mais profundo coração. Ishtar, a Deusa da Luz, era conhecida no antigo Oriente Médio como a Deusa do Olho, porque a luz que ela traz do Céu à Terra ilumina o mundo. A Deusa egípcia Maat possuía originalmente o Olho Que Tudo Vê, que foi mais tarde transferido para Hórus. Na Síria, a Deusa Mari tinha olhos grandes e poderosos que viam fundo na alma humana. A capacidade da Deusa em ver e saber todas as coisas, converteu-se num conceito aterrador em tempos patriarcais, e seu olho místico passou a ser o "mau-olhado" associado às Bruxas durante o período da Inquisição. Na Era das Fogueiras, as Bruxas eram forçadas a entrar nas salas dos tribunais caminhando de costas, para não dispor da vantagem de produzir um encanto contra os juízes ao encará-los com um maléfico olhar de relance.

Mas a tradição de delinear os olhos para homenagear a Deusa do Amor e tornar os nossos próprios olhos mais radiantes e misteriosos é um costume consagrado pelo tempo. Sombras e delineadores verdes, cor-de-rosa ou cor de cobre para os olhos atraem a energia de Vênus, o planeta do amor e do romance. Sombras, *blush* ou batons rosa fortalecerão a autoestima. O brilho refrata e reflete a luz, e emite luz para os outros. Usar joias no corpo ou na cabeça também é poderoso. Não se esqueça de carregar de poder sua maquiagem, joias e pintura corporal antes de usá-las, catalisando-as com a intenção específica de seu feitiço.

Preste especial atenção ao modo como adorna sua testa, onde o Terceiro Olho está localizado. Os indianos usam um sinal vermelho sobre esse ponto do chakra; os antigos Druidas usavam coroas com uma faixa de joias no centro da testa; os berberes usam maquiagem preta para tatuar os rostos com estrelas, luas e outros símbolos mágicos. Um cristal de quartzo usado de um lado ao outro do Terceiro Olho pode ser especialmente poderoso.

VESTUÁRIO MÁGICO

Quem estiver procurando um namorado deve prestar atenção ao modo como se veste. Não que você deva estar sempre vestida com o máximo apuro, mas as outras pessoas nos avaliam, pelo menos inicialmente, pelas nossas roupas. Embora o hábito não faça o monge, o vestuário constitui a primeira indicação que obtemos de quem poderá ser a pessoa dentro dessa roupa. Quando você adquire maior confiança em sua identidade pessoal e maior conhecimento de suas forças e fraquezas, deve se vestir de modo a emitir os sinais certos. Roupas e modas projetam as nossas *personas*. Caso se sinta atraída para as modas de 1930, ou para a maneira de vestir dos *hippies* da década de 1960, use-as, mas saiba o porquê. Procure saber o que existe em você que lhe dá prazer em trajar-se dessa maneira. Quer seja vista de acordo com a *Vogue*, quer se deleite em rejeitar as tendências da moda e crie suas próprias regras, você está expressando e usando seu poder mágico ao fazê-lo. As cores também são importantes: elas refletem um estado de espírito; sugerem estações e épocas do ano; podem realçar os nossos melhores traços e atenuar os que não nos são lisonjeiros.

Modelo e padrão desempenham papéis semelhantes. Pela nossa indumentária, fazemos declarações sobre nós mesmas. Fazemos feitiços. Anunciamos o que queremos pela exposição do que somos – nem que seja apenas por uma noite. Não podemos nos esquecer dos talismãs como as penas, contas, fitas ou faixas em que se pode inscrever runas, palavras mágicas ou símbolos de amor. Prenda fitas ou penas nos cabelos, carregando-as para aquela intenção amorosa que pretender. Use uma peça especial de joalheria para as suas intenções.

AROMAS MÁGICOS

Estudos científicos estão mostrando que o aroma desempenha na atração sexual entre os seres humanos um papel muito mais forte do que se pensava antes. Sempre se soube que os animais são fortemente estimulados pelo cheiro, mas as pesquisas mais recentes na indústria de perfumaria estão indicando que os homens e mulheres também reagem pronunciadamente aos aromas. O caminho para o coração de um apaixonado pode passar pelo nariz! Assim, os sedutores anúncios não são meras fantasias da Madison Avenue. Os perfumes e as colônias funcionam. Uma Bruxa pode usar perfumes e colônias comerciais, mas nos sentimos usualmente mais poderosas com aqueles que nós mesmas preparamos. Sabemos quais ingredientes foram usados e que eles foram magicamente carregados para cumprir o que solicitamos, ou seja, para se realizar o que é bom e correto para nós. Embora os perfumes industrializados possam nos conseguir um parceiro, este pode não ser o mais indicado. A minha poção de amor favorita, para adicionar ao perfume comercial, consiste em:

7,5 ml de óleo de patchuli
7,5 ml de óleo de benjoim
7,5 ml de óleo de loto

7,5 ml de óleo de heliotrópio
7,5 ml de lírio florentino
7,5 ml de azeite de oliva

Carregue os ingredientes e misture-os. Adicione algumas gotas de seu perfume ou colônia favorita.

Um perfume orgânico, enfeitiçador, começa com ervas e especiarias. Ferva em fogo brando três dos seguintes ingredientes em uma xícara ou duas de água de fonte com uma colher de sopa de sal marinho: maçãs, cravos-da-índia, canela, pó de raiz de ligústica, flores de milefólio, óleo de morango, óleo de patchuli ou almíscar. Deixe o aroma impregnar sua casa ou adicione uma pequena quantidade de sua colônia ou perfume favorito. Você pode também pôr algumas gotas na escrivaninha, travesseiro, automóvel, maçaneta da porta ou roupas de seu amado. Embora o aroma acabe por se dissipar, a magia tradicionalmente permanece e vai funcionar durante os quatro dias seguintes.

O FEITIÇO DE AMOR DA ESTRELA DOURADA

Criado há alguns anos por mim e pelas minhas filhas, este é um maravilhoso e poderoso feitiço para proteger o seu amor enquanto estiverem separados. Você vai precisar de um Pentáculo dourado, um pedaço de veludo negro, suficientemente grande para envolver uma jarra, ou uma bolsa do mesmo material, mas com cordões, uma jarra de vidro de um litro e um cordão grosso de seda preta de um metro de comprimento. Entre em *alfa* e segure o Pentáculo em sua mão enquanto repete este encantamento rimado:

> Um anel dourado em torno de uma estrela
> Numa jarra envolta em veludo negro estará pendurado
> Protegendo-te, meu amor
> Enquanto de mim estiveres afastado.

Visualize o seu amado na tela de sua mente enquanto recita o feitiço. Depois, suspenda o Pentáculo com o cordão de seda, de modo que ele penda livremente na jarra de vidro. Prenda o cordão com a tampa e envolva a jarra em veludo negro ou coloque-a numa bolsa do mesmo tecido e pendure-a perto do teto.

FEITIÇO DE AMOR DO CRISTAL

Eis um feitiço de amor usando um cristal. Use um cristal de quartzo claro ou rosado. Banhe-o em água de fonte e sal marinho e embrulhe-o num pano branco até estar pronto para realizar o feitiço. Isso limpará e neutralizará todas as vibrações e energias indesejáveis. Carregue-o segurando-o em sua mão e solicitando aos poderes da Deusa que lhe tragam um amor que seja correto e bom para você. Ande com o cristal numa bolsa de cetim rosa-claro, vermelho, cobre ou verde, ou de lamê. Em vez de uma bolsa, poderá cortar um quadrado de pano colorido, colocar o cristal nele e atar os quatro cantos do pano, unindo-os com um cordão da mesma cor.

FESTINS DE AMOR

Um dos mais poderosos feitiços que uma Bruxa pode realizar consiste em transformar um encontro noturno num encantamento destinado ao alvo do feitiço. Trataremos nesta seção dos ingredientes para um Festim de Amor, mas um jantar ou uma reunião social podem ser usados igualmente para outros fins. Um jantar para o seu chefe ou patrão, a fim de promover a sua carreira. Uma festa de saúde para alguém que se recupera de uma doença ou operação. Um festim de prosperidade para amigos ou parentes que enfrentem uma maré de azar. E, é claro, as muitas festas "alegres" ou de celebração, como datas de aniversários, que se tornaram parte da cultura dominante. Em cada caso, o objetivo é criar uma atmosfera de encantamento com ingredientes e objetos mágicos que atuem com sua magia especial sobre o convidado de honra.

Eis como eu prepararia um jantar para tornar aquele a quem se quer mais amoroso e receptivo. É claro, você deverá acrescentar sua própria magia pessoal para que uma noite romântica que começa com uma refeição termine do modo que você imaginou!

Vista a sua mesa com uma toalha rosa e/ou verde, as cores de Vênus, a Deusa do amor. O centro de mesa deve ser formado por rosas, papoulas e hibiscos, as flores do amor. Perfume o ambiente com o aroma de um filtro de amor ou poção feita de rosas e óleo de morango. Unja com ele uma vela, misture-a com pétalas de flores secas em um pote de vidro, e esfregue-a na quina do tampo de uma mesa de madeira. Ponha algumas gotas numa fita e amarre-a na porta; coloque algumas gotas numa caçarola de água e ferva-a no fogo, permitindo que a fragrância se vaporize na sala. E não se esqueça de si – misture uma razoável quantidade de gotas na água do seu banho ou adicione-as ao seu perfume ou colônia.

Para uma refeição de amor no verão comece com sopa gelada de morango adoçada com mel e uma pitada de canela para o completo êxito. No inverno, sirva creme de cogumelo temperado com algumas folhas de urtiga, para encorajar pensamentos de amor. Manjericão e uma pequena quantidade de erva-gateira podem ser também adicionadas à sopa.

O manjericão é desde longa data uma erva tradicional para as poções, filtros e refeições de amor. Quando carregada magicamente, a aura da erva produz uma sensação amorosa no interior do corpo humano. Dirigindo a sua energia para aquele a quem você admira, será suscitado um sentimento recíproco nessa pessoa. Adicione um pouco a qualquer receita com que o manjericão seja compatível.

Uma salada improvisada pode incluir flores e folhas de dente-de-leão, bem como pétalas de rosa, se não tiverem sido borrifadas com pesticida. Tempere com um molho feito de maionese, sementes de papoula, açúcar mascavo e vinagre rosa. Misture a gosto.

Para o prato principal, sirva frango com geleia de damasco ou pêssego, ou peixe cozido com tomate, manjericão e orégano. Folhas de mostarda (para a sorte) e de manjericão (governado por Vênus) reforçarão o feitiço. Cozinhe pão fresco com sementes de alcaravia (para a sensualidade).

A cerveja é sempre apropriada para um festim de amor, porque é a poção de Ísis. O lúpulo é adicionado à cevada, regida por Vênus. Suco de maçã, que estimula o amor-próprio e é também uma tradicional bebida de amor. Pode-se fazer um vinho de pétalas de rosa colhendo as que estejam totalmente desabrochadas, lavando-as e colocando-as numa garrafa cheia de vinho rose; deixe decantar durante a noite no refrigerador. Uma deliciosa alternativa não alcoólica é o ponche de frutas feito de cerejas, morangos e suco de maçã com hortelã verde. Ou tente um chá de raiz de ligústica ou de hibisco, servido quente.

Para sobremesa, sirva uma salada de frutas de pêssegos, maçãs, cerejas e morangos, ou um sorvete de morango ou cereja. Um bolo mágico de espécies, aromatizado com pitadas de canela, cravo-da-índia, urtigas secas, folhas secas de morango e um quarto de colher de chá de pó de raiz de ligústica é usualmente um êxito. Ou sirva pudim de arroz. O arroz representa a pureza de espírito e encoraja o anseio e o desejo. Polvilhe com canela.

Não se esqueça de carregar magicamente cada ingrediente num Círculo Mágico com a energia de sua aura, antes de preparar a refeição.

ALMAS GÊMEAS

Uma das principais questões que sou indagada a respeito em meu trabalho como conselheira espiritual refere-se às almas gêmeas. O que são almas gêmeas, como podem as pessoas reconhecer suas almas gêmeas, e que espécie de relacionamento é o apropriado entre duas pessoas que se encontram e se apercebem de que estão destinadas a andar ou ficar juntas? Em primeiro lugar, o que é uma alma gêmea? Em geral, é uma pessoa que se conheceu em uma encarnação prévia. Pode ter sido ou não um namorado ou um companheiro. Pode ter sido um pai, mãe, irmão, irmã ou o melhor amigo. Uma indicação de que uma pessoa foi uma alma irmã de outra vida é a carga psíquica quase imediata que você sente entre os dois. Sentem-se espontaneamente atraídos um para o outro, como se intuitivamente soubessem e entendessem muito mais a respeito um do outro do que lhes seria possível saber e entender no curto prazo de tempo em que estão juntos. Tal encontro íntimo e intenso pode facilmente ser confundido com paixão.

Pelas minhas conversas com centenas de pessoas sobre almas gêmeas, estou convencida de que a maioria das que encontramos não pretendem se tornar parceiros sexuais ou mesmo parceiros para toda a vida. O sexo, como diz o aforismo, pode complicar e até arruinar um belo relacionamento – o que significa, é claro, que algumas relações não se destinam a ser sexuais. Creio que isso é verdade para a maior parte das relações entre almas gêmeas. Num certo sentido, sempre nos "apaixonamos" pelas nossas almas gêmeas. Entretanto, "apaixonar-se" e ir para a cama são duas coisas muito diferentes. Seja grata quando encontra uma alma gêmea, mas tome precauções para que o relacionamento não evolua em direções que não eram as desejadas.

ARTE DE CURAR

A Bruxaria sempre fez parte das artes de cura. Em tempos idos, os terapeutas usavam ervas e auras, as mãos e as mentes em adição à cirurgia física e à manipulação para tratar doenças e curar enfermos. Com a evolução da prática da medicina moderna nas últimas centenas de anos, os antigos métodos que usam ervas, auras, mãos e técnicas de espírito/corpo/mente caíram em desfavor. Somente as Bruxas e alguns terapeutas holísticos mantiveram viva a arte e a ciência de curar por métodos naturais. Hoje, entretanto, estamos presenciando um ressurgimento do interesse por esses métodos mais antigos e, frequentemente, mais seguros.

Uma das minhas experiências mais satisfatórias e gratificantes foi o uso da magia para curar outras pessoas. Semelhante a isso, está o prazer em ensinar os meus métodos de diagnóstico e tratamento psíquicos a outros e vê-los se tornarem terapeutas em suas próprias vidas. Usando *alfa*, estamos aptas a reverter o dano físico infligido ao corpo, restaurar energias e criar o bem-estar. Fazemos isso por um poder que flui através de nossa respiração, nossos pensamentos, nossas palavras e nosso toque.

Sou procurada por pessoas do mundo inteiro para diagnósticos psíquicos de seus problemas médicos de natureza física. Tenho diagnosticado com êxito doenças do sangue, tumores, artrite, diabetes, cardiopatias e litíases biliares, para mencionar apenas algumas. Entretanto, nunca realizo um diagnóstico de saúde de alguém que já não esteja sob os cuidados de um médico diplomado, nem uso qualquer técnica de cura como substituto para a moderna assistência médica. Magia e medicina devem e podem trabalhar de mãos dadas, como sempre fizeram.

Certa vez fui procurada por um jovem a respeito de sua namorada de vinte e poucos anos que fora hospitalizada com grandes dores, após ter sido diagnosticada pelo seu ginecologista como portadora de sérios transtornos no útero que exigiam uma histerectomia. O jovem pressentiu que havia algo de errado nesse diagnóstico e quis a minha opinião. Entrei em *alfa*, pus a jovem paciente em minha tela mental e examinei-a. Quando observei a aura de seu corpo, pude ver que havia um problema na região do baixo ventre, porque a cor da aura estava ali ausente. Em uma análise mais minuciosa, vi que ela não tinha nenhum problema uterino, mas um apêndice seriamente inflamado. Disse ao rapaz que o apêndice de sua namorada estava prestes a estourar.

O jovem voltou correndo ao hospital e disse ao médico o que eu tinha encontrado. O doutor objetou, argumentando não precisar desses "truques da Laurie Cabot"; e marcou a histerectomia para dois dias depois. O rapaz telefonou-me para contar o que tinha acontecido e sugeri-lhe que ele e sua namorada solicitassem uma segunda opinião médica, com outro médico, e eu providenciaria para que fosse descoberto a verdadeira causa de seus problemas. Entrei em *alfa* e foquei no médico certo. No final do mesmo dia, o segundo médico chamado para o caso descobriu o apêndice da mulher e ordenou uma cirurgia imediata. O apêndice estourou durante a cirurgia, mas a vida da jovem foi salva.

Eu mesma já fui vítima de diagnóstico clínico errado. Há alguns anos, um ginecologista me examinou e concluiu, sem um exame, que eu tinha câncer no útero e ordenou testes mais extensos. Ele também me repreendeu por não ter feito um checkup dois anos antes. Eu acreditava firmemente não ter câncer, de modo que chamei freneticamente vários amigos e amigas pelo telefone e pedi-lhes que usassem o nosso método de diagnóstico psíquico para ver o que estava acontecendo. Cada um deles confirmou que eu não tinha câncer. Mais tarde, o meu médico recebeu os resultados dos exames, os quais provaram que meus amigos e eu estávamos certos. Eu não tinha câncer.

Você não pode diagnosticar muito bem a si mesmo, sobretudo quando está transtornado. Faz parte da natureza humana ser tendencioso. Ou desejamos tanto estar bem que não enxergamos os nossos problemas, ou sofremos de certo grau de hipocondria e somos propensos a encontrar toda espécie de achaques que realmente não temos. É sempre preferível contar com alguém que faça esse trabalho para nós.

DIAGNÓSTICO PSÍQUICO

No início do capítulo 6 contei-lhes como uma das minhas classes típicas reagiu ao ensino da arte e da ciência de diagnóstico psíquico. Vou expor agora as etapas específicas desse diagnóstico, para que você também possa usá-lo em sua própria vida.

Em primeiro lugar, você deve ter um guia ou assistente para fazer o diagnóstico psíquico. Depois que você estiver apta a isso e após muita prática, será capaz de realizar diagnósticos sem precisar de alguém para ajudá-la, mas é melhor ter um guia que esteja familiarizado com o caso, sempre que possível. Isso mantém o seu diagnóstico mais focalizado e, em última instância, mais correto. Além disso, um guia com um conhecimento mais completo do caso ajudará a orientá-la, dado que, como diagnosticadora, você deve começar apenas com um mínimo de informação. De um modo geral, quanto menos você souber de antemão sobre um caso, melhor será o seu diagnóstico.

Primeira Etapa:

Faça a Contagem Regressiva de Cristal e entre em estado *alfa*. Nesse ponto, o seu guia lhe dirá verbalmente o nome, sexo, idade e localização (cidade e estado) da pessoa a ser diagnosticada. Coloque essa pessoa em sua tela mental. No início, você verá somente a aura da pessoa, mas com a continuação, começará reconhecendo as características específicas do rosto, corpo e personalidade.

Segunda Etapa:

Deixe a imagem da pessoa preencher a sua tela e repita o nome, idade e localização dela em voz alta. Estale os dedos rapidamente, duas ou três vezes, para ajudá-la a focar. De fato, sempre que a imagem da pessoa começar a evanescer, ou você sentir que não está progredindo, ou que precisa se deslocar de uma área para alguma outra do corpo dela, deverá estalar os dedos duas ou três vezes. O som dos estalidos alertará você para o trabalho que está executando e atrairá sua atenção para a área sob investigação. Comece sempre pela cabeça e o rosto da pessoa. Estenda as mãos até alcançá-la e passe a tatear a cabeça. Delineie o formato do rosto com as pontas dos dedos. Descreva o seu contorno em voz alta. É oval, redondo, anguloso? Tateie o cabelo e descreva a cor e o comprimento. Deixe suas mãos correrem pela testa, as maçãs do rosto, o nariz, a boca, o queixo, os maxilares. Descreva cada um desses detalhes fisionômicos.

O seu guia deve ser prestativo e solidário, dizendo "Sim" e "Está certo", sempre que possível. Nunca deve fazer sugestões. Se a sua descrição inicial for incorreta, o guia deverá responder "Olhe em maior detalhe" ou "Não tenho essa informação". Os guias nunca devem dizer "Não", porque um "não" seco intimida a sua confiança psíquica e faz com que você fique mais hesitante quanto a verbalizar outras informações corretas. A sugestão de que você não está diagnosticando corretamente também causará um afluxo de adrenalina ao cérebro e a sua tendência será deixar *alfa* e voltar a *beta*.

Terceira Etapa:

Deixe suas mãos explorarem o corpo inteiro da pessoa. "Toque" em todas e em cada uma das partes. Deixe suas mãos serem levadas para qualquer área que pareça estar atraindo o seu interesse. Se as suas mãos se sentirem naturalmente inclinadas a parar em qualquer lugar, faça-o. Percorra o corpo com seus dedos em busca de cicatrizes, queimaduras, exantemas, doenças, verrugas ou caroços. Depois, passe para debaixo da pele e examine os músculos. Verifique as glândulas e os órgãos. Examine a estrutura do esqueleto. Procure ossos fraturados ou deslocados. Apalpe o coração, segure-o em suas mãos. Teste os pulmões e todo o sistema cardiovascular. Pode imaginar um vidro com sangue dessa pessoa na tela. Agite o vidro e observe o sangue clarificar. Examine o cérebro, os olhos, os ouvidos, a garganta. Verifique a medula óssea.

Enquanto examina o corpo inteiro da pessoa, muitas coisas podem acontecer. Você poderá "ver" claramente a parte do corpo que está doente. Isso pode acontecer logo nos primeiros segundos. Verá frequentemente certa descoloração da aura nessa parte do corpo. Ou poderá "ouvir" (ou "ver") uma palavra anunciando a doença, como "câncer", "diabetes" ou "hérnia de disco"'. Pode ser que você não veja nem ouça nada, mas simplesmente "saiba", quando sondar uma determinada parte do corpo, que algo está errado ali.

Não se preocupe se não puder designar a doença em termos acurados. Você pode dizer apenas que é um "problema pulmonar" ou que "há algo errado no tubo digestivo". Por outro lado, não se surpreenda se verbalizar um nome com ressonâncias de terminologia médica, que você nunca ouviu antes e sobre o qual sabe absolutamente nada. Isso acontece às vezes – você conhece intuitivamente o nome técnico para uma doença de que nunca ouviu falar antes. Sempre tenho à mão um exemplar da enciclopédia de anatomia *Gray's Anatomy* para que, depois de fazer um diagnóstico psíquico, eu possa procurar no livro a área em que estive trabalhando e aprender os nomes corretos para as partes do corpo e as espécies de doenças que nelas podem ocorrer.

Se você sentir que não está obtendo informação suficiente acerca de uma área de interesse, há três medidas adicionais que podem ser tomadas:

1º) Pergunte à imagem do paciente em sua tela mental se ele sabe qual é o problema. As pessoas sabem usualmente, em nível subconsciente, o que há de errado com elas, e a imagem delas na tela possui essa informação; pode ser preciso apenas interrogá-las para que essa informação seja dada. Você pode receber a resposta através de "vozes", que podem soar como a sua própria voz ou como a do paciente.

2º) Se a pessoa na tela não lhe disser o que há de errado com ela, você pode psiquicamente "assumir a cabeça dela" e examinar o problema através das percepções do próprio doente. Eis como fazer isso: veja o rosto da pessoa, em tamanho natural, olhando diretamente para você. Coloque suas mãos em cada lado da cabeça e gire-a até que olhe diretamente para a parte occipital e a nuca. Depois, erga-a, retire-a da tela e acima de sua própria cabeça, e puxe-a para baixo sobre você, como se estivesse envergando uma máscara em tamanho natural, completa com a cabeça. Olhe através dos olhos da pessoa, dê alguns passos imaginários, ouça o que ela pode ouvir e experimente a sensação e a emoção do que é ser essa pessoa.

Pergunte a si mesmo o que está errado e deixe sua mente receber qualquer doença ou indisposição que se apresente. Você talvez "sinta" a doença na parte correspondente do corpo ou pode saber o que está errado apenas intuitivamente. Volte então a pôr suas mãos em ambos os lados da cabeça, erga-a e retire-a e reponha-a na tela, de frente para você. Antes de "vestir" a cabeça de outra pessoa, verifique sempre o cérebro pela presença de drogas, álcool ou doença mental. Se você detectar qualquer uma dessas coisas, seria imprudente trabalhar nessa cabeça, porque você experimentaria psiquicamente esses sintomas. Essa cabeça poderia fazer com que você se sentisse ébria ou drogada, e isso prejudicaria a sua capacidade para diagnosticar acuradamente. A droga ou o álcool não constituem ameaça para a sua própria segurança ou bem-estar, mas você sentiria temporariamente os sintomas.

3º) Se você ainda não puder descobrir o problema, projete em sua tela o azul-claro, ouro, branco ou lilás-claro, e solicite à luz da Inteligência Total que lhe dê informações sobre a condição física da pessoa. Isso fornecerá usualmente as respostas.

Quarta Etapa:

Quando souber com exatidão qual é o problema ou a sua localização, envie luz curadora à pessoa e projete para que ela seja curada. Veja a cor totalmente ao redor da aura e em especial na área de interesse. Use as seguintes cores, na medida em que correspondem à natureza ou gravidade da doença:

ESMERALDA OU VERDE BRILHANTE E AMARELADO	Achaques sem gravidade
VERMELHO-LARANJA	Lesões ou doenças críticas
COR-DE-ROSA FORTE	Amor-próprio e autoestima
VIOLETA	Equilíbrio psicológico
AZUL-GELO	Anestesia, para bloquear a dor
AZUL-CLARO, OURO, BRANCO OU LILÁS	Inteligência Total/Deus/Deusa/o Todo

Projete então que a pessoa está curada. Visualize sempre o resultado final, não os meios para alcançar o fim. Por exemplo, se estiver trabalhando com uma ferida aberta, veja simplesmente a ferida fechada e curada. Não tente visualizar uma cirurgia. A razão disso é que nem sempre você pode projetar os melhores meios para o resultado final. Finalmente, envie mais luz curadora e peça que ela seja correta e para o bem de todos, tal como faz em todos os seus feitiços.

Quinta Etapa:

Depois de ter enviado a cura para a pessoa, apague a imagem dela da sua tela mental e conceda-se uma total desobstrução da saúde, conforme aprendeu no capítulo 6. Relaxe por alguns instantes e depois faça a contagem de volta ao estado *beta* e abra os olhos.

Sexta Etapa:

Discuta então o diagnóstico que você fez da pessoa com o seu (ou sua) guia. Lembre-se de que em *alfa* o tempo não se desenrola tal qual estamos acostumados em *beta*. O que você viu e aprendeu a respeito do indivíduo pode ser uma condição passada, presente ou futura. Essa é outra razão para o guia nunca dizer "Não" quando você está comentando a respeito do estado da pessoa. Você pode estar descrevendo uma condição de saúde que a pessoa teve há vinte anos e que o guia desconhece. Ou pode estar descrevendo algum problema futuro. Há até casos em que o estado corrente do indivíduo não é inteiramente conhecido do guia ou do médico. Por exemplo, uma estudante disse à sua guia que o sujeito, um homem jovem, tinha cabelos louros. A guia, que era a namorada desse jovem, insistia em dizer à estudante que olhasse mais detidamente. Ela assim fazia, mas continuou descrevendo sempre o homem como louro. A guia desistiu e deixou a coisa passar. Mais tarde, nesse mesmo dia, quando viu o seu namorado, verificou que ele, de fato, tinha tingido os cabelos de louro!

É importante lembrar que não é possível contrair uma doença ou desordem enquanto estiver em *alfa*. Não se pode adquirir um câncer por curar um paciente de câncer nem uma doença do coração por trabalhar com um paciente cardíaco. Não é por isso que nos damos total desobstrução de saúde. Se não o fizermos antes da contagem para voltar ao estado *beta*, poderemos assumir temporariamente alguns dos sintomas negativos do paciente. Você será capaz de sentir o problema dele (dores nas costas, corrimento nasal, garganta inflamada, etc.) por algum tempo, mas não terá, na realidade, doença alguma. Não obstante, nenhuma razão existe para que tenha de enfrentar uma situação desconfortável se isso for desnecessário. Dando-se uma total desobstrução de saúde toda vez que sair de *alfa* também reforça a magia curativa em você.

CURA ABSENTE

A cura absente é um método de envio de energia curativa para uma pessoa distante. É o mesmo procedimento usado para o diagnóstico e cura psíquicos anteriormente descritos, exceto que pode não ter que se fazer o diagnóstico, se já se souber o que há de errado com a pessoa. Faça a contagem regressiva para *alfa*, coloque o paciente em sua tela mental, envie luz curativa, use suas mãos para trabalhar a área lesionada ou dolorosa e peça aos seus guias espirituais que a ajudem enviando energia para a pessoa. Quando tiver terminado, dê-se total desobstrução de saúde e faça a contagem de retorno ao estado *beta*.

IMPOSIÇÃO DAS MÃOS

As Bruxas encaram a frase "toque mágico" quase que literalmente. Quando estudei os métodos próprios da nossa Arte, aprendi que a imposição das mãos é uma parte vital da cura. Uma vez mais, a ciência está chegando àquilo que as Bruxas já sabem e praticam há séculos. Dolores Krieger, a autora de *The Therapeutic Touch*, ensina às enfermeiras e outras pessoas ligadas à área da saúde um método para usar as mãos a fim de ajudar e curar. Sua experiência mostra que o simples toque humano pode afetar a química sanguínea e as ondas cerebrais de um paciente, e provocar uma resposta de relaxamento generalizado. As enfermeiras que praticam o toque terapêutico testemunham que seus pacientes se recuperam mais depressa e com menos complicações do que aqueles que não recebem esse tratamento.

Para entender a imposição das mãos, tente o seguinte experimento: faça correr as pontas de seus dedos de alto a baixo da roupa que está vestindo ou de uma ponta à outra do tampo de uma mesa ou do assento de uma cadeira. Capte as sensações enquanto movimenta os dedos. O que você está realmente sentindo não é sua roupa, ou a mesa, ou a cadeira, mas apenas as pontas de seus dedos. Sabemos pela física subatômica que existe espaço molecular entre sua pele e os objetos materiais. A energia luminosa atravessa esse hiato microscópico entre a mão e o objeto. É aí que se misturam a energia luminosa de sua aura e a da aura do objeto. A sensação em suas mãos ou pontas dos dedos é a que provém da fusão da luz de sua aura com a luz da aura do objeto. Os estudos de Krieger indicam que os terapeutas sentem a energia de várias maneiras. As mais comuns são o calor, o frio, o formigamento, a pressão, os choques elétricos e as pulsações.

Muitas pessoas têm presenciado o poder da energia da aura em demonstrações de karatê, quando uma pessoa golpeia uma pilha de tábuas com a mão e quebra todas. O segredo dessa façanha reside no especialista em karatê visualizar primeiro a aura de sua mão despedaçando as tábuas, antes de a mão tocar sequer a madeira. É a aura, não a mão, quem desintegra as tábuas. Na Meditação da Maçã, no capítulo 6, você projetou uma maçã de verdade na tela de sua mente e tateou-a com suas mãos. O princípio era o mesmo – você tinha uma réplica exata da aura de uma maçã real e tocou-a através da aura de suas pontas dos dedos.

Eis as etapas para o uso das mãos a fim de equilibrar a energia numa pessoa doente ou lesionada, expelir a energia nociva e remover os bloqueios energéticos que impedem o livre fluxo da saúde e do bem-estar através do corpo todo. A imposição das mãos funciona melhor num Círculo Mágico, mas as seguintes medidas podem ser tomadas, quer haja ou não a oportunidade de lançar um Círculo.

Primeira Etapa:

Antes de ver o paciente, reserve sempre alguns momentos para visualizar os seus próprios pontos dos chakras e acumular sua própria energia. Veja os sete centros de força em seu próprio corpo e observe a energia em cada um deles aumentar e ficar mais potente. Reforce o seu escudo protetor. Visualize a luz curativa à sua volta. Deixe a sua própria energia concentrar-se em suas mãos, especificamente nas palmas, conservando por alguns momentos as mãos com as palmas para cima, na postura de oração egípcia.

Segunda Etapa:

Quando na presença do paciente, faça a contagem regressiva para *alfa*. Suspenda as suas mãos de forma que as palmas fiquem de frente para o corpo do paciente. Coloque as suas mãos sobre a cabeça ou o chakra coronário. Vá deslocando-as de cima para baixo, ao longo do corpo, puxando e rechaçando para longe qualquer energia nociva nesse chakra. Faça isso tantas vezes quanto necessário, até ver a aura refulgente e forte. Quando isso estiver completado, repita esse movimento nos chakras frontal, da garganta, coração, plexo solar, esplênico e dos pés (ver a figura da pág. 124).

Você pode tocar fisicamente o corpo da pessoa, de leve, com as mãos ou fazer contato somente através das auras, mantendo as mãos uma polegada ou duas distantes do corpo. Quando tiver enviado para longe a energia negativa, afaste-se do paciente e sacuda as mãos, apertando uma na outra, para descarregar qualquer energia que possa estar ainda em sua própria aura.

Terceira Etapa:

Recarregue o seu corpo, equilibre as suas energias e polarize-se usando a Meditação do Sol Egípcio antes de levar a energia curativa ao paciente.

Quarta Etapa:

Coloque suas mãos em cada um dos chakras do paciente e canalize para esses pontos a energia curativa.

MAGIA SIMPÁTICA

Bonecas têm sido usadas pelas Bruxas ao longo dos séculos para feitiços de cura. É lamentável que muita gente associe seu uso unicamente aos feitiços maléficos do vodu que infligem danos. Na Arte da Magia, porém, usamos bonecas feitas à imagem de uma outra pessoa a fim de preencher essa pessoa com energia mágica ou curadora. O uso correto de uma boneca pode ajudar a tratar doenças, aliviar dores e recuperar a vitalidade. As bonecas são excelentes para aliviar a dor da artrite e dores de cabeça.

Primeira Etapa:

Pode-se fazer uma boneca de pano ou de papel pergaminho, ou comprar uma pequena boneca numa loja de artigos de Bruxaria. Dê à boneca o nome da pessoa para quem ela está sendo feita e chame-a por esse nome. Pode escrever o nome na boneca ou fazer uma pequena etiqueta para prender nas costas dela. Você pode até usar uma foto da pessoa colada no rosto da boneca. Se puder, costure nela retalhos de peças de roupas da pessoa, de quando ela era saudável, ou pode usar também fios de cabelo ou aparas das unhas.

Segunda Etapa:

Feita a boneca, localize os pontos de acupuntura no corpo dela que correspondem aos males específicos de que o paciente se queixa. Você pode usar para isso um livro de acupuntura ou de acupressura. Depois marque esses pontos na boneca e espete alfinetes neles. Como os pontos numa boneca serão menores do que num corpo de adulto, você poderá inserir os alfinetes mais na área geral do que no ponto específico. Isso não interferirá no sucesso do feitiço se você explicitar a intenção de que o alfinete afete o verdadeiro ponto no corpo do paciente, independentemente de acertar ou não no mesmo ponto da boneca. Lembre-se de que a boneca não é o corpo real, mas uma representação que nos ajuda a concentrar a nossa percepção e a focalizar as nossas ações.

Quando inserir os alfinetes, envie energia de cura ou luz colorida para a pessoa através dos pontos na boneca. Deixe-a no seu altar ou em algum lugar especial onde possa vê-la e se lembrar da emissão de energia de cura. Quando a pessoa se recuperar, remova os alfinetes e entregue-lhe a boneca como uma lembrança que lhe proporcionará energia.

8
A VIDA DE UMA BRUXA: AS DATAS MARCANTES

As datas marcantes na vida de uma Bruxa são assinaladas por momentos mágicos, cerimônias especiais e feitiços que contribuem para o significado e o propósito da vida como um todo e da vida pessoal da Bruxa. À medida que passamos pelos sucessivos estágios da vida, vamos adquirindo uma consciência cada vez mais profunda de que a nossa vida física é apenas uma parte da nossa existência. Vivemos tanto nos reinos espirituais superiores quanto no plano material; possuímos uma identidade cósmica que transcende tempo e lugar. Se casamos, terminamos uma relação, geramos e criamos filhos, preparamo-nos para a morte ou sepultamos os entes que nos são queridos, como Bruxas, cercamos esses momentos sagrados com simbolismo e cerimonial para que a nossa consciência se mantenha focalizada nas múltiplas dimensões da existência humana. Eis algumas das maneiras como marcamos as datas importantes em nossas vidas.

HANDFASTING

Como ministra religiosa reconhecida pelo Estado de Massachusetts, posso legalmente casar pessoas pela tradicional Cerimônia de Handfasting que Bruxos e Bruxas vêm usando para celebrar a união de suas vidas e seu amor recíproco como marido e mulher. Cada vez mais Estados estão investindo os Sacerdotes e Sacerdotisas da Wicca com essa capacidade, e estamos assistindo ao ressurgimento de Cerimônias de Handfasting, mesmo entre casais que não são Bruxos.

Antes de casar, o casal deve consultar um astrólogo para entender melhor seu amor e sua compatibilidade, e para selecionar uma data e um lugar astrologicamente auspicioso para o enlace matrimonial.

O Círculo Mágico com um diâmetro de 3 a 4 metros é formado por buquês de flores e fitas. A família direta e outros amigos Bruxos se colocam dentro do espaço sagrado e formam um Círculo interior em torno do altar, que está ornado com um tecido cor-de-rosa, branco ou preto. Olíbano e mirra são queimados; dois cálices cheios de vinho ou de água de fonte são colocados entre uma vela branca e uma vela preta. Ao lado dos cálices ficam as duas alianças.

Uma Sacerdotisa auxiliar, com dois cordões de seda preta de 9 pés (2,75 m) de comprimento enrolados em torno do seu pescoço, conduz a noiva e o noivo ao Círculo, a partir do norte. Uma vez no interior do Círculo, a Alta Sacerdotisa o carrega magicamente com seu Bastão Mágico. A noiva e o noivo saúdam os quatro arcanjos nos quatro quadrantes enquanto caminham em torno do Círculo. Depois, a assistente varre o Círculo com uma Vassoura Mágica, repelindo para longe todos os eventos incorretos que pairaram na vida do casal. Então, colocando-se face a face, a noiva e o noivo ajoelham-se em duas almofadas em frente ao altar. A Sacerdotisa "carrega" as alianças e os cálices de poder. O casal ajoelhado fórmula então um feitiço verbal, enquanto se olham amorosamente nos olhos um do outro e declaram a todos os presentes seu amor mútuo e os objetivos que cada um se propõe alcançar em sua vida conjugal.

Em seguida, cada um apanha a aliança do outro e deixa-a cair na Taça oposta. Enquanto as mãos do casal permanecem cruzadas segurando os cálices, a Sacerdotisa ata-as moderadamente numa figura em 8 com os cordões de seda preta. Depois eles sorvem alguns goles de água ou vinho dos cálices um do outro. O resto é despejado numa pote, as alianças retiradas e colocadas nas mãos da noiva e do noivo. A Alta Sacerdotisa pega então no cordão de seda, segura-o sobre as cabeças do casal e puxa o nó moderadamente atado para apertá-lo, dizendo: "Eu ato o nó." Ela entrega agora uma ponta do cordão ao noivo e a outra ponta à noiva. Conforme seguram o cordão entre eles, a Sacerdotisa coloca uma mão sobre a cabeça de cada um e anuncia a todos os presentes: "Estão ambos unidos pelo infinito. Que assim seja." Em seguida, todos os presentes de casamento – mágicos ou não – que foram colocados sob o altar são carregados magicamente. Depois o Círculo é aberto e a cerimônia está completa. O casal de noivos e seus convidados continuam a celebração com grande alegria e regozijo.

FIM DE UMA RELAÇÃO

Terminar uma relação é um importante ponto de mutação na vida, e com muita frequência os casais fazem isso hoje em dia, rito de passagem formal e pessoal para suavizar a dor da separação e prepará-los para a fase seguinte de suas respectivas vidas. Apesar da dor envolvida, a separação é frequentemente para o bem dos dois indivíduos. A antiga Cerimônia Céltica de Handfasting permitia que o casal jurasse seu amor e devoção por um ano e um dia simultaneamente, após o que, se houvesse mútuo acordo, podiam separar-se e cada um seguir seu caminho. As cerimônias nupciais de hoje são, na maioria das vezes, "até a morte", e se o casamento não funcionar a contento, converte-se num acontecimento deveras traumático, impregnado de sentimento de culpa e de fracasso, desapontamento e, por vezes, dissabor.

Eu sempre digo aos clientes que me procuram que, se estão numa relação que não é satisfatória, ou que é realmente nociva, é preferível por um fim nela. Algumas pessoas pensam que, se puderem simplesmente obter a poção correta ou o feitiço certo, tudo correrá no melhor dos mundos. A magia não mudará de um dia para o outro, nem mesmo por muitos anos, as nossas personalidades básicas, e devemos aceitar o fato de que algumas pessoas não estão destinadas a permanecer juntas. Entretanto, eu aconselho que se avalie a situação em termos de amor-próprio e de autoestima, que são as bases para qualquer magia bem-sucedida e para qualquer relacionamento feliz. Se você se ama e se respeita, não deixará que outros o manipulem, o dominem ou abusem de você. Se projetar constantemente que não ama a si mesmo, atrairá continuamente parceiros que se aproveitarão de você para seus próprios fins. Tornar-se-á uma vítima.

Conheça-se a si mesmo bastante bem e ao seu parceiro o melhor que puder, antes de decidir se são ou não bons um para o outro. Se a sua magia e os seus próprios esforços razoáveis não podem salvar um relacionamento, então isso pode ser uma forte indicação de que é o momento para a separação. Nesse ponto, use a magia e trabalhe feitiços para você e para a felicidade futura do seu parceiro, e para tornar a separação tão indolor e positiva quanto possa ser para ambos.

Eis um programa que deve ser iniciado assim que perceber que o fim de uma relação é o melhor caminho possível. Considerado em seu todo, isto constituirá um feitiço para aliviar a dor de um coração partido.

FEITIÇO PARA ALIVIAR UM CORAÇÃO PARTIDO

Você necessitará dos seguintes ingredientes (certifique-se de que carregou de poder todos eles antes de começar):

Chá de morango (1 saquinho)
Pequena vara ou galho de um salgueiro
Sal marinho
2 velas cor-de-rosa
1 espelho
1 bolsa de cordões (cor-de-rosa)
1 cristal de quartzo
1 centavo de cobre
1 Taça de porcelana ou cristal que seja especial para você
1 colher de chá de jasmim seco
1 colher de chá de pó de rizoma de lírio florentino
1 colher de chá de folhas de morango
1 colher de chá de milefólio
10 ou mais gotas de óleo de flor de maçã ou de óleo de pêssego
10 ou mais gotas de óleo de morango

Numa sexta-feira de manhã ou à noite (o dia sagrado de Vênus), tome um banho de sal marinho à luz de uma vela cor-de-rosa. Enquanto seca e se veste, vá bebendo aos poucos o chá de morango. Use uma pequena quantidade de óleo de morango como perfume ou colônia. Maquie-se ou arrume-se com cuidado para produzir a sua melhor aparência. Lance um Círculo com um Bastão de salgueiro em torno de uma mesa com os outros ingredientes. Acenda a segunda vela cor-de-rosa. Misture todos os óleos e ervas numa tigela. Enquanto mexe, olhe-se num espelho e diga em voz alta: "Ó, Grande Deusa Mãe, envolva-me em seus amorosos braços e nutra e dê à luz a Deusa que existe dentro de mim." Olhe profundamente para o espelho depois que terminar de misturar os ingredientes e diga em voz alta: "Eu represento a Grande Deusa. Mãe de todas as coisas. Eu brilho na luz das Asas Douradas de Ísis. Somente me pertence tudo o que é bom, tudo o que é grandioso e amoroso." Coloque então a mistura na bolsa cor-de-rosa e adicione o centavo e o cristal. Leve sempre a bolsa consigo. Deixe a outra metade da poção na tigela, num quarto onde você possa sentir o cheiro da fragrância. Repita esse ritual todas as sextas-feiras, se necessário.

FILHOS DE BRUXAS

Uma nova geração de Bruxas está chegando à idade adulta, casando e tendo seus próprios filhos. Com o renovado interesse na Arte nestes últimos 20 anos, estamos ingressando de novo numa era em que as práticas mágicas dos nossos ancestrais serão transmitidas de mãe para filha e de avó para neta. Uma vez mais, veremos as tradições familiares da nossa Arte adquirirem renovado vigor e assumirem seu lugar ao lado das outras tradições que têm surgido ao longo dos anos.

O que nos conduz a uma das mais importantes datas para muitas Bruxas – dar à luz e criar pequenas Bruxas. Quando devemos começar a treinar as nossas filhas e os nossos filhos nos métodos da magia? Como ensiná-los a se orgulharem de sua herança como Bruxos? Como instruí-los nos processos de autodefesa em uma sociedade hostil?

Nunca é cedo demais para começar. As crianças perdem lentamente suas sensibilidades mágicas durante os primeiros 10 ou 11 anos de vida. Como Betty Edwards mostrou em *Drawing on the Right Side of the Brain*, por volta dessa idade as crianças deixaram de desenhar mágica e fantasiosamente para fixar-se no desenho exato. Elas passam horas desenhando e redesenhando a mesma figura para fazê-la parecer "realista". Como explica Edwards, elas estão começando a pensar que existe uma única realidade – aquela que é percebida pelos cinco sentidos. O sentido de realidades imaginativas torna-se menos importante e poderá até parecer, aos olhos delas, um impedimento para ingressarem no mundo dos adultos.

Joseph Chilton Pearce afirma em *The Magical Child* que as crianças têm uma relação natural com suas mães e a natureza nos primeiros anos de vida e perdem essa relação em estágios definidos, talvez para nunca mais a recuperarem. Quando uma criança expressa sua visão espontânea e intuitiva da realidade ou um sentimento de unicidade com a natureza, os adultos minimizam, ignoram e desencorajam com frequência essas percepções. Os pais Bruxos são, contudo, diferentes. Eles alimentam esses talentos naturais e ajudam seus filhos a desenvolvê-los. Criam um ambiente de apoio para manter os sentidos mágicos de seus filhos abertos e receptivos.

GERANDO UM FILHO

As mães podem começar nos primeiros dias de gravidez a preparar a criança para o nascimento e a vida no mundo. É importante o que a mãe pensa, diz e vê enquanto o bebê está sendo gerado. Assim como sua alimentação, medicamentos e bebidas terão um efeito sobre a criança por nascer, o mesmo ocorre com os pensamentos e emoções maternos. As mães Bruxas enviam a seus bebês nutrientes afirmações intrauterinas. Enquanto a criança em gestação ainda é parte do corpo/mente/emoções da mãe, é muito importante para ela que veja, pense e sinta as grandes verdades da magia, para que a criança seja apresentada a tudo isso antes mesmo de nascer. Afirmações que uma Bruxa repete para si mesma tornam-se afirmativas para a criança enquanto ela ainda for parte da mãe. É claro, a mãe pode também se dirigir diretamente ao bebê e repetir afirmações especialmente orientadas para esse fim.

O que dizem essas afirmações? Você mesma pode escrevê-las de modo que reflitam sua própria personalidade e as palavras que usualmente emprega ao falar, mas os sentimentos devem refletir as leis básicas da Arte da Magia. As afirmações devem começar a instilar na criança um forte sentido de autoestima e de amor-próprio. As afirmações mais simples poderiam declarar:

- Estou ficando lentamente pronto para uma fecunda e perfeita vida no mundo.
- Tenho uma mãe que me ama, desde agora, e aguarda ansiosamente que eu nasça.
- Sou uma criança adorável do Universo e serei nutrida e criada com amor.

Instrua a criança para acreditar que é uma pequena e adorável criatura, e que, após o nascimento, será acolhida, sustentada e acariciada por mãos carinhosas. A autoestima é tão importante para a magia bem-sucedida que seus alicerces devem ser assentados quando a criança ainda está no ventre materno. O ventre é, em geral, um lugar seguro e saudável, desde que a mãe cuide de sua própria saúde e evite substâncias nocivas que possam prejudicar a saúde do bebê. Entretanto, alguns especialistas dizem que a criança reage aos medos maternos e é possível que a união íntima entre a mãe e o nascituro possa contribuir, nessa fase, para o pensamento da criança de que ela é os medos maternos. É importante assegurar à criança que ela nada tem com que se preocupar e que nascer não é necessariamente uma experiência perigosa ou assustadora. Afirmações a esse respeito vão se tornar parte do pensamento e do sentimento do bebê, mesmo que somente em nível subconsciente.

CERIMÔNIA DE UNÇÃO

Depois que a criança nasceu, uma mãe Bruxa consulta um mapa astrológico a fim de determinar as forças e fraquezas da criança. Uma boa leitura das posições das estrelas e dos planetas dará um perfil dos talentos potenciais e dos possíveis interesses futuros da criança. Veremos, portanto, no que ela é boa e com o que poderá vir a ter problemas ou dificuldades. Por exemplo, poderá concluir-se que uma menina será deficiente em destreza física ou um rapaz talvez não seja propenso a um bom desempenho escolar. Nenhuma dessas condições indica que a criança está fadada a ser um fracasso nessas áreas. Pelo contrário, são indicações de onde os pais ou professores deverão usar de atenção e paciência extras.

O passo seguinte é planejar um ritual de unção com o Coven de Bruxas a que a mãe pertence. No Círculo Mágico, cada Bruxa adianta-se e confere à criança dons que estão faltando no seu mapa astrológico. Por exemplo, um Bruxo que é atlético poderá projetar destreza física para a menina. Já uma Bruxa que é muito estudiosa pode projetar qualidades que ajudarão um menino a ter bom desempenho na escola. Por outras palavras, cada Bruxa ou Bruxo outorgará seus próprios talentos pessoais como presentes à criança recém-nascida.

No Círculo, cada Bruxa toca, por sua vez, na criança, permitindo que suas auras se misturem. Nesse momento mágico, a Bruxa projeta as qualidades que deseja dar à jovem Bruxa como um presente de sagração.

A ARTE NO QUARTO DAS CRIANÇAS

Depois que o bebê nasceu, canções de ninar e músicas de roda passam a ser os meios primários de instrução. As mães Bruxas analisam cuidadosamente o que cantam aos seus bebês. Muitas das antigas canções de ninar e cantigas infantis desenvolveram versões que são muito violentas e negativas à medida que são transmitidas de geração em geração, e escritas e ilustradas em livros comerciais para crianças. Por vezes, a versão original ou a mais antiga é muito mais positiva. Veja-se, por exemplo, a cantiga *"Rock a Eye Baby"*. O bebê caindo da copa da árvore "com berço e tudo" não é realmente o gênero de medo que se gostará de instilar num filho. Lembro-me de ter ficado terrivelmente assustada com essa canção de ninar quando minha mãe a cantava para mim. As versões mais antigas nada dizem a esse respeito, mas falam sobre as tarefas e os papéis que outros membros da família desempenham na vida do bebê.

Os pais Bruxos usualmente fiscalizam livros, brinquedos e programas de televisão e vídeo muito cuidadosamente, uma vez que são produzidos pela cultura dominante, a qual ainda é muito hostil à Arte da Magia e a seus valores. Por vezes, no meio da mais inocente das histórias, surge a estereotipada Bruxa Má. Os programas infantis de televisão constituem poderosa propaganda para o consumismo irracional. Também exploram o exagerado sentimento de autoimportância das crianças. Em geral, os pais Bruxos querem que seus filhos cresçam com um estilo de vida mais austero e parcimonioso, em que a felicidade e o valor pessoal não dependem de posses materiais. Também esperam evitar que seus filhos se tornem as crianças exigentes e agressivamente presunçosas que frequentemente são apresentadas nos comerciais da televisão.

Talvez um dos aspectos mais prejudiciais das histórias para crianças seja o fato de poderem apresentar uma falsa espécie de mal e um falso sentimento de segurança. Existem realmente o mal e o perigo no mundo, e toda criança deveria estar informada sobre isso, mas não preparamos as crianças para a vida instilando nelas imagens do mal que tem muito pouco a ver com o mundo real. Os pais Bruxos conduzem frequentemente um programa de educação paralela para corrigir as concepções errôneas que o sistema escolar e os programas da mídia incutem em seus filhos. Por exemplo, eles tentam incutir na criança, por meio de histórias e contos de fadas, um forte sentimento de que há soluções para todos os problemas. Eles dizem às suas crianças que elas têm o potencial criativo para resolver os problemas da vida e para cuidarem de si mesmas.

O melhor clima para criar um jovem Bruxo é aquele em que a magia e um sentimento de poder e força pessoal são perfeitamente naturais. Quando criei as minhas filhas, tentei proporcionar-lhes um ambiente que focalizasse suas jovens consciências na natureza e na magia, um ambiente em que pudessem crescer, como cresceram, seus sentimentos espontâneos de que formam uma totalidade orgânica com o Universo e de que estão aptas a viver magicamente nele. Existem poderosas influências na sociedade que ameaçam contar às crianças uma coisa muito diferente. Como pais Bruxos, não queremos que os nossos filhos cresçam pensando que estão à mercê do mundo, que não dispõem de qualquer meio para controlar suas vidas, ou que não são responsáveis pelo que lhes acontece. As crianças que crescem com magia conhecem-se a si mesmas e ao mundo de um modo íntimo e profundo. Essa intimidade torna-se a base de seu poder como Bruxos.

"A" DE ALFA

Mesmo no primeiro ano, uma mãe Bruxa pode começar ensinando à sua filha como entrar em *alfa* e meditar. O grande psicólogo infantil suíço Jean Piaget assinalou que a mente de uma criança se desenvolve com o tempo e muda em função do seu meio ambiente. Diz ele que o modo como pensamos sobre todas as coisas, desde como a natureza funciona até a nossa moral, depende em grande medida das características físicas do mundo em que estamos mergulhados. Piaget também afirma que não só o conteúdo dos pensamentos de uma criança é determinado pelo meio ambiente, mas também o modo de pensar ou os métodos pelos quais a criança pensa e processa informação.

Uma criança recém-nascida passa uma grande parte de suas horas de sono e de vigília num estado alterado de consciência, mas, gradualmente, a criança aprende a manter o estado de alerta a que chamamos *beta*. Por exemplo, um bebê de um dia de vida pode ouvir, cheirar e provar. Pelos dois ou três meses, a criança reconhecerá rostos e sorrirá. Aos oito meses, a memória da criança não só reconhece rostos, mas pode recuperar informações do seu jovem banco de memória. À medida que essas mudanças ocorrem, a criança está aprendendo a manter sua consciência em *beta* para funcionar no meio ambiente físico. Durante esses primeiros meses, os pais Bruxos começam ensinando a criança a entrar em *alfa*.

Em anos passados, costumávamos pensar que as cores pastel eram as melhores para os bebês. Mas uma pesquisa mais recente, como a de Jerome Kagan, que estudou o desenvolvimento infantil nos últimos 20 anos, indica que os bebês reagem melhor aos tons fortes das cores primárias, especialmente o vermelho, e mais a padrões enxadrezados do que a lisos. Assim, em seus primeiros meses, eles estão prontos para a Contagem Regressiva de Cristal. As Bruxas em Salem presenteiam a seus filhos pequenos o espectro cromático de vermelho-vivo a violeta usando objetos ou brinquedos brilhantemente coloridos. Animais empalhados, flores de diferentes colorações, rebanhos brilhantemente coloridos presos na parede com fita gomada – tudo servirá. Muitos pais fazem disso um jogo para mostrar os objetos ou brinquedos na ordem da contagem regressiva, e para contá-los tal como estão organizados. Desafiam a criança a descobrir ou reconhecer as ovelhas, ou os pirulitos, ou as bolas, na ordem de contagem regressiva. Crianças mais velhas podem pintar suas paredes com essas cores ou fazer uma coleção de seus objetos favoritos de acordo com as respectivas cores.

Os filhos de Bruxas são usualmente melhores do que as outras crianças no que se refere à concentração, devido ao tempo que seus pais dedicam a lhes ensinar como orientar a atenção, como observar e reconhecer as coisas à sua volta. Por via de regra, as crianças mostram-se mais precisas do que os adultos.

Quando minhas filhas eram pequenas, costumava fazer com elas o seguinte jogo para ensiná-las a usar o Terceiro Olho em *alfa*. Eu pensava em alguma coisa que estivesse no quarto e pedia a elas que desenhassem o objeto em suas telas mentais e me dissessem o que era. É claro, elas nem sempre viam o objeto com clareza, mas casos elas se aproximassem bastante da cor, do formato ou uso certo, eu considerava isso um êxito.

Certo dia, estava eu fazendo esse jogo com a minha filha Penny e pensei num almofariz com pilão que estava perto da pia da cozinha. A resposta dela foi "uma guitarra quebrada", que descreveu como uma guitarra cujo braço estava quebrado, pendendo de lado. Fui propensa a considerar essa resposta um erro, pois não tínhamos nenhuma guitarra – inteira ou quebrada – na casa, de modo que disse a Penny para olhar mais atentamente. Mas ela continuou vendo a guitarra quebrada e insistiu que era isso mesmo. Veio-me então a ideia de que esse almofariz em que estava pensando tinha o formato de uma ampulheta, cujo formato se assemelha ao de uma guitarra clássica. O pilão tombado ao lado do almofariz podia muito bem ser interpretado como o braço quebrado da guitarra. Portanto, disse a Penny que tinha acertado, ao ver os formatos certos, embora os identificasse erroneamente. Foi essa uma das primeiras vezes em que aprendi que médiuns podem obter a informação correta, mas interpretá-la de maneira errada. Nunca se deve decidir precipitadamente quanto ao que se pensa ser o significado de uma informação.

Ao usar a Contagem Regressiva de Cristal em nossos jogos com os filhos, deixando-os ver objetos em suas telas mentais enquanto estão em estado *alfa*, ensinamos a eles que os pensamentos são coisas, e que o mundo não está completamente fora de suas mentes. Qualquer coisa em torno deles pode se tornar parte de suas consciências. Desse modo, crescerão sentindo-se à vontade com as experiências psíquicas que lhes acontecem natural e espontaneamente. Do mesmo modo, aprenderão como controlar suas experiências psíquicas e estarão aptos a sintonizá-las e dessintonizá-las de acordo com a sua vontade. Quando verem ou ouvirem fadas, espíritos, animais prestativos ou seres de outras dimensões, não se assustarão nem os repelirão como meras fantasias. Vão aceitá-los como seres reais e estarão abertos e receptivos ao conhecimento e à sabedoria que eles nos trazem.

SONHOS

As crianças passam muito tempo sonhando e, com frequência, hesitam em falar sobre isso, porque os pais não tomam os sonhos a sério. Não raramente uma criança acorda chorando no meio da noite, por causa de um sonho assustador, e os pais entram no quarto, limpam suas lágrimas e dizem para esquecer, "foi apenas um pesadelo ou um sonho ruim". Nenhum sonho é ruim. Até os mais assustadores têm significado e propósito. Uma boa Bruxa nunca desprezará o sonho de uma criança, ela vai ajudá-la a entendê-lo e a lhe dar sentido. Também é importante interrogar a criança sobre os seus sonhos "bons", para que ela aprenda que os sonhos não são somente os medos e ansiedades que lhe surgem durante o sono. Os pais Bruxos indagam seus filhos, fazendo disso uma rotina diária, sobre o que sonharam na noite anterior e então, se houver tempo, discutem com eles os possíveis significados de seus sonhos.

Os sonhos são o modo usado por nossas mentes para tentar classificar e pôr em ordem a informação durante a noite, enquanto estamos adormecidos. Alguns deles podem até ser mensagens de outros domínios ou experiências que temos enquanto fora do corpo quando estamos adormecidos. Um sonho poderoso pode estar repleto de informação para nós, mesmo que nunca a entendamos tão completamente quanto gostaríamos com as nossas mentes vígeis. Nem todos os sonhos têm que ser totalmente analisados acerca de seu poder para nos influenciar. Acima de tudo, devemos permitir que os nossos filhos saibam que os sonhos são reais. São uma espécie de realidade diferente da realidade quando estão despertos, mas não obstante, são reais e merecem a nossa atenção.

As Bruxas encorajam seus filhos a relatar seus sonhos e a dizer o que pensam que eles significam. Desse modo, as crianças aprendem como falar sobre seus mundos oníricos e a considerá-los com seriedade. O sonhador sempre sabe em algum nível, ainda que inconscientemente, do que um sonho trata. Por isso trabalhamos com os nossos filhos fazendo-lhes perguntas acerca das imagens em seus sonhos e sobre seus sentimentos a respeito do que sonharam, a fim de ajudá-los a obter um insight sobre o que está ocorrendo.

Alguns povos tribais ensinam seus filhos a manipular os sonhos aterradores enfrentando as imagens ameaçadoras e fazendo delas seus aliados. Uma forma de se conseguir isso é dizer à criança que teve um sonho perturbador que, quando o sonho ressurgir, ou algum outro semelhante a esse, a criança é capaz, *enquanto ainda em sonho,* de enfrentar o monstro e pedir-lhe um presente de poder. Com o tempo, as crianças são capazes de fazer isso e de derivar força e autoconfiança do sonho mais assustador.

Para tornar o sentimento de poder de uma criança num sonho mais real, alguns pais Bruxos preparam um Bastão especial ou boneca dos sonhos que entregam à criança para que durmam com ela ao lado do travesseiro. Dizemos à criança que o Bastão ou boneca estará presente quando os monstros chegarem e dará a ela poder para enfrentar qualquer monstro, pedir-lhe um presente e fazer do monstro um amigo ou aliado.

À medida que as crianças vão controlando cada vez melhor o modo como reagem a sonhos perturbadores, pode-se ensiná-las a incubar ou programar sonhos em torno de tópicos que elas consideram agradáveis. Eu sempre encorajo as crianças a terem sonhos sobre voar, ou sonhos em que aprendem coisas sobre a natureza, ou em que se encontram com seus guardiões espirituais ou animais auxiliares. Mais tarde na vida, poderão incubar sonhos para ajudar a resolver problemas e a tomar decisões, e terão uma fecunda e gratificante vida onírica.

FEITIÇOS DE PROTEÇÃO PARA CRIANÇAS

As crianças são vulneráveis e a nossa sociedade parece estar ficando mais violenta a cada dia que passa. É importante para todos os pais ensinar aos seus filhos pequenos a verdade sobre o mal e o perigo, e instruí-los sobre os modos como podem se proteger contra danos. Uma das razões pelas quais a Liga das Bruxas está trabalhando para mudar a imagem da Bruxa nos vídeos e livros para crianças é porque isso dá a elas um falso sentimento de perigo e de segurança – elas pensam que todas as Bruxas são verdes, feias e cavalgam vassouras enquanto circulam por aí fazendo maldades. Na realidade, as Bruxas não são más e a verdadeira ameaça à segurança das crianças espreita em muitas esquinas da nossa sociedade, na aparência de homens e mulheres comuns. Os extravagantes personagens de histórias em quadrinhos que arreganham os dentes, lambem os beiços e contorcem as mãos quando cometem ações maléficas não andam passeando pelas ruas das nossas cidades. As pessoas de aspecto "comum" andam, e algumas delas são membros de respeitadas famílias, e devemos ensinar aos nossos filhos a verdade sobre isso.

Além de educar as crianças a respeito de segurança e de como se comportarem com esperteza na rua, os pais Bruxos também instruem suas crianças sobre o modo de afastar a ameaça de perigos. Qualquer dos feitiços e exercícios na seção de proteção do capítulo anterior pode ser ensinado às crianças ou feito para elas. As Bruxas começam cedo a ensinar uma criança como usar a magia para neutralizar o mal ou o perigo, assim que a criança tem idade suficiente para entender o que está sendo feito. Colocamos escudos protetores em torno dos nossos filhos, e quando eles têm idade para fazerem seus próprios escudos, ensinamos a eles como proceder. A poção de proteção pode ser colocada nos pulsos e na testa de uma criança antes de ela ir para a escola, o que servirá também como lembrete para brincar com segurança, estar atenta ao atravessar ruas e ter cautela com estranhos.

MORTE E SEPULTAMENTO

A morte é um dos momentos mais importantes da vida. É o momento em que transitamos deste mundo físico para o espiritual, da luz e da energia. Nela ingressamos completa e finalmente através de *nierika,* o portal na mente que leva ao Outromundo. A morte, como a própria vida, será sempre um mistério. De fato, a morte é um dos mistérios da vida. Na mitologia hindu, o ritmo contínuo de criação e destruição expressa-se na dança eterna do Deus Shiva. Na física moderna, Fritjof Capra nos diz: "Toda partícula subatômica não só executa uma dança energética, mas também é uma dança de energia, um processo pulsátil de criação e destruição."

As tradições espirituais do mundo inteiro procuraram explicar esse mistério da vida-na-morte e morte-na-vida por ritos de iniciação que gravitam em torno de um herói que deve sofrer alguma forma de morte, quase sempre simbolicamente, viajar para o Além e surgir renascido como um mestre ou guia, ou para outros mortais ou para algum empreendimento mais cósmico. Nas tradições célticas, vemos isso na história de Arthur, que navega para a Terra dos Mortos a fim de recuperar o Caldeirão Mágico do qual somente os verdadeiros e corajosos heróis podiam comer. O Caldeirão sustentou-os com o alimento da imortalidade, assegurando-lhes assim uma vida bem-aventurada no Outromundo. Quando o próprio Arthur foi ferido de morte, transportaram-no para Avalon, onde a tradição diz que ele aguardará até que o mundo volte a precisar dele. Nesse momento, ele retornará. Hoje, quando as Bruxas usam o Caldeirão, esse antigo símbolo de imortalidade, em seus rituais, traz à memória essas verdades sagradas sobre vida, morte e a terra onde ninguém morre.

Na sociedade ocidental moderna, banimos praticamente a morte da discussão pública e particular. O assunto se tornou tabu. Essa atitude é única na história mundial. Outras culturas não se furtam como nós ao tema da morte. De fato, ensinar os "caminhos da morte" fazia parte de suas tradições espirituais. Por exemplo, os Mistérios Órficos e Eleusianos na Grécia, os Mistérios de Osíris e Ísis no Egito, os Mistérios Mitraicos no Oriente Médio, os Mistérios Druídicos na Europa Ocidental, a sociedade Ojibwa Midewiwin (para apontar apenas uma das muitas sociedades ameríndias de medicina), o *Livro dos Mortos* egípcio, o *Livro dos Mortos* tibetano, o *Popul Vuh* asteca, a tradição medieval de *Ars Moriendi* ou "a arte de morrer" – tudo isso foram tentativas de dar às pessoas uma "prévia" do que as esperava quando a consciência abandonasse o corpo e embarcasse em sua viagem para a próxima vida. Tais tradições espirituais eram, sem dúvida, poderosas psicoterapias para lidar com a morte e impedir o medo e o choque que parece ser parte do entendimento da morte por homens e mulheres modernos.

As Bruxas celebram a morte em nossos próprios mistérios sagrados, tal como celebramos a vida. Como a nossa cosmovisão é geocêntrica, e como celebramos a mudança de todas as estações, tanto o inverno quanto o verão, não vemos a morte como o fim. É meramente uma estação na Roda da Vida. A morte está intimamente entrelaçada no tecido do mundo e de todas as coisas. Mas o mesmo ocorre com o nascimento. Se Perséfone passa a estação estéril do inverno no Submundo, ela certamente voltará como a donzela virginal na primavera. As filhas regressam, os filhos renascem. A Lua e o Sol são fiéis em suas jornadas cíclicas pelos céus. Ao orientarmos as nossas celebrações anuais em torno do nascimento e morte do ano, constantemente nos é recordado o grande papel que a morte desempenha no esquema divino das coisas.

Os nossos ritos e crenças corroboram a teoria do "eterno retorno" e a maioria das Bruxas acredita em alguma forma de reencarnação. A lei das

Bruxas, segundo a qual tudo o que fazemos a nós retorna em triplo, sugere que, se não recebemos os efeitos de nossos atos nesta vida, receberemos na próxima. As Bruxas que derivam suas Tradições de fontes célticas são crentes inabaláveis na imortalidade da alma, pois ela foi ensinada pelos Druidas. A transmigração das almas era uma de suas crenças fundamentais. Na sociedade céltica era comum as pessoas efetuarem empréstimos baseadas no pressuposto de que se não fossem reembolsadas nesta vida, seriam na próxima.

Minhas convicções pessoais são de que, depois da morte, a informação que se manifestou em nós durante esta vida torna-se parte integrante dos registros akáshicos. *Akaska* é o termo metafísico para designar o éter, ou energia cósmica, que impregna o Universo. Acredito ser o mesmo fenômeno a que os físicos chamam os "campos quânticos" de energia. Tudo o que acontece, incluindo as nossas vidas, é uma manifestação de energia no interior desses campos e está, por seu vez, impressa neles. Na morte, cada um de nós vai se tornar parte do campo cósmico como um pacote de energia ou "feixe de informação". É por isso que a todo ser humano cabe a tremenda responsabilidade de viver uma vida boa e crescer em conhecimento e sabedoria. O que quer que venhamos a ser permanecerá. Será parte do Universo, os registros akáshicos, ou a Mente do Todo, para sempre.

As Bruxas veem a morte como um momento abençoado na vida do que falece, se bem que a nossa reação humana seja sempre ofuscada pela tristeza e pena pelo fato de um ente amado estar nos deixando. Assim como rejubilamos quando nasce um bebê, tentamos ser igualmente jubilosos quando alguém que conhecemos ou amamos inicia uma nova vida no próximo mundo. Vestimo-nos de branco para doar a nossa própria energia como sinal de solidariedade à energia deixada pelo ente querido.

As Bruxas são mais favoráveis à cremação do que ao sepultamento. As cinzas do ente amado podem ser então usadas em poções protetoras, conservadas numa urna perto do nosso altar, ou sopradas ao vento num lugar que era especial ou sagrado para o falecido ou para aqueles de nós que ficamos para trás. Quando Bruxas são enterradas, também enterramos com elas seus instrumentos e mantos mágicos, colocando ervas e cristais na sepultura. Fazemos um Círculo Mágico ao redor da sepultura. A poeira recolhida sobre a lápide pode ser usada em futuras poções de proteção, porque uma parcela da energia luminosa do falecido emana através da terra durante anos após o sepultamento. Por vezes, plantamos uma árvore ou um arbusto para a pessoa ou convidamos um gatinho recém-nascido para a nossa casa, como forma de homenagem e para perpetuar o espírito dessa pessoa. Por outras palavras, substituímos vida por vida.

9
O FUTURO DA BRUXARIA

Lanço o olhar para o futuro e encho-me de esperança e medo. Quando contemplo todos os amanhãs que se abrem diante de nós, fico alternadamente excitada pelas grandes oportunidades que nos aguardam como espécie e alarmada pelos muitos problemas que se apresentam em nosso caminho imediato. Pergunto-me como atingiremos o ano de 2089, um século a contar de quando este livro foi escrito. Não penso que qualquer caminho esteja predeterminado. Nós encontramos e fazemos os nossos próprios caminhos. O futuro está em nossas mãos e em nossas mentes.

Posso também olhar para o passado – os eventos da história recente, incidentes perdidos nas brumas do tempo, até lampejos ocasionais das mais remotas experiências de vida neste Planeta Terra. A minha herança como Bruxa está repleta de formas de vida, presenças animais e auxiliares espirituais que abundam nas lendas contadas pelos povos do mundo inteiro. Animais míticos, continentes e raças perdidos e os numerosos caminhos antigos através dos quais o espírito penetrou na vida humana – tudo isso ainda vive em mim e em todos os que praticam a Arte da Magia. Os Deuses celestes de muitas culturas, o "povo sideral", que pode ter habitado em partes da Terra, as raças originais, seres angélicos e mensageiros, os técnicos de civilizações desaparecidas, os elfos e as fadas, povo pequena cuja presença lendária é encontrada em todo o mundo – esses nossos ancestrais ainda estão presentes no Universo, estampados nos campos de energia cósmica, ou nos registros akáshicos. Seu legado está ao nosso alcance em *alfa*. O "tempo antes do tempo" ainda nos convida a entrar e a conhecer por nós mesmas as nossas raízes e origens comuns.

A consciência de uma Bruxa não está restringida ao tempo presente, estende-se até as fronteiras mais longínquas do Universo e os extremos da experiência humana. Como Bruxa, sempre tive o desejo de vivenciar o passado e o futuro, de conhecer de onde viemos e para onde estamos caminhando... Muitas Bruxas sentem o mesmo.

Um número surpreendente de Bruxos e Bruxas, assim como de outros Neopagãos, têm empregos onde trabalham com computadores e programas de computação. Isso nada tem de incomum, visto que os computadores são a aquisição mais recente numa longa linha de tecnologias de processamento de informação que inclui os sistemas pitagóricos, o misticismo judaico encontrado na Cabala, o Tarô e os antigos alfabetos rúnicos da velha Europa. Tal como esses antigos precursores, a linguagem de computador é uma espécie de código secreto que pode dar acesso à informação e ajudar a modelar nossas vidas e a edificar os nossos futuros. As nossas práticas de Bruxaria nos preparam para canalizar o conhecimento através de luz, cor e número.

Eu vejo diversos roteiros e programas para o próximo futuro e os importantes papéis que as Bruxas desempenharão neles. Neste último capítulo, gostaria de compartilhá-los com vocês.

Vejo Bruxas recuperando os dias sagrados da Terra e do Céu. As antigas festividades do calendário das Bruxas – Samhain, Imbolc, Beltane e Lammas – voltarão a ser importantes feriados culturais, celebrações vitais para as comunidades mais amplas em que vivemos. Vejo até pessoas que nada têm a ver com a Bruxaria aguardando com ansiedade e reconhecendo os equinócios e solstícios como dramáticos momentos culminantes na Roda do Ano.

Para que isso aconteça, as Bruxas devem trabalhar ativamente para reclamar esses dias como nossos. Devemos patrocinar esses feriados secularizados e comercializados e restabelecê-los como dias santificados. Proponho uma tríplice estratégia para fazer isso: educação, cerimônias públicas e boas obras.

Educação: quando se avizinhar a data de cada feriado, as Bruxas escreverão aos comerciantes e à câmara de comércio de suas áreas a respeito do significado da celebração que está para acontecer. Sublinharemos a rica história dessas festividades e explicaremos o intuito original dos nossos ancestrais que celebraram esses momentos sagrados do tempo. Nós nos ofereceremos para realizar palestras em escolas e colégios sobre esses dias, e escreveremos cartas ou editoriais para os jornais locais.

Seja qual for o critério escolhido para isso, cuidaremos de que a informação posta à disposição do público seja sempre exata e precisa. Usaremos todas as formas de mídia, porque são poderosos veículos para a educação. Em nossa campanha pela mídia encorajaremos todos aqueles que exercem algum controle sobre o modo como esses dias são celebrados a renunciar às imagens comercializadas e aviltantes que acompanham as observâncias modernas, e a retornar às imagens mais antigas e mais corretas. As Bruxas serão as principais consultoras nesse capítulo. Para aqueles feriados que a sociedade moderna virtualmente esqueceu ou ignorou, como Imbolc, Lammas, Beltane e os equinócios, a tarefa pode ser mais fácil. Há menos desinformação e distorção a superar. Para muita gente, esses podem ser feriados totalmente novos. Com o tempo, a sociedade nos homenageará como portadoras de novas alegrias e festividades.

Cerimônias Públicas: o grande problema com que se defronta a nossa Arte em tempos recentes tem sido a invisibilidade. Ninguém nos vê. Proponho que as Bruxas saiam a público nos principais dias santos da Terra e do Céu com trajes característicos, música, danças e cantos, e magia. Se possível, obter licença para erguer os mastros *(Maypoles)* da celebração da festa da primavera em jardins e parques municipais, organizar desfiles ou procissões de velas em Samhain, celebrar Yule em centros comunitários ou nas Igrejas Universalistas Unitárias (as quais são, com frequência, receptivas a liturgias não cristãs). Podemos nos reunir com estudantes universitários interessados em antropologia ou costumes medievais, e realizar rituais nos campus. Se os locais públicos forem inacessíveis, começaremos nos pátios dos fundos de nossas próprias casas. Notificaremos os vizinhos de que vamos realizar ou recriar algumas celebrações "populares e cheias de colorido", e os convidaremos para participar ou vir simplesmente assistir. Prevejo que, dentro de alguns anos, talvez até em apenas um ano, teremos metade do bairro dando-se as mãos e girando ao redor uns dos outros numa dança em espiral! E com trajes de época!

Penso ser importante que sejamos tão abertas quanto possível a respeito de nossas identidades como Bruxas. Hoje, Salem é um lugar seguro para as Bruxas usarem Pentáculos e capas pretas na rua, e para promover celebrações de Sabbats em lugares públicos, mas nem sempre foi assim. A razão primordial porque somos hoje aceitas está em que eu e outras Bruxas de Salem defendemos com firmeza o nosso direito de nos vestir como desejamos, usar o que queremos e celebrar os nossos Sabbats. Não penso que devamos esconder os nossos ritos. Sei, porém, que nem todas as Bruxas vivem numa cidade segura. Se você não pode manifestar abertamente a verdadeira natureza das nossas celebrações, porque fazê-lo intimidaria os membros conservadores de sua comunidade, que poderiam causar problemas e até impedir as celebrações, encontre formas aceitáveis para explicar o que está fazendo. Termos como "Bruxaria", "Wicca" ou "Pagão" podem suscitar oposição. Entretanto, a maioria das pessoas não se sentirá ameaçada pelos Mastros de Maio, por exemplo, quando apresentados como um antigo costume popular inglês para festejar a primavera. Lammas pode ser explicado como uma simples festa da colheita. Yule celebra a nossa necessidade de luz e calor quando se avizinham os meses do inverno. Os rituais de equinócios e de solstícios podem ser descritos como antigos costumes que concentram a nossa atenção na ecologia, as estações do ano e o equilíbrio na natureza. Ao apresentarmos os nossos Sabbats desse modo, podemos educar as pessoas quanto à verdadeira natureza e finalidade dos mesmos. Com o tempo, até mesmo as mais inflexíveis e hostis aprenderão que nenhum dano resulta de nossas festividades, mas que, pelo contrário, elas propiciam bons e alegres momentos para todos.

Algumas Bruxas que produzem cerimônias públicas saboreiam realmente o fato de que alguns espectadores e participantes pensam estarem elas encenando um mero espetáculo vistoso, quando uma poderosa liturgia e um ritual sagrado residem, na verdade, por trás de tal aparência. No fim das contas, as origens do teatro, poesia e dança estão em cerimônias religiosas e muita gente somente vai pelo espetáculo, o que não considero errado ou enganoso enfatizar esse aspecto se, ao fazê-lo ganhamos a aceitação pública dos costumes da Wicca. Recorde-se que a nossa meta é educar primeiro, e o ritual é o meio mais efetivo de educação. Façamos dos nossos rituais públicos eventos excitantes que despertem, inspirem, emocionem, deleitem e deem energias a todos os que estiverem presentes. Deixemos que as nossas próprias consciências se elevem nessas ocasiões e, assim fazendo, elevem a consciência de outros.

Usar indumentária ritual é importante em todas as nossas celebrações festivas, não apenas em Samhain. As crianças devem ver seus pais em roupas mágicas ao redor dos Mastros de Maio, na véspera do Solstício de Verão, em Yule. Trajar vestimentas sagradas é um meio de incorporar o poder às nossas vidas e de projetar a magia e o significado do que fazemos. Fiquei desapontada ao ver, durante o desfile das crianças de Salem no Halloween, que tão poucas Bruxas se apresentaram em trajes característicos ou com seus mantos. Aplaudi aquelas que o fizeram. É importante dar às crianças o sentimento de que a vida de uma Bruxa engloba muitos mundos e se movimenta entre eles. Verem-nos em indumentárias especiais e vestidas para um lugar e um tempo diferente constitui um meio poderoso de ensinar às crianças (e aos adultos) que vivemos em mais de uma realidade.

Algumas Bruxas afirmam que o trabalho e as carreiras não lhes deixam tempo para preparar e realizar celebrações públicas nesses dias do ano. É verdade que ainda não gozamos de dispensa de trabalho para os nossos Sabbats como ocorre nos feriados nacionais, mas podemos tomar um dia de licença por nossa conta. Algumas Bruxas fazem questão de pedir esses dias de folga quando se candidatam a um emprego. É frequente os patrões mostrarem-se mais do que dispostos a anuir, especialmente se uma Bruxa que tira folga para Yule, por exemplo, está disposta a trabalhar no dia de Natal. Encorajo as Bruxas a fazerem isso, mesmo que não gastem o dia aprontando-se para grandes celebrações. Esses dias são sagrados, e devemos criar tempo e espaço sagrados em nossas vidas, folgando no trabalho e passando o dia entregues, conscienciosa e produtivamente, às atividades próprias da nossa Arte.

Boas Obras: uma das primeiras perguntas que me foram feitas por um pastor durante um debate na televisão foi: onde estavam os meus hospitais e orfanatos? Ele insistiu em que, para provar que eu era realmente uma pessoa "religiosa", devia produzir hospitais! Até o moderador se viu na obrigação de lhe assinalar a incoerência dessa linha de pensamento. Nem todos os grupos religiosos têm que ser proprietários e administradores de hospitais e orfanatos. Mas o nosso homem foi obstinado em citar que "por seus frutos, vós os conhecereis". Bem, nesse ponto posso concordar totalmente com ele: nós somos conhecidas por nossas boas obras. E vejo as Bruxas do futuro serem conhecidas por suas boas obras, como éramos em tempos pré-cristãos, antes que a difamatória campanha começasse, convencendo o mundo de que só éramos capazes de "más obras". Como parte de reclamarmos os nossos feriados tradicionais, encorajo todas as Bruxas e todos os Covens a organizarem em conjunto com cada feriado alguma forma de trabalho voluntário em benefício da comunidade em geral.

Por exemplo, as festividades da primavera podem incluir trabalho de conservação em jardins e plantio de flores em áreas cívicas. Podemos oferecer-nos como voluntárias para ajudar pessoas em casas de saúde a plantar jardins. Ou podemos levar ramos de flores aos hospitais. No Solstício de Verão, podemos ajudar inválidos, enfermos confinados a seus lares, crianças e anciãos a sair para o ar livre e desfrutar dos cálidos dias estivais. Podemos providenciar transporte para eventos públicos, patrocinar piqueniques, auxiliar voluntariamente na instalação de acampamentos de férias.

À medida que o ano avança, celebramos as colheitas e a necessidade da Terra de reciclar suas energias. Podemos empacotar caixas de alimentos para os pobres. Ou reservar algum tempo para ajudar como voluntárias nos projetos locais de reciclagem. Podemos auxiliar os idosos a preparar seus lares para os frios meses de inverno que se aproximam, instalando guarda-ventos, armazenando lenha para a lareira, guardando as ferramentas de jardinagem usadas no verão.

O inverno foi sempre a estação tradicional para contar histórias, quando a gente do povo passava longas noites em torno da lareira. Podemos renovar a tradição de contar histórias apresentando-nos voluntariamente em bibliotecas públicas e em centros de assistência diurna, e oferecendo programas adultos em centros comunitários. Podemos angariar vestuário e alimento para os desabrigados ou prestar serviços em abrigos locais. Em Salem, as Bruxas patrocinam uma campanha de brinquedo-e-alimento em cada época de Yule para as instituições infantis de caridade. O Imbolc tem lugar no mais frio e mais áspero período do ano, por que, então, não patrocinar uma ceia coletiva para os pedintes, a cargo da sopa-dos-pobres local?

São apenas sugestões. Observe profunda e claramente a sua própria comunidade e veja o que precisa ser feito. Depois organize planos específicos para fazê-lo, sozinha, com um par de Bruxas amigas, ou com um Coven. Se viver numa área que tem várias comunidades Wiccanianas e Pagãs ou de Bruxas, proponha um esforço conjunto para realizar boas obras como parte do nosso esforço para reclamar os nossos legítimos feriados.

Vejo as Bruxas ficarem cada vez mais ativas em questões de interesse ecológico. Quando a Terra se torna um lugar cada vez mais insalubre para viver e quando a civilização moderna continua envenenando o Planeta, as

Bruxas falarão alto e em bom som em nome dos direitos da Terra. Nossas vozes estarão entre as mais veementes, convocando todas as pessoas a viverem em equilíbrio e harmonia com as comunidades de plantas, animais e minerais.

Para muitas Bruxas, isso significará fazer um balanço de como vivem pessoalmente no Planeta. E com frequência desconcertante descobrir modos de vida para que os nossos valores como "guardiãs da Terra" não sejam negados ou contrariados pelos nossos próprios estilos de vida. Os nossos carros, computadores, combustíveis de aquecimento, nossas roupas e bolsas plásticas para as compras – tantas coisas sem as quais achamos difícil viver – podem estar exaurindo os recursos da Terra, contribuindo para os lixos tóxicos, explorando as populações nativas em outros países e favorecendo os maus-tratos infligidos a animais. A vida moderna é uma tão complexa rede de relações que fica muitas vezes impossível conhecer que efeitos as nossas ações terão sobre outros. A rede comercial e industrial envolve literalmente o mundo inteiro e cada um de nós.

É claro que não podemos voltar todos a viver da terra. Só na América já existe gente demais para que se possa fazer isso. Mas creio firmemente que cada um de nós pode levar uma vida mais simples, que desperdice menos, polua menos, destrua menos, até custe menos. As Bruxas do futuro serão pioneiras dos novos caminhos pelos quais os indivíduos reduzirão gradualmente suas necessidades e viverão mais leves, tocando a Terra com mais brandura e respeito.

Se cada um de nós contribuísse com apenas cinco horas mensais, o que é cerca de uma hora por semana, para alguma organização local que esteja envolvida no trabalho ecológico ou de defesa ambiental, veríamos resultados extraordinários em nossas próprias vidas e na da comunidade em geral. Tais mutirões poderiam limpar bosques e parques; ajudar os escoteiros a coletar jornais; plantar árvores, flores e arbustos. Em Salem, a *Liga das Bruxas para o Esclarecimento Público*, comprou e plantou 200 mudas de abeto. Posso apenas, uma vez mais, oferecer algumas sugestões que me ocorrem. Você deve descobrir o seu próprio caminho para se tornar ativamente engajado na luta pela saúde do meio ambiente. Junte-se ao conselho local da *Audubon Society* ou do Sierra Club, a fim de tomar conhecimento de quais programas estão disponíveis e são necessários em sua comunidade. Se quisermos que as Bruxas tenham maior impacto sobre o futuro da nossa sociedade, devemos adotar uma conduta mais orientada para o serviço.

Quando se trata de questões ambientais, devemos nos instruir mais. Devemos usar a mídia, a televisão em particular, para nos informarmos sobre outras culturas, além da nossa, e as atitudes delas em relação à Terra; sobre a ciência e a tecnologia que estão atualmente poluindo o meio ambiente; sobre as novas tecnologias que poderiam oferecer possíveis corretivos. Como Bruxas informadas e esclarecidas, podemos nos tornar ativas em manifestações, protestos e toda ação em prol da reforma. Não hesitaremos em colaborar com funcionários e legisladores locais e federais que terão o poder político para promulgar mudanças.

A Terra está passando por importantes transformações. Os americanos nativos previram isso há séculos, muitas vezes com extraordinária precisão, e muitas dessas previsões estão se concretizando agora. A Terra deve se ajustar aos problemas que a vida humana criou para ela. Os grandes Titãs da Terra estão despertando para tomar parte em sua limpeza: incêndios, terremotos, vulcões, tempestades, secas, inundações. Os humanos tendem a ver esses fenômenos como "desastres" quando os interpretamos em função dos nossos próprios interesses egoístas. Mas até o fim da Terra pode não ser um desastre quando considerado da perspectiva do Todo. Simplesmente não sabemos. Na melhor das hipóteses, cumpre-nos atentar para esses eventos como mensagens da Terra para que reformemos nossa conduta e vivamos em harmonia e equilíbrio com o Planeta e suas numerosas comunidades. Vejo Bruxas realizando feitiços pelo crescimento, a limpeza e a sobrevivência. Vejo a Arte tornar-se uma parte integrante do esforço mundial para fazer a vida humana mais sensível às necessidades da Terra. Vejo Bruxas, coligadas com outras comunidades orientadas para o Planeta, praticando magia, repartindo conhecimentos e realizando grandes feitiços de cura e purificação.

Estaremos na expectativa de futuras convergências harmônicas e novas eras, e colaboraremos com elas. A convergência passada foi bem-sucedida em aumentar a consciência de uma interligação entre o espírito e a Terra. As convergências harmônicas não serão apenas uma moda passageira, mas um apelo corrente às pessoas de inclinação espiritual em todo o mundo para que projetem saúde, bem-estar e equilíbrio entre o espírito e a matéria. Apesar do que os detratores disseram a respeito da convergência não passar de mais uma vigília apocalíptica em preparação ao fim do mundo, os que participaram entenderam seu verdadeiro propósito – o alinhamento de nossas intenções com a evolução futura da Terra e suas comunidades de vida.

Vejo um futuro em que não haverá guerra nem ameaça de guerra. Vejo o conflito passado no Vietnã e lembro-me de como ele foi parado pela implacável visão e pelas vozes de incontáveis e corajosos homens e mulheres que protestaram contra a sua escalada e projetaram o fim da guerra. Lembro-me dos grandes mantras de paz da década de 1960 – "Faça Amor, Não Faça a Guerra" e "Dê à Paz uma Chance!" – e o símbolo da paz que se tornou um talismã internacional, operando sua magia na mente e no coração das pessoas por toda parte. Embora eu pense que o conflito faz parte da existência humana e sempre estará presente sob uma ou outra forma, não acho que o conflito entre pessoas ou nações tenha que resultar necessariamente em guerra, sobretudo no futuro, quando mais exércitos terão armas nucleares à sua disposição. E penso que a televisão continuará erodindo o apoio geral à guerra, como fez durante o conflito no Vietnã, ao trazer os horrores dos campos de batalha para dentro dos nossos livings, onde não podemos confundi-los com glória.

As Bruxas devem fazer da paz uma importante meta. Devemos realizar feitiços e magias em benefício de um mundo livre de guerras. Usar os feitiços deste livro para a paz pode ser uma das nossas mais importantes contribuições para o futuro de nossos filhos e netos. Podemos fazer feitiços restritivos, usando luz branca para neutralizar soldados e suas armas e, sobretudo, restringir a ação dos líderes militares que os mandam para o campo de batalha. Podemos colocar escudos protetores em torno dos exércitos e das populações civis, as quais, agora mais do que no passado, são as maiores vítimas da guerra. Também devemos proteger a Ciência da Bruxaria, a terra, as suas culturas e os seus animais, que também são as vítimas inocentes dos conflitos armados. Podemos entrar em *alfa* e dialogar com os líderes mundiais, encorajando-os a negociar entre si em vez de recorrer à guerra para solucionar disputas. Podemos emitir luz cor-de-rosa. Podemos projetar soluções para os problemas tanto internos quanto internacionais.

Devemos começar educando os nossos filhos a respeito da realidade de um Planeta livre de guerras e não violento. Há alguns anos, dei um curso de Ciência da Bruxaria para filhos de algumas Bruxas de Salem. Um dos nossos projetos era rodear Salem de luz cor-de-rosa, especificamente para neutralizar outros adolescentes na cidade que, por carência de orgulho cívico e de autoestima, descarregavam suas frustrações no meio ambiente por atos de vandalismo. Esses jovens Bruxos e Bruxas realizaram fielmente seus feitiços durante três para quatro meses, e, quando foi divulgado o relatório seguinte sobre criminalidade no Estado de Massachusetts, Salem registrou o mais baixo índice no tocante a atos de vandalismo.

Quando o mundo se torna um lugar cada vez menos seguro para se viver, posso vislumbrar a crescente necessidade de indivíduos esclarecidos e eficientes, versados nos métodos antigos e modernos de cura. Para descobrir uma cura para o câncer, a AIDS, as doenças do coração, as alergias que ameaçam a vida e a série de doenças ambientais que parecem proliferar em ritmo alarmante, os nossos melhores cérebros e as nossas mais poderosas magias serão requeridos. Enquanto a Terra passa por seu próprio ajustamento e depuração, assistiremos a mais "desastres naturais", como secas, inundações e terremotos, e as Bruxas farão parte das missões de resgate para salvar e confortar as vítimas.

Mas, por agora, os muitos males da civilização moderna relacionados com o estresse – problemas cardíacos e pulmonares, dores nas costas e de cabeça, resfriado comum – devem se tornar o nosso foco imediato, porque estão ao nosso alcance. Conhecemos pessoas que padecem desses transtornos. Por vezes, são nossos próprios males. Em nossos papéis tradicionais como curandeiras e conselheiras devemos oferecer a nossos vizinhos um estilo mais saudável de vida e a ciência da magia para que se curem.

As Bruxas do futuro farão parte do sistema de assistência à saúde, trabalhando como voluntárias em hospitais, casas de saúde e hospícios, dando às pessoas visão e esperança por causa de nossas perspectivas ímpares sobre a vida e o sofrimento, morte e renascimento, a eterna permuta de energia entre os domínios material e espiritual. Como clero feiticeiro, devemos exigir os mesmos privilégios de visitação de que hoje goza o clero cristão para aconselhar e curar os nossos pacientes quando estão hospitalizados.

As pessoas estão morrendo por causa de tóxicos, solidão, medo e preconceito. Vejo Bruxas oferecendo programas de cura, centrados no ritual para viciados em drogas e alcoólatras. Os nossos Covens oferecerão cerimônias e rituais para grupos de pessoas desoladas, aflitas, solitárias ou abandonadas que buscam uma esperança e uma justificação para viver.

Como terapeutas geocêntricos, oferecemos uma nova visão às pessoas alienadas da Terra e dos ritmos naturais que colocam a vida em perspectiva e criam um contexto significativo. Ensinaremos meditação, ofereceremos jornadas espirituais guiadas e ajudaremos os indivíduos a descobrirem suas próprias fontes de saúde e felicidade através do ritual e da magia que os colocarão em contato com os seus mais íntimos e mais profundos eus.

Vejo a Bruxaria tornar-se de novo uma importante religião, ocupando seu legítimo lugar ao lado de outras disciplinas espirituais. Enriqueceremos outras religiões mostrando-lhes como a Ciência da Magia é a base para todas as práticas espirituais eficazes. Mas devemos dar o primeiro passo. Encorajo todas as Bruxas que tiverem essa oportunidade a tornarem-se "Sacerdotisas diplomadas" aderindo ao Covenant of the Goddess ou ao The National Alliance of Pantheists, organizações que obtiveram reconhecimento governamental como órgãos religiosos com o direito a "ordenar Sacerdotes". Devemos compreender que, aos olhos da cultura dominante, rótulos como "reverendo" e "ministro" são necessários para nos conferir status oficial. Sem eles, nossas unções, casamentos, funerais e socorros hospitalares não serão aceitos como legítimos ritos religiosos.

"Diplomadas" ou não, as Bruxas desempenharão um papel sempre crescente em atividades ecumênicas. Participaremos em seminários e retiros em centros cristãos, judaicos e budistas, e no crescente número de agências e seminários interconfessionais. Bruxas já estão sendo convidadas para tais conferências, porque só nós estamos verdadeiramente versadas nas cerimônias e rituais das Tradições da Deusa, as quais estão se tornando um importante campo dos estudos teológicos. As Bruxas não só compreendem, mas vivem a visão espiritual dos nossos ancestrais, que reconheceram o poder divino na Terra e nos processos naturais. Nós possuímos os conhecimentos e as técnicas para realizar os nossos próprios poderes divinos, tão necessários para viver em harmonia com a Criação. O que está sendo denominado "teologia da criação" em alguns círculos cristãos é o que nós e as nações ameríndias estivemos vivendo por milhares de anos. É aquilo por que o mundo vem clamando tão desesperadamente em nosso próprio tempo e o que poderá ser a nossa definitiva salvação – uma visão espiritual que reconhece a santidade de toda vida e a interligação de todas as coisas vivas.

Desafio os teólogos e estudiosos da religião, e os homens e mulheres comuns nas comunidades cristãs e judaicas, *a nos estudarem e aprenderem sobre quem somos*. Lanço a vocês um desafio, que ponham de lado mentiras e distorções que têm caracterizado seus sentimentos a nosso respeito e os impediram de verdadeiramente nos compreender. As principais religiões modernas têm estudado o Zen-budismo e a espiritualidade ameríndia em anos recentes, descobrindo nessas antigas e respeitadas tradições muita inspiração e sabedoria sacra. Desafio todos os estudantes de religião a que façam o mesmo com a Bruxaria e as ricas Tradições da Deusa, das quais procedemos.

Não faz muito tempo, Barbara, uma Bruxa amiga minha, era professora voluntária numa escola particular local que tinha a meritória reputação de fornecer uma educação de alto nível. Os anos de serviço de Barbara à escola foram reconhecidos pelo corpo docente, pelos estudantes e pelos pais dos alunos. Quando o cargo de diretor ficou vago, ofereceram o posto à minha amiga. Depois, começou a circular a notícia de que Barbara era uma Bruxa. De súbito, uma mulher, cuja reputação na comunidade era irretocável, tornou-se uma "desconhecida". As pessoas reagiram como se realmente não a conhecessem. Numa conferência com funcionários escolares, ela confirmou o fato de que era Bruxa, assim como seu marido e filhos. A oferta da direção foi retirada. Ironicamente, quando saiu da conferência, passou por uma sala de aula onde estava sendo projetado um filme para explicar a beleza e os mistérios da espiritualidade ameríndia. No futuro, esses filmes serão sobre nós. E não perderemos os nossos empregos por sermos o que somos.

Vejo crescer rapidamente o número de Bruxas, não por que recrutemos novos membros, pois não o fazemos e nunca o fizemos, mas porque a Deusa conclamará as pessoas a descobrirem sua herança espiritual original. Nós ainda exigimos que as iniciadas deem provas de si e de suas intenções estudando conosco durante "um ano e um dia", antes de as aceitarmos em nossos Covens, mas um contingente cada vez maior de homens e mulheres se mostrará disposto a isso quando se aperceberem de que chegou o momento e de que talvez o tempo também seja curto. Novos Covens surgirão, novos rituais serão desenvolvidos, novos métodos para usar a nossa magia para o bem de todos serão descobertos. Devemos acolher de braços abertos esses recém-chegados. Devemos estar à disposição daqueles que nos procuram e nos observam, vivendo publicamente como Bruxas, orgulhosas de nossa Arte e dê nossas Tradições revigorantes.

Vejo hoje as religiões ocidentais procurando identificar sua herança mística/mágica, e vejo-as descobrirem-nas nos antigos procedimentos da nossa Arte. Vejo homens e mulheres, descontentes com suas próprias religiões, virem a nós impelidos pelo tédio e a desesperança. Serão atraídos para os nossos rituais públicos e para a ciência e a arte que tornam a Bruxaria tão excitante e significativa. À medida que o mundo se torna mais democratizado, vejo pessoas de vocação espiritual ansiando por uma tradição sagrada em que homens e mulheres possam participar plenamente, sem hierarquia nem súditos, um caminho espiritual que todos percorram juntos, como iguais.

Quando as pessoas começarem a realmente se sentirem fartas de "verdades reveladas", transmitidas por pastores e clérigos, virão nos pedir que lhes mostremos os caminhos do *alfa*, no qual podem aprender diretamente as verdades espirituais do cosmo e criar suas próprias relações pessoais com o Todo. Enquanto outras religiões erguem muralhas à sua volta e dividem as pessoas em categorias de "gente da casa" e "estranhos", de "redimidos" e "malditos", de "santos" e "pecadores", as pessoas gravitarão para nós, onde todas são bem acolhidas. Verão, por exemplo, que em nossas cerimônias matrimoniais por *Handfasting*, não separamos as famílias de um casal de noivos nos lados opostos de um corredor, mas pedimos que todos se mantenham juntos, num círculo ao redor da noiva e do noivo, dando-se as mãos e tornando-se uma família.

Vejo mulheres de visão e poder procurando maneiras para expressar o que há de mais profundo em sua natureza feminina, descobrindo-nos e ingressando em nossos Covens. Teólogas nos convidarão a falar, a explicar a Bruxaria, a mostrar-lhes o nosso ritual. Os nossos Covens irão se converter em fóruns para todas as questões femininas – tanto sociais, econômicas e políticas quanto espirituais – atraindo mulheres fortes, orientadas para o serviço, que querem realizar uma mudança no mundo e salvar a Terra para seus filhos e netos. Vejo mulheres que se tornarão líderes empresariais, dirigentes governamentais e comunitárias, usando o Pentáculo em torno do pescoço e falando com a sabedoria da Divina Mãe.

Vejo uma nova estirpe de adolescentes que não julgarão necessário voltar-se para o mundo das letras satânicas em seus rocks, para os filmes e vídeos que glamourizam o mal ou para os cultos que encorajam a violência. Ao invés da geração de hoje, que se rebela contra um vazio espiritual e um crescente sentimento de impotência, os adolescentes do futuro serão conhecedores dos fatos acerca da Bruxaria. Se optarem por aderir a ela, o farão com pleno conhecimento de que ser Bruxo ou Bruxa significa repudiar a noção de Satã e do poder demoníaco sobre a Terra, rejeitar a violência e o ódio como armas de mudança social, voltar-se para os mistérios divinos da Grande Mãe e descobrir rituais que nos inspiram à cooperação com a sociedade. Os filhos de Bruxas crescerão com a lei da Bruxaria inscrita em seus corações, dedicados ao princípio de não praticar o mal contra ninguém.

Vejo cientistas e místicos empenhados num fecundo diálogo, contribuindo uns e outros com suas próprias visões do Universo e descobrindo que estão a falar a mesma língua e a descrever as mesmas realidades. Esse diálogo já começou e a ciência e o misticismo voltam, uma vez mais, a ser aliados. Em breve os seus insights chegarão, pouco a pouco, aos homens e mulheres comuns que, pela primeira vez, poderão perceber que o Universo é um entrelaçamento de luz, galáxias, estrelas, planetas e miríades de formas de vida. Com novos olhos, as pessoas verão que o Todo é uma teia de energias e auras, pensamentos e palavras, visões e vozes. Com o tempo, todos participarão na grande dança de luz e vida que as Bruxas vêm conduzindo há séculos.

Mas as Bruxas devem levar a cabo essa visão lendo e estudando a Ciência. Devem estar tão instruídas sobre as realidades científicas quanto sobre as espirituais. Educar, mudar e, em última instância, salvar a sociedade significa estar apta a falar com fatos e números, mostrar relações, explicar significados. As Bruxas devem poder falar a linguagem da nova física e a linguagem do espírito. Devemos nos apresentar diante do mundo como pessoas capazes de reconciliar os aparentes opostos na experiência humana, aptas a afirmar que o que o mundo vê como "superstição" ou "misticismo" é, na realidade, a base da Ciência. Inspiraremos outros para que levem a sério as palavras de Einstein: "O misticismo é a base de toda verdadeira Ciência e a pessoa que já não é *capaz* de ficar entusiasmada está morta sem o saber." Mostraremos ao mundo que o nosso "êxtase" leva-nos de volta à Ciência da Bruxaria, que é a base de todo o trabalho espiritual. Por nossas vidas jubilosas e produtivas, convenceremos o mundo de que a nossa visão de realidade sagrada está firmemente assente em realidade material.

Como somos cada vez mais adeptas do uso do *alfa* para curar e ensinar, ajudaremos a inaugurar a plenitude da Era de Aquário e a deixar em paz a Era de Peixes, a Era da crença cega. Outros nos procurarão para aprender os procedimentos de *alfa* e para descobrir por si mesmos o significado da vida, em vez de tentar ajustar os mistérios pessoais de suas existências a um paradigma padronizado e gasto que já não reflete mais o novo conhecimento.

Necessitamos de novas fronteiras no desenvolvimento psíquico: meios instantâneos de transporte sem veículos, métodos sólidos e seguros de bilocalização, técnicas controladas para operar fora do corpo, processos de cura instantânea, de cirurgia psíquica, de manifestação dos nossos ancestrais e do passado como hologramas, de modo que possamos estudar história penetrando e participando nela.

Os artistas integrantes da Bruxaria desempenharão um papel vital, pois os símbolos e as imagens são os parteiros de novas ideias. Eles expressarão em suas pinturas, canções e poemas o entrelaçamento do sagrado e do secular. À semelhança de Michael Pendragon, um compositor e músico de Salem, os autores de canções usarão a filosofia e a astrologia pitagóricas para escrever suas músicas. Os estilistas de moda criarão roupas de tecidos e cores que são naturais, confortáveis, expressivas de cada indivíduo, quer seja para refletir as energias femininas da Deusa, os poderes masculinos do Deus, ou a mistura andrógina de ambos.

Fortemente assentes na Bruxaria, artistas como Lisa St. John, Tammy Medros e Penny Cabot demonstrarão que a arte, a ciência e a espiritualidade são apenas três lados do mesmo triângulo. Artistas Bruxos lembrarão aos seus públicos, ou talvez lhes ensinem pela primeira vez, que todas as coisas estão interligadas. Vejo o dia em que compositores, atores, escultores, pintores e tecelões Bruxos influenciarão as principais correntes artísticas com as nossas imagens e os nossos símbolos. Aguardo ansiosamente o dia em que a Deusa e o Deus serão, uma vez mais, o motivo dominante da vida humana.

Vejo um futuro em que o interesse atual pela ficção científica entre tantos Bruxos e Neopagãos provará ter sido um estudo sagaz de coisas vindouras, não a fantasia escapista que muitos detratores a consideram ser.

As Bruxas sempre foram propensas a pensar em termos da galáxia como um todo, a ver todo o espaço e tempo no momento presente, na medida em que adivinham o futuro. O nosso interesse natural pelo espaço e pelos "tempos além do tempo" resultará em estarem as Bruxas entre as primeiras pessoas a entender e a aceitar visitantes extraterrenos, pois sempre os contatamos em nossos sonhos e visões. Sabemos que o Universo está estruturado de tal modo que qualquer coisa poderá ser verdadeira em algum tempo e em algum lugar, pelo que estamos livres para especular e sonhar. Os planos e projeções que instilamos em nossos filhos hoje podem vir a ser o núcleo para a vida no espaço e em outras galáxias amanhã. Dos nossos sonhos sairão as comunidades e os modos de vida que alcançarão além dos planetas e nos conduzirão de volta às estrelas.

Como ensinou Platão, como os ameríndios sabiam, como os antigos povos em todo o mundo postulam, e como as Bruxas sempre acreditaram, somos seres celestiais que vieram das estrelas. O nascimento é uma espécie de "esquecimento" de todos os conhecimentos que possuíamos enquanto vivíamos nas galáxias, e a vida é uma "recordação" de quem somos e para o que estamos destinados. As raças radicais, os seres ancestrais, as formas de vida originais que povoaram o nosso Planeta tantas Eras atrás, aguardam-nos nos tempos por vir. Eles nos acolherão de volta.

EPÍLOGO

Tenho no meu altar um pequeno ramo de um velho carvalho da Inglaterra que foi atingido por um raio. Foi-me presenteado por um druida moderno há uns 20 anos, mas suas folhas ainda estão verdes e vivas. Ele recebeu uma carga de poder divino. Gosto de contemplá-lo, porque me lembra de que o próprio mundo está carregado com poder divino. Não, o mundo *é* poder divino. Cada planta, animal, rocha, rio, colina, caminho, sombra, fogo ou vergôntea tem seu próprio espírito, sua própria inteligência, uma mensagem. Como disse certa vez um curandeiro Lakota, "Tudo tem uma voz e quer se comunicar." Imagine como o Universo cantaria se os humanos não tivessem perdido o poder de escutar, ouvir e responder ao cosmo, sussurrando os desejos secretos dos nossos corações!

A Bruxaria é muito antiga, mas, no nosso tempo, está se tornando o caminho para o futuro, conduzindo-nos até as mais recônditas regiões do Universo. O que ouviremos lá? Nada, se não aprendermos primeiro a escutar a voz da nossa Mãe-Terra. Não podemos ouvir as vozes divinas cantando no Universo se não tivermos aprendido a escutar essas mesmas vozes divinas cantando suavemente dentro de nós. Não dispomos de muito tempo. Em todas as partes do mundo as pessoas estão relatando encontros com mensageiros de outras esferas. Algumas vão alegremente ao seu encontro; outras encolhem-se de medo. Quem marchará brevemente para o futuro? Quem será deixado para trás nos destroços do século 20?

No entanto, a Arte sempre preparou homens e mulheres para os grandes desafios de crescimento e transformação. Desde os tempos Neolíticos até a nossa Era Nuclear, a Bruxa pôde dobrar, modelar e mudar. A Arte está certamente preparando-nos agora para o próximo século e os seguintes, pois trata-se verdadeiramente de uma "arte", um conjunto de práticas e habilitações. Com ela, podemos explorar e sondar o Universo em busca da sabedoria divina de que ele está carregado. E vamos encontrá-la, pois a nossa magia pode levar-nos a qualquer lugar – aos profundos e férteis segredos da Terra ou às silenciosas jornadas da Lua.

APÊNDICE E TABELA DE CORRESPONDÊNCIAS

LAURIE CABOT APRESENTA ...

The Cat, The Crow and The Crown
63R Wharf Street
Pickering Wharf
Salem, Massachusetts 01970
(978) 744,6274

Laurie Cabot
www.lauriecabot.com

Witches League for Public Awareness
Cheryl Sulyma, Masson and Dillon Masson
www.celticcrow.com

TABELA DAS BRUXAS SOBRE PLANETAS, SUAS INTENÇÕES E CORRESPONDÊNCIAS MÁGICAS

Por ordem De dia	Símbolo	Planeta	Regência	Exaltação	Cor	Pedra
Domingo	☉	Sol	Leão	Áries	Amarelo, Amarelo-ouro, Dourado	Citrino, Topázio, Olho de Gato, Diamante, Herkimer, Aventurina
Segunda-feira	☾	Lua	Câncer	Touro	Prata, Prateado claro	Pérola, Pedra da lua, Selenita
Terça-feira	♂	Marte	Áries, Escorpião	Capricórnio	Vermelho	Rubi, Pirita, Granada, Hematita
Quarta-feira	☿	Mercúrio	Gêmeos, Virgem	Virgem	Laranja, Cinza	Cornalina, Ágata, Opala
Quinta-feira	♃	Júpiter	Sagitário, Peixes	Leão	Azul-royal, Turquesa, Púrpura	Lápis-lazúli, Crisocola, Safira, Turquesa, Ametista
Sexta-feira	♀	Vênus	Touro, Libra	Peixes	Verde, Coral, Cobre, Vermelho-pálido	Esmeralda, Concha rosa, Quartzo-rosa, Malaquita, Turmalina, Melancia
Sábado	♄	Saturno	Aquário, Capricórnio	Libra	Vinho, Magenta	Ônix-negro, Azeviche, Diamante, Granada, Galena

Metal	Planta	Tom	Intenção	Ferramenta	Elemento
Ouro	Camomila, Heliotrópio, Girassol, Laranja, Cravo, Olíbano	C #	Vigor físico, sucesso, saúde, vitória, criatividade, joias, obtenção de metas, domínio de riqueza, iluminação.	Vela	Fogo
Prata	Língua-de-víbora, Dama-da-noite, Algarobo, Salgueiro, Bergamota, Cânfora	G #	Equilíbrio psicológico, habilidade psíquica, beleza, forças femininas, sonhos, viagem astral, proteção, intuição.	Caldeirão, Taça	Água do Oceano
Ferro Aço	Urtiga, Alho, Flor de Maracujá, Salsa, Cacto, Pimenta, Pinheiro	D	Ação, força, parceria, casamento, paixão, amor sexual, coragem, vestuário, determinação, mobiliário.	Espada	Fogo
Alumínio	Endro, Escutelária, Lavanda, Potentilla, Raíz de Vetiver, Aveleira, Marroio	D	Sabedoria, onisciência, movimento, comunicação, transporte, velocidade, cura, motivação, criatividade.	Bastão	Água do Oceano Terra
Peltre Estanho	Cravo-da-índia, Hissopo, Canela, Jasmim, Castanha, Açafrão, Cedro, Madressilva, Fava de Cumaru	F #	Lógica material, influência de pessoas em altos postos, boa sorte, riqueza, sucesso, lei, negócios, funcionários, honras, expansão.	Corda de Bruxa	Terra, Fogo, Ar, Água
Cobre	Raíz de Adão e Eva, Rosa, Alcaparra, Urze, Morango, Tanásia, Pé de Leão, Violeta, Primarosa, Maçã, Milefólio	A	Amor, crescimento, paralisação, fertilidade, novos projetos, beleza, sensualidade, dinheiro, joias, cosméticos, prazer, amizade, prosperidade.	Turíbulo	Ar, Terra
Chumbo	Hera, Cicuta, Datura, Raíz de Mandrágora, Tobaco, Musgo, Acônito, Mirra,	D	Testar, ligar, inibir. Manifestar, cristalizar as coisas, ciência, concentração, maturidade, invenção, pragmatismo, neutralizar intenções malignas, disciplina, longevidade.	Athame	Terra (sal terrestre), Água (fresca), Ar, Fogo

Por ordem de dia	Símbolo	Planeta	Regência	Exaltação	Cor	Pedra
	⛢	Urano	Aquário	Escorpião	Lavanda, Branco-cintilante	Opala de fogo, Cristal de quartzo claro, Quartzo-rutilado
	♆	Netuno	Peixes	Câncer	Todas as cores iridescentes, Fósforo, Cores opacas	Concha marinha, Berilo, Água-marinha, Jaspe-sanguíneo, Quartzo-azul, Opala de Fogo
	♇	Plutão	Escorpião	Aquário	Preto	Coral-negro, Obsidiana, Quartzo-preto, Aventurina-preta, Azeviche
	⏃	Vulcano	Todos os Signos	Todos os Signos	Espectro cromático claro e brilhante	Todas as pedras preciosas e diamantes, Turmalina-preta
	⌺	Esparta	Todos os Signos	Todos os Signos	Marrom	Ardósia, Argila xistosa
	⯙	Terra	Touro, Virgem, Capricórnio	Peixes, Libra, Escorpião, Áries	Marrom-ferrugem, Marrom	Granito, Mármore, Arenito, Quartzo-fumê, Quartzo-claro

Metal	Planta	Tom	Intenção	Ferramenta	Elemento
Urânio Ouro Branco	Arruda, Trevo, Bétula, Raíz de Bardana, Ébano, Romã	G #	Ideias excêntricas, inventividade, publicidade, ideias incomuns para reformular e expandir, energia elétrica limpa, acontecimentos bizarros, mudanças inesperadas.	Liga	Fogo, Água, Ar
Platina Peltre	Lótus, Agrião, Nenúfar, Algas Marinhas, Uva	A	Visões, sonhos, ideais, fantasias, habilidades artísticas, percepção psíquica, curas, imagens, água, ilusões, mudança química	Bola de Cristal	Água
Cromo Elementos nucleares Plutônio	Santonina, Pilriteiro, Dedaleira, Foxglove, Trílio Branco, Raíz de Gengibre, Fava de Baunilha, Espadana, Corniso, Sanguinária	D	Colocar o caos em ordem, ideias de grupo, manifestações súbitas de feitiços e pensamentos, Poder da Bruxa, unir e desintegrar (use com cautela)	Túnica Preta, Manto	Água
Ouro	Groselha, Casca de Carvalho, Folhas de Verbasco, Casca de Loureiro, Cravo-da-índia, Raíz de Acteia, Rizoma de Galanga, Lótus, Mirra, Olíbano, Selo-de-salomão	Todo os Tons	Um planeta ainda indetectado, muito próximo ao Sol. "O Joalheiro dos Deuses" Incutir força total em sua magia	Pentáculo Dourado	Fogo
Bronze	Noz-moscada, Serpentária, Batata, Cevada, Noz de Areca, Bolsa de Pastor, Erva-doce, Raiz de Ginseng	G	Um planeta gêmeo da Terra no lado oposto ao Sol. Tornar-se realista, equilibrado e pragmático	Espelho Mágico	Ar, Terra, Fogo, Água
Latão	Mastique, Agripalma, Arruda, Cogumelos, Ginseng, Casca de Laranja, Bolsa de Pastor, Absinto, Estragão, Semente de Cariz, Raíz de Adão e Eva	G	Ação, força e paixão, construção de parceria, jardinagem, casamento, equilíbrio, decisões, realismo, abrigo, estabilidade	Ovo, Animal, Chifre	Ar, Terra, Fogo, Água

CONHEÇA OUTROS LIVROS DA EDITORA ALFABETO

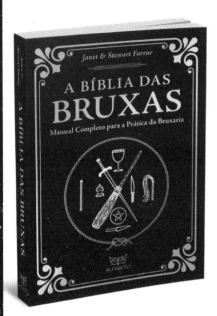

A Bíblia das Bruxas

De todos os livros sobre Bruxaria, este é o mais importante de ser lido. Ele não somente é um excelente ponto de partida para entender os rituais da religião das Bruxas, mas também provê um compreensível e revelador panorama sobre as crenças da Wicca – a Bruxaria Moderna.

Enciclopédia das Ervas Mágicas de Cunningham

Quer encontrar alguém especial? Use um ramo de samambaia avenca. Está passando por problemas financeiros? Queime cravo como incenso para atrair riquezas. Quer melhorar suas habilidades psíquicas? Prepare um pouco de chá de dente-de-leão em raiz.
Você encontrará esta e outras dicas neste clássico dos clássicos da herbologia mágica.

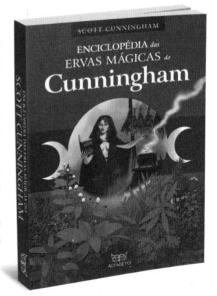

Livro de Feitiços Laurie Cabot

Pela primeira vez na história da Bruxaria, o Livro das Sombras de Laurie Cabot é aberto para compartilhar seus mais profundos mistérios!

Magia de Sigilos

Neste livro você vai aprender como manifestar sua vontade por meio de seus próprios Sigilos Mágicos e ainda vai poder explorar os significados tradicionais e modernos das formas, números, letras e cores, enquanto aprende sobre como adicionar significado pessoal a seus símbolos.

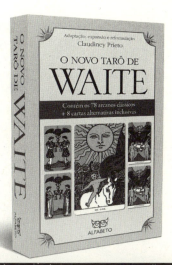

O Novo Tarô de Waite

Esta nova versão do Tarô de Waite é fiel à original em todos os sentidos, porém, amplia o seu espectro trazendo uma incrível inovação: a adição de 8 "cartas alternativas" que vão expandir as possibilidades de suas leituras e previsões.

Os Portais da Bruxaria

Em *Os Portais da Bruxaria* você vai encontrar exercícios para o desenvolvimento psíquico, meditações, danças e músicas usadas em rituais, além de muitas outras maneiras de praticar a magia. Este livro não pode faltar na estante de Bruxo algum. Leia e se surpreenda!

Rituais de Magia com o Tarô

Neste livro você vai aprender a fazer rituais, encantamentos, feitiços e meditações usando as cartas de Tarô. Aprenda a usar os Arcanos na Magia como nunca antes visto e mude para sempre a sua vida.

Wicca – a Religião da Deusa

Esta é a obra mais lida e influente da Wicca no Brasil. Fonte inesgotável de rituais, invocações, magia, práticas, textos sagrados e tradições mágicas, este livro é um verdadeiro guia para quem não conhece a Bruxaria e quer se iniciar nela.